Margarethe Honisch
So wirst du finanziell frei

MARGARETHE HONISCH

SO WIRST DU FINANZIELL FREI

13 clevere Geldstrategien erfolgreicher Frauen

PIPER

Mehr über unsere Autorinnen, Autoren und Bücher:
www.piper.de

Von Margarethe Honisch liegen im Piper Verlag vor:
Easy Money
So wirst du finanziell frei

Zum Schutz der Privatsphäre der handelnden Personen wurden in einigen Fällen Details und Namen verändert.

ISBN 978-3-492-06357-9
4. Auflage 2026

www.piper.de
Für einen direkten Kontakt und Fragen zum Produkt
wenden Sie sich bitte an: *info@piper.de*
Illustration: Shutterstock.com
Satz: Uhl + Massopust, Aalen
Gesetzt aus der Minion Pro
Litho: Lorenz & Zeller, Inning am Ammersee
Druck und Bindung: CPI books GmbH
Printed in the EU

Inhalt

Intro

FINANZIELLE FREIHEIT

Im Sommer 2012 besuchte ich eine Abendveranstaltung in München, die den Teilnehmenden einen Einblick in Aktieninvestments und das Trading an der Börse geben sollte. Zu dem Zeitpunkt hatte ich noch kaum Bezug zu dem Thema. Ich wusste, ich wollte meine finanzielle Situation irgendwie verbessern, und mir war damals schon bewusst, dass ein Bausparvertrag oder das Sparbuch mich nicht weiterbringen würden. Durch Zufall stieß ich bei meiner Recherche auf die Börse und las meine ersten Bücher zum Thema Aktienhandel. Nun wollte ich mich in einem Raum mit anderen Gleichdenkenden versammeln und mir Praxistipps von einem Profi holen. Ich war spät dran und betrat als Letzte den länglichen, mit robustem Teppichboden ausgelegten Vortragsraum – und dachte zunächst, ich hätte mich vielleicht in der Tür geirrt: Ich fand mich inmitten von etwa fünfzig Männern älteren Semesters. Manche Teilnehmer drehten sich um und hofften vermutlich, dass die blonde junge Frau nun die leeren Tassen abräumen und frischen Kaffee bringen würde. Als ich den Redner erblickte, sah ich neben ihm ein Whiteboard mit aufgemalten Kursverläufen und Pfeilen. Ich schien hier tatsächlich richtig zu sein. Aber wieso war ich hier weit und breit die einzige Frau?

Gespannt und motiviert hörte ich mir den Vortrag an, in

dem von bekannten Investoren wie Warren Buffett, George Soros oder Peter Lynch berichtet wurde. Ich hörte zum ersten Mal etwas über die »Hausfrauen-Hausse«, die Investitionen von unerfahrenen Anlegern und ihre Folgen beschreibt. Und davon, dass die Männer ihren Frauen nicht immer erzählen sollten, wie sie das gemeinsame Geld investierten: Die Frauen wären eh risikoscheu und hätten zu viel Angst um das Geld, das würde die angehenden Aktionäre in diesem Raum nur von ihrem Vorhaben ablenken, höhöhö.

Ich versuchte, all diese Sprüche so gut wie möglich zu ignorieren und mich auf die Inhalte zu konzentrieren. Trotz dieser Umstände war ich angefixt, ich wollte mehr zu dem Thema erfahren und auch endlich mit meinen eigenen Investitionen starten. Aber der Umstand, dass keine anderen Frauen teilgenommen hatten, ließ mich nicht mehr los. In den nächsten Jahren sollte ich herausfinden, warum.

Als ich später mein erstes Geld an der Börse investierte, konnte ich selbst im Freundes- oder Bekanntenkreis keine einzige Frau finden, die meine neu gewonnene Leidenschaft teilte – oder auch nur nachvollziehen konnte. »Hast du denn mit deinem Agenturgehalt so viel Geld, dass du dir das leisten kannst?«, fragte eine Freundin.

»Man braucht doch gar nicht viel Geld. Ich fange jetzt mit 50 Euro monatlich an. Diese Summe hättest du doch auch zur Verfügung.«

»Aber ich weiß ja gar nicht, wie man das macht! Was ist denn, wenn ich mein ganzes Geld verliere und dann nichts mehr davon habe? Das ist mir zu riskant«, sagte sie und verschränkte demonstrativ die Arme. Ich gab noch nicht auf: »Ich kann dir zeigen, wie es geht und wie ich es selbst umgesetzt habe. Du musst nur ein Aktiendepot bei einer Bank eröffnen und dir überlegen, worin du dein Geld investieren willst. Das ist viel einfacher, als du denkst. Und riskant ist es auch nicht. Ich investiere zum Beispiel mein Geld in alle dreißig Unternehmen aus dem DAX. Damit senke ich mein Verlustrisiko, weil ich eben nicht nur auf ein einzelnes Unternehmen setze.«

»Aha ... Ja, gut, ich denke darüber nach.«

Zehn Jahre später, und ich beiße mir an dieser Freundin noch immer die Zähne aus, um sie zu überzeugen. Mittlerweile ist ihr bewusst, dass sie etwas tun muss, und sie hat an mir und den Hunderten von Kursteilnehmerinnen, die ich inzwischen betreut habe, auch gesehen, dass es funktioniert. Aber die Überwindung ist einfach zu groß. Denn man muss dabei Verantwortung übernehmen und eigene Entscheidungen treffen. Und genau davor scheuen viele Frauen zurück. Eine andere Freundin sagte mir sogar ganz direkt: »Ich werde später einfach reich heiraten, dann muss ich mir keine Gedanken darüber machen.« Ich war sprachlos. Sie, eine gebildete, gut verdienende Frau, die mitten im Leben stand, unabhängig zu sein schien und wusste, was sie wollte, wollte ihre ganze Zukunft in die Hände eines Mannes legen, den sie bislang noch nicht einmal kannte.

Was mich damals schockierte, sollte ich in meiner späteren Arbeit immer wieder erleben. In meinen Seminaren sitzen immer wieder Frauen, die Aktienfonds besitzen, aber nicht wissen, worin genau sie investieren, welche Renditen sie damit erzielen und welche Gebühren sie an die Bank zahlen. Auf meine Frage, warum sie sich denn diesen Aktienfonds ausgesucht haben, kommt meist die gleiche Antwort: »Der Kundenberater bei der Bank hat es mir empfohlen.« Aus Angst, Fehler zu machen und die falsche Entscheidung zu treffen, legen auch sie ihre Zukunft also lieber in fremde Hände. Dass viele Berater dabei vor allem an ihre eigenen Provisionen denken, wissen die meisten nicht – oder es ist ihnen egal. Dabei wäre hier die Angst, Fehler zu machen und die falsche Entscheidung zu treffen, durchaus berechtigt. Am Ende verdienen Banken und Berater oft am meisten an den Abschlüssen, und die Kundin darf sich freuen, wenn sie noch die Inflationsrate abdecken kann und keinen Wertverlust erleidet. Eine andere Frau sagte mir sogar mal, sie wisse nicht einmal, wie sie wieder an das Geld herankomme, wenn sie es dann mal brauche.

Bei meiner Hoffnung, doch noch eine Freundin oder Bekannte von dem Thema überzeugen zu können, sprach ich schließlich eine Arbeitskollegin an. Auch sie hatte Bedenken: »Ich finde, Investitionen sind so unmoralisch. Da verdienen Menschen Geld, ohne etwas dafür zu tun, und bereichern sich an der Armut und der Ausbeutung anderer.« Zunächst war ich ein wenig gekränkt, weil sie mir damit im Grunde vorwarf, dass ich unmoralisch handelte. Aber ich schluckte meine verletzte Eitelkeit herunter und erklärte ihr, dass man sich zunächst einmal nicht an Bedürftigen bereichert, sondern vom Wachstum und Erfolg des Unternehmens profitiert, in das man investiert, und durch Aktien an ebendiesen Erfolgen teilhaben kann. Zum anderen kann ich aber natürlich auch entscheiden, in welche Unternehmen ich investieren möchte, und somit auch diejenigen, die Gutes tun, unterstützen.

»Hm, okay, verstehe. Aber nehme ich dann armen Menschen nicht Geld weg?«, sorgte sie sich noch immer.

»Nein, weil deine Aktien im Wert steigen, wenn andere an der Börse sich für deine Aktien interessieren und diese kaufen wollen. Mit der Nachfrage nach dieser Aktie steigt nämlich ihr Wert. Ähnlich wie bei gutem Wein: Der Wert steigt, weil sich mehr Menschen für einen bestimmten Jahrgang interessieren und bereit sind, mehr dafür zu zahlen als andere.« Heute besitzt sie Anteile an einem weltweit gestreuten, nachhaltigen Aktienfonds und hat ihre Investitionen seither fast verdoppelt.

Von all den Frauen, mit denen ich gesprochen hatte und die ich von meinen neuen Erkenntnissen überzeugen wollte, hatte ich nur bei einer einzigen Frau Erfolg. Und das nur, weil wir uns täglich sahen und sie mir kaum aus dem Weg gehen konnte. Damals war sie genervt, heute ist sie mir dankbar. Als ich vier Jahre später immer noch sah, wie wenige Frauen sich für ihre Finanzen interessieren, beschloss ich, das zu ändern. Zu dem

Zeitpunkt hatte ich schon vier Jahre erfolgreich an der Börse investiert und eigene Erfahrungen gesammelt. Ich hatte eine individuelle Anlagestrategie aufgestellt und investierte nicht nur in Aktienfonds, sondern auch in Einzelaktien. Nun wollte ich in einem Blog über meine Erfahrungen schreiben und anderen Frauen zeigen, dass sie ihre Finanzen selbst in die Hand nehmen müssen und wie sie das am besten tun können. Und so entstand im Jahr 2017 *Fortunalista*.

Mittlerweile habe ich in meinen Kursen, verschiedenen Workshops und in Vorträgen Tausende Frauen dabei unterstützt, ihre Finanzplanung nach ihren eigenen Wünschen zu gestalten.

Warum Investitionen für Frauen keine Option sind – sondern Pflicht!

Bis 1962 durfte eine Frau kein eigenes Bankkonto eröffnen. War eine Frau erwerbstätig, verwaltete der Ehemann ihren Lohn. War er ein gerechter Mann, durfte sie den vollen Lohn behalten oder er wurde für gemeinsame Ausgaben genutzt. Hatte sie Pech bei der Partnerwahl, bekam sie höchstens ein Taschengeld ausgezahlt, um sich mal etwas Hübsches kaufen zu können – was natürlich auch dem Mann gefallen sollte. Diese Zeiten sind zum Glück vorbei, weil Generationen vor uns dafür auf der Straße und in den Ministerien dafür gekämpft haben, dass wir Frauen heute unser eigenes Geld verdienen, es behalten und damit anstellen können, was wir möchten!

Obwohl wir Frauen all diese Rechte und Freiheiten nun haben, nehmen viele sie nicht wahr: Entweder sie kümmern sich gar nicht um ihre Finanzen, nicht ausreichend, oder überlassen es ihrem Partner. So zeigt eine Studie der UBS-Bank, dass sich nur 23 Prozent der Frauen weltweit um ihre langfristige Finanzplanung kümmern.[1] Das bedeutet nicht, dass Frauen sich gar nicht um Geld kümmern. Die meisten sind stark eingebunden in alltägliche Ausgaben, die Verwaltung des Haushaltsgeldes oder die monatliche Budgetierung. Das sind wichtige Aufgaben – aber nicht diejenigen, die über eine Absicherung im Ruhestand oder den Vermögensaufbau entscheiden. Es ist also meist so, dass sich die Frau um das kleine Geld kümmert und der Mann um das große.

In Deutschland überlassen die meisten Frauen (60 Prozent) wichtige finanzielle Entscheidungen nach wie vor ihrem Ehepartner und begründen dies mit Aussagen wie »Ich habe kein Interesse an Planung und Investition« (68 Prozent) oder »Mein Partner weiß mehr als ich« (88 Prozent). Ob der Partner auch wirklich mehr weiß oder nur von sich selbst glaubt, mehr zu wissen? Selbstbild und Fremdbild sind sicher nicht immer identisch. Ich habe auch immer geglaubt, ich könne gut singen. Bis meine Lehrerin in der Oberstufe mich als Einzige von 200 Mädchen bat, das Fach zu wechseln. (Sie bestach mich sogar mit einer guten Note.) Dass es auch vielen anderen so geht, zeigen immer wieder Sendungen wie »Deutschland sucht den Superstar«. Nur weil also jemand von sich behauptet, er oder sie könne etwas, heißt das nicht, dass es auch so ist. Leider gilt das auch für Finanzen. In den meisten Fällen lauert nach dem Tod oder der Scheidung des Ehepartners eine schlimme finanzielle Überraschung: Drei von vier geschiedenen oder verwitweten Frauen berichten von Schulden, über die sie nichts wusste, von der Altersvorsorge, die verzockt wurde, oder sogar von einer, die es für sie nie gegeben hat.[2]

Wer nun glaubt, dass dies nur auf die älteren Semester zutrifft, irrt. Vor allem junge Frauen in heterosexuellen Beziehungen geben diesen Part gerne vollkommen ab: 63 Prozent der deutschen Frauen zwischen 20 und 34 Jahren überlassen die Finanzplanung vollständig ihrem (Ehe-)Partner. Kurz zur Erinnerung: Das ist die Generation, die seit Monaten in Social Media inbrünstig für ein Gender-Sternchen kämpft und sich eine gerechte und inklusive Sprache wünscht. Man könnte meinen, vielen Frauen ist es wichtiger, ob im Ehevertrag die richtige Ansprache steht und sie nicht mehr rechtlich als »Ehegatten« bezeichnet werden, als der Inhalt, der darüber bestimmt, was passiert, wenn sich frau jahrelang um die Kinder kümmert und kein Gehalt bezieht, die Ehe aber plötzlich in die Brüche geht. Versteht mich nicht falsch, beide Themen sind wichtig. Aber wir können uns nicht nur um das Kulturelle kümmern und das Wirtschaftliche vernachlässigen.

Über die Hintergründe, Rahmenbedingungen und wie man dies ändern kann, werden wir in diesem Buch noch sprechen. Denn auch durch die Coronakrise haben sich diese Ungleichheiten noch einmal verschärft: Frauen konzentrieren sich seither eher auf den Haushalt, Männer noch intensiver auf die Finanzplanung. Auch wenn Frauen aufgrund der Pandemie und ihrer Folgen die Notwendigkeit einer langfristigen Finanzplanung bewusst ist und über 80 Prozent finanziell vorsorgen möchten, setzen es die wenigsten auch in die Tat um: Ein Drittel dieser Frauen hat ihre finanzielle Situation überprüft, während 40 Prozent darüber nachdenken, es aber noch nicht getan haben.

Was auch immer uns im Leben noch erwartet – der schmerzhafte Verlust des Partners oder eine weitere Pandemie oder Wirtschaftskrise –, wir Frauen müssen vorbereitet und abgesichert sein. Und wir müssen es selbst in die Hand nehmen. Niemand wird sich um unsere Altersvorsorge kümmern, wenn wir es nicht selbst tun. Kein Staat, kein Partner, und schon gar nicht sollten wir diese Bürde unseren Kindern aufhalsen. Unsere Kinder sind nicht unsere Altersvorsorge.

Finanzielle Freiheit gibt Frauen Schutz

Es gibt aber noch andere Gründe, warum es für Frauen wichtig ist, vorzusorgen und sich nicht auf den Partner zu verlassen. Frauen begeben sich damit in eine leider immer noch ausweglose Situation, da sie nicht nur während ihres Arbeitslebens, sondern auch danach finanzielle Defizite im Vergleich zu Männern erleiden (Stichwort: Gender Pay Gap). Auch in Deutschland sorgen die herrschenden Unterschiede dafür, dass Frauen regelrecht abhängig von ihren Männern werden. Und das kann sogar richtig gefährlich werden: Fast jeder hat schon Geschichten über Frauen gehört, die sich eigentlich von ihrem – oft tyrannischen – Ehemann trennen möchten, es aber nicht können, weil sie finanziell von ihm abhängig sind und nicht wissen, wohin sie gehen sollen. Und das ist keineswegs ein Problem, das sich nur innerhalb sozial prekärer Verhältnisse findet, es zieht sich durch alle gesellschaftlichen Schichten.

> **Finanzielle Freiheit ist auch ein großes Stück Sicherheit und Lebensqualität.**
>
> **Antje Erhard, Börsenexpertin**

Ich habe eine Ärztin, eine ältere Dame, die ihre Praxis in einer alten Villa in Bogenhausen hat – eines von Münchens teuersten Stadtvierteln. Da sie mit meiner Arbeit und meiner Mission vertraut ist, erzählte sie mir einmal folgende Geschichte: Sie hatte eine Patientin, die mit einem bekannten Chirurgen verheiratet war. Eines Tages kam die Frau mit blauen Flecken auf der linken Seite ihres Kiefers zu ihr und klagte über einen leichten Tinnitus auf dem rechten Ohr. Als Grund gab die Frau an, dass sie von der Treppe gestürzt und dabei auf ihr Gesicht gefallen wäre. Der Ärztin war sofort klar, dass ein Sturz, bei dem sowohl die linke Seite des Kiefers als auch das rechte Ohr betroffen sind, unmöglich war. Diese Patientin lebte von außen betrachtet ein sehr gutes Leben: Sie musste nicht arbeiten, hatte keine finanziellen Sorgen und ein gesellschaftlich sehr aktives Leben. Doch in Wahrheit blieb sie nur bei ihrem Mann, weil sie keine finanziellen Mittel hatte, sich von ihm zu trennen. Auch wenn sich diese Geschichte in den Achtzigerjahren ereignete, können wir sicher sein, dass auch heutzutage noch viele Frauen in einer Beziehung bleiben, in der sie unterdrückt oder sogar misshandelt werden: In Deutschland wird jede vierte Frau mindestens einmal Opfer körperlicher oder sexualisierter Gewalt durch ihren Partner.[3]

Dabei muss man nicht einmal vom Schlimmsten ausgehen. Manchmal ist die Liebe einfach weg, und man möchte getrennte Wege gehen, kann das aber nicht oder nicht so, wie man es gerne hätte. Wer in einer Großstadt lebt, hat vielleicht auch eines dieser Paare im Freundeskreis, das sich eigentlich getrennt hat, aber finanziell nicht in der Lage ist, die gemeinsame Wohnung aufzugeben. Ich kenne zwei Frauen, die viele Jahre lang eine glückliche Beziehung führten – doch die Beziehung erschöpfte sich, und eine der beiden ging fremd. Schnell war klar, dass es zu Ende war. Trotzdem dauerte es noch ein ganzes Jahr, bis sie getrennte Wege gehen konnten, weil keine der beiden eine Wohnung fand, die günstig genug war. Die vorhandene Zwei-Zimmer-Wohnung wurde zu einer Zweier-WG umgestaltet, weil es einfach nicht anders ging. Jetzt stell dir mal vor, du trennst dich und triffst deine/n Ex, der oder die dich nach einer jahrelangen Beziehung betrogen hat, jeden Morgen im Bad. Schlimmer noch: Du weißt, diese Person ist abends unterwegs und kommt erst am späten Vormittag mit einem glückseligen Lächeln im Gesicht zurück, während du dir die ganze Nacht die Augen ausgeheult hast. Finanzielle Stabilität schützt Frauen nicht nur vor einem blauen Auge, sondern manchmal eben auch vor einem gebrochenen Herzen.

Solche Fälle gibt es viele, und wenn ich mich mit Kolleginnen austausche, die ebenfalls Frauen in ihrer Finanzplanung unterstützen, können alle ganz ähnliche Anekdoten erzählen. Eines Tages saß ich mit der Journalistin Dani Parthum zusammen, die mir sagte: »Weißt du, Margarethe, was das Problem ist? Wenn die Frauen sich nicht schon vor der Beziehung oder Ehe um ihre Finanzen kümmern, tun sie es sehr wahrscheinlich auch nicht währenddessen. Denn dann wird es noch schwerer für sie, weil sie sich im Zweifel gegen den Partner und manchmal auch die ganze Familie durchsetzen müssen.« Und leider hat sie recht! Dazu kommt noch, dass viele Frauen sich in scheinbarer Sicherheit wiegen. Laut einer Umfrage von *ElitePartner* aus dem Jahr 2019 finden drei von vier alleinstehenden Frauen es wichtig, sich in einer Partnerschaft ihre finanzielle Eigenständigkeit zu bewahren – aber nur etwa zwei Drittel der gebundenen Frauen.

Einmal erhielt ich eine Nachricht auf Instagram, gesendet von einer Frau, die mir ihre Situation schilderte und um Rat fragte: Sie lebte mit ihrem Mann und ihren beiden Kindern in einem Eigenheim, das noch nicht abbezahlt war. Ihr Mann hatte einen gut bezahlten Job, während sie sich um den Haushalt und die Kinder kümmerte. Aufgrund meiner Posts war sie ins Grübeln gekommen und wollte von ihrem Mann wissen, wie sie denn eigentlich abgesichert sei. »Warum möchtest du das jetzt wissen? Willst du dich etwa scheiden lassen?«, patzte er sie daraufhin an. Sie hatte sich fest vorgenommen, sich um ihre Finanzen zu kümmern und sich abzusichern, aber er war dagegen. Um den Hausfrieden nicht zu stören, gab sie zunächst nach. Was sollte sie auch machen? Sie hatte kein eigenes Geld, kein eigenes Einkommen, alles, was ihr zur Verfügung stand, hatte er erarbeitet. Sie hatte buchstäblich nichts.

Trennung und Scheidung ist das eine. Aber was ist, wenn der Partner plötzlich verunglückt und die nächste Rate für den Hauskredit ansteht? Die Beerdigung muss bezahlt werden, aber wo ist das Geld und wie kommt man dran? Plötzlich steht die ganze Welt Kopf, und anstatt Zeit für die Verarbeitung des Geschehens oder die Trauer zu haben, kommen zusätzliche Fragen und Probleme auf die Hinterbliebenen zu. Denn egal ob Krankheit, Scheidung oder Tod – wir sollten immer auf das Schlimmste vorbereitet sein: »Hope for the best, but prepare for the worst«, heißt es im Englischen.

Am besten bereitet man sich im Dialog und Austausch mit dem Partner oder der Partnerin vor, sorgt gemeinsam vor und strukturiert die Finanzen, solange noch alles gut ist! Je mehr wir im Voraus planen, desto weniger Sorgen müssen wir uns später machen, und desto weniger streiten wir. Leider sprechen aber nur etwa 42 Prozent aller Paare offen über ihre Finanzen.[4] Viele wünschen sich einen intensiveren Austausch, scheuen sich aber davor. Falls du dich auch in dieser Situation befindest und nicht weißt, wie du den ersten Schritt machen kannst, findest du in diesem Buch Tipps für eine offenere Kommunikation sowie verschiedene Modelle, wie du und dein/e Partner/in eure separaten und gemeinsamen Finanzen strukturieren könnt. Damit ihr euch in der Beziehung nicht aufs Geld, sondern auf euch und eure Zukunft konzentrieren könnt. Denn so wichtig auch Geld dabei ist – gemeinsam Pläne zu schmieden macht einfach viel mehr Spaß!

Weibliche Anlegerinnen sind auf dem Vormarsch

2020 wird uns allen wohl für immer als das Jahr in Erinnerung bleiben, das unseren Alltag erschüttert und auf den Kopf gestellt hat. Anfang Februar reiste ich in den Urlaub. Es gab Informationen über eine sehr ansteckende Grippe in China, und offensichtlich hatte es sogar schon jemanden in München erwischt. »Nichts Tragisches«, dachte ich noch, als ich in den Flieger stieg, »das legt sich sicherlich wieder schnell.« Im Nachhinein betrachtet natürlich total naiv. Bereits im März waren die ersten Menschen im Homeoffice, und es wurde klar: Diese »Grippe« war längst in ganz Deutschland angekommen. Geschäfte, Kinos, Restaurants, Fitnessstudios, Schulen und Kindergärten schlossen – wir waren mitten im ersten Lockdown. Und die Pandemie führte noch zu weiteren Veränderungen, eine davon wirkte im ersten Moment seltsam: Plötzlich entdeckten immer mehr Menschen nämlich ihre Leidenschaft für Investments am Aktienmarkt. Das Deutsche Aktieninstitut stellte im Februar 2021 fest, dass allein 2020 etwa 1,2 Millionen mehr Aktionäre und Aktionärinnen an der Börse waren und mittlerweile 7,6 Prozent der Bevölkerung ab 14 Jahren investierten.[5] Und knapp 650 000 der Neuaktionäre waren weiblich! Immer mehr Frauen erkennen also das Potenzial von Investitionen an der Börse und wollen daran teilhaben.

Investieren ist insbesondere für Frauen wichtig: Eine US-amerikanische Studie fand heraus, dass eine Frau im Laufe ihres Lebens durchschnittlich nur 60 Prozent des Nettovermögens eines Mannes und ein um 55 Prozent geringeres Arbeitseinkommen erzielt. Wenn Frauen sich jedoch dazu entscheiden, sich am Aktienmarkt zu beteiligen, werden diese Unterschiede kleiner. Mehr noch: Das durchschnittliche Nettovermögen von Frauen übersteigt sogar das der Männer.[6] Wir alle kennen mittlerweile den Gender Pay Gap und wissen, dass Frauen für die gleiche Arbeit weitaus weniger Geld bekommen als Männer. 2021 verdienten in Deutschland Frauen insgesamt 18 Prozent weniger als Männer. Bei vergleichbaren Qualifikationen, Tätigkeiten und Erwerbsbiografien waren es immer noch 6 Prozent weniger.[7] Laut einer Analyse des Weltwirtschaftsforums wird erst in 135 Jahren echte (finanzielle) Gleichberechtigung erreicht sein.[8] So lange können wir natürlich nicht warten. Wir müssen schon vorher dafür sorgen, dass es uns Frauen finanziell besser geht. Dafür braucht es einen gesellschaftlichen Wandel. Aber auch das zeigen Studien: Wir können unsere Situation auch selbst beeinflussen und verbessern – eben, indem wir investieren!

Ein Grund dafür, dass Frauen Männer in puncto Vermögen einholen, ist eben auch, dass sie insgesamt erfolgreicher investieren als Männer! Verschiedene Studien von der ING 2019 oder der Sparkasse 2021 haben sich immer wieder anonymisiert die Aktiendepots angeschaut und miteinander verglichen. Während Männer anscheinend eine Art Jagdtrieb bei Investitionen entwickeln und versuchen, die beste Aktie zu finden und die beste Rendite zu erzielen, erreichen sie genau das Gegenteil: Sie verpulvern durch ständiges Kaufen und Verkaufen ihr Geld für Handelsgebühren und senken damit ihre Gewinne. Frauen investieren anders. Sie nehmen sich vorher viel Zeit, um den Aktienmarkt zu verstehen, überlegen genau, wie sie investieren möchten, und wählen dann passende Produkte aus. Und das Wichtigste ist: Haben sie eine Entscheidung getroffen, bleiben sie dabei und werden nicht nervös, wenn es mal holprig zugeht am Aktienmarkt.

Wie du siehst: Wir Frauen sind nicht für die legendäre Hausfrauen-Hausse verantwortlich, da wir viel gewissenhafter unsere Wertpapiere auswählen und investieren. Und risikoscheu sind wir auch nicht, sondern risikobewusst, und wir erzielen damit eine bessere Rendite als Männer. Dafür müssen wir aber erst einmal investieren – und davon sind viele Frauen leider weit entfernt. Noch.

Was bedeutet finanzielle Freiheit?

In diesem Buch lernst du 13 Strategien kennen, die erfolgreiche Frauen anwenden, um finanziell frei zu werden. Doch was genau bedeutet das eigentlich? Viele denken dabei an die Hängematte unter Palmen, in der sie entspannt liegen und den Tag genießen. »Nie wieder arbeiten müssen!« Manche der Frauen, mit denen ich gesprochen habe, sind durch ihre Investitionen so gut abgesichert, dass sie tatsächlich nicht mehr arbeiten müssten. Aber sie tun es trotzdem. Denn finanzielle Freiheit heißt nicht, den Job an den Nagel zu hängen und nie wieder einen Finger zu rühren. Wenn das deine Vorstellung von finanzieller Freiheit ist, dann brauchst du vielleicht eher einen neuen Job, in dem du glücklicher bist. Es gibt genügend Beispiele, die zeigen: Wir Menschen brauchen keine Millionen oder Milliarden auf dem Konto, sondern eine Aufgabe, die uns erfüllt und glücklich macht.

Ich habe meine Interviewpartnerinnen für dieses Buch gefragt, was für sie finanzielle Freiheit bedeutet. Dabei wurde in keiner einzigen Antwort die Hängematte unter Palmen erwähnt und das süße ewige Nichtstun – was spätestens nach drei Wochen auch ermüdend würde. Vielmehr ging es um Sicherheit, falls etwas Unvorhergesehenes geschieht, um Unabhängigkeit vom Arbeitgeber, Auftraggeber oder auch vom Partner. Es ging um die Freiheit, das Leben nach den eigenen Wünschen gestalten zu können.

Finanzielle Freiheit gibt dir auch die Möglichkeit, den Job, den du nicht magst, zu kündigen, auch wenn noch kein neuer in Aussicht ist. Oder dir (längere) Auszeiten aus dem Job zu gönnen, um dich um deine Kinder zu kümmern, ein Sabbatical einzulegen oder einfach mal etwas Neues auszuprobieren. Und, wie bereits thematisiert, sie gibt dir die freie Wahl, die Beziehung, die vielleicht deiner Selbstverwirklichung im Wege steht, zu verlassen und nicht nur zu bleiben, weil es finanziell nicht anders geht.

Finanzielle Freiheit hat eine wichtige psychologische Funktion: Keine Angst vor einem plötzlichen Jobverlust, vor drohender Altersarmut oder vor steigenden Mieten. Ich erinnere mich noch sehr genau daran, wie es sich anfühlte, als ich mal eine Mahnung aus dem Briefkasten zog. Dieses erdrückende Gefühl, ein Stück Kontrolle über das eigene Leben zu verlieren. Und ich habe aus nächster Nähe miterlebt, wie es Frauen unglücklich macht, in einer Beziehung festzustecken, weil sie feststellen müssen: »Ich schaff es finanziell nicht allein.«

Es gibt diesen uralten Spruch: »Geld allein macht nicht glücklich.« Geld allein tut es auch nicht. Aber die Möglichkeiten, die sich dir eröffnen, wenn du es als Werkzeug für deine Freiheit nutzt, können dich sogar sehr glücklich machen. Es wird Zeit, dass wir Frauen uns dieses Werkzeug schnappen und lernen, wie wir es nutzen können, um uns damit ein Leben ganz nach unseren Wünschen und Vorstellungen zu bauen. Ein Leben, auf das wir später zurückblicken und über das wir sagen können: »Schau, das habe ich mir erarbeitet und aufgebaut – und darin war ich ein glücklicher Mensch mit all den Freiheiten, die ich haben wollte.«

Interview mit Milka Loff Fernandes

» *Milka Loff Fernandes wurde 1997 im Alter von 17 Jahren vom deutschen Musikfernsehsender* VIVA *entdeckt und trug dazu bei, dass die nachmittägliche Liveshow des Senders zu einer festen Größe in den Wohnzimmern deutscher Teenager wurde. Im Frühjahr 2021 erschien ihr Buch »#selbstwert – Die Happiness-Connection«. Darin motiviert sie die LeserInnen mit 22 Challenges, ihr Leben selbst in die Hand zu nehmen.*

Du hast bereits in jungen Jahren überdurchschnittlich viel Geld verdient. Wie war das für dich, wie bist du damit umgegangen?
Mir wurde nicht beigebracht, dass Geld wichtig ist, sondern ich bin mit Glaubenssätzen wie »Geld macht nicht glücklich« aufgewachsen. Das Geld lag also irgendwann auf meinem Konto und ich wusste nicht, was ich damit anfangen sollte. Ich komme aus einer Arbeiterfamilie, meine Eltern lebten nach dem Prinzip: Ohne Fleiß kein Preis. Du musst hart arbeiten für dein Geld. Das bedeutet auch, dass ich nur Sparen kannte. Alles, was mit Aktien zu tun hat, und dass man das eigene Geld für sich arbeiten lassen kann, war für mich vollkommen neu.

War es für dich leicht, diese Glaubenssätze zu ändern?
Am Anfang hatte ich damit sehr große Probleme. Einerseits hat Geld mich nicht wirklich interessiert, andererseits war es dazu da, um Spaß zu haben. Ich habe allerdings nie viel Geld für mein Leben gebraucht. Das führte aber auch dazu, dass ich mich nie mit dem Thema auseinandergesetzt habe. Ich hätte mir gewünscht, dass Geld auch ein Teil meiner schulischen Ausbildung gewesen wäre. Man wird irgendwann einfach in die Arbeitswelt entlassen und muss sich das alles selbst beibringen.

Viele denken, das sei Aufgabe der Eltern.
Ja klar, in manchen Elternhäusern lernt man das. Doch es gibt

sehr viele Eltern in diesem Land, die die Kapazitäten, das Wissen oder das Geld gar nicht haben, um es den Kindern beizubringen. Und so gibt es viele Familien, die über Generationen nicht aus dieser Spirale herauskommen können.

Wie war es in deiner Familie?

Mein Vater hat sich um die Finanzen gekümmert, während meine Mutter ihn buchhalterisch unterstützt hat. Auf den Kapverden war meine Mutter Postbeamtin, hat sich auch immer um ihr eigenes Geld gekümmert, was mein Vater nicht gut fand. Aber dadurch hat sie zum Glück eine gute Rente. Andernfalls würde sie nur Witwenrente bekommen. Sie hat sich früh um ihr Geld gekümmert. Für viele Frauen, die das nicht machen, kommt dann irgendwann das böse Erwachen.

Was können wir deiner Einschätzung nach tun, um später nicht selbst in eine finanziell schwierige Lage zu geraten?

Von einer Sache bin ich zutiefst überzeugt: Der Selbstwert ist die Basis für alles. Das heißt, wenn wir den eigenen Selbstwert nicht stärken, dann wird uns das Geld auch immer wieder durch die Hände fließen. Das musste ich auch lernen. Unsere Umgebung ist ein Spiegel unserer selbst. Nehmen wir an, ich bin in einem Bewerbungsgespräch und fühle mich wie ein Häufchen Elend – dann wird mein Gegenüber ziemlich sicher an meinen Fähigkeiten zweifeln. Ich sollte mir also überlegen, worauf ich meine Energie lenke. Und die erste Investition, die ich dabei tätigen muss, sollte die in mein Mindset und meinen Selbstwert sein. Erst dann habe ich Energie, die ich irgendwo investieren kann.

Wie gehst du mit deinen eigenen Zielen um und wie erkennst du sie?

Ziele sorgen dafür, dass wir uns zu einem bestimmten Ort hinbewegen. Viele denken dabei gleich an das große Ganze. Doch man kann sich auch kleine Ziele setzen und die eigenen Ziele schrittweise erkennen. Wichtig dabei ist, sich zu fragen: Was habe ich wirklich selbst in der Hand? Welche Ziele kann ich aktiv gestalten? Ich habe immer davon geträumt, einen blonden Mann zu haben, der mich maßlos liebt. Das kann ich aber überhaupt nicht beeinflussen. Was ich aber beeinflussen kann, ist zu einer liebenswerten Person zu werden, in die sich jemand – vor allem aber ich selbst – maßlos verlieben kann. Mein Mann hat braune Haare *(lacht)*. Manchmal liebt er mich und manchmal nerve ich ihn. Aber wir sind beide unendlich dankbar für unsere tolle Partnerschaft. Ein Ziel kann sich also auch verändern.

Wie gehst du mit dem Thema Versagen um?

Es geht nicht darum, jedes Ziel erreichen zu müssen. Ich liebe es, auch mal zu versagen. Man muss sich trauen, Fehler zu machen und ich möchte wirklich jede Frau dazu ermutigen, sich eine anspruchsvolle Aufgabe zu suchen. Selbst, wenn die Wahrscheinlichkeit, dass man es am Ende schafft, eher gering ist. Denn selbst wenn ich nur 50 Prozent meines Ziels erreiche, komme ich um 50 Prozent weiter. Die meisten Menschen bleiben bei null stehen, weil sie 100 Prozent zu hoch finden. Sie kommen nirgendwo richtig weiter und fragen sich dann: Warum krieche ich in meinem ganzen Leben so beschissen rum? Versagen ist großartig, weil du beim Versuchen nur nach vorne fallen kannst, niemals zurück.

Insbesondere beim Thema Finanzen gibt es da viele Ängste. Welche Gewohnheiten oder Strategien nutzt du, um auch deine finanziellen Ziele zu erreichen?

Ich mag es, Ordnung in meinen Finanzen zu haben. Im Portemonnaie wie auf dem Konto. Dafür habe ich beispielsweise Unterkonten mit verschiedenen Budgets für meine Wünsche. Mir ist wichtig, dass ich jede Ausgabe auch mit einer Intention verknüpfe und so benenne ich auch das jeweilige Unterkonto. Für den Wocheneinkauf nutze ich das Unterkonto »I nurture myself« – ich ernähre mich gut. Das sorgt auch dafür, dass ich mein Geld umsichtiger ausgebe. Genauso mache ich es mit meinen Zielen. Ich hatte neulich Lust darauf, eine Ausbildung zu machen. Also habe ich mir ein Unterkonto mit meinem Budget dafür geschaffen. Das ist nicht nur ein Ziel, sondern gleichzeitig eine Investition in mich selbst.

Was bedeutet für dich finanzielle Freiheit?
Finanzielle Freiheit bedeutet für mich nicht, dass ich eine große Stadtvilla und die x-te Designertasche habe. Mir ist es wichtig, nicht darüber nachdenken zu müssen, dass ich etwas nicht machen kann, weil ich die finanziellen Mittel dafür nicht habe. Ich wollte mir mal ein Auto mieten und hatte kein Geld dafür. Das habe ich als sehr restriktiv empfunden. Da habe ich für mich beschlossen: So eine Situation musst du mit allen Mitteln verhindern. Ich liebe es zum Beispiel, T-Shirts selbst zu batiken. Und dieses Batik-Zeug, das will ich kaufen können, weil es mir einfach Freude bereitet. Es gibt Dinge, die sind nicht teuer, aber die machen mich glücklich. Und für diese Dinge möchte ich auch Geld haben. Das ist eine Investition in mich selbst und in mein Glück. So gesehen kann Geld mich also sehr wohl glücklich machen … «

Strategie #1

Entwickle ein Money-Mindset

Stell dir folgende Situation vor: Du bist eine Frau Mitte dreißig, hast einen anspruchsvollen Job, bei dem du viel Verantwortung trägst, und auch ansonsten hast du dein Leben voll im Griff. Bei einem Termin mit deinem persönlichen Kundenberater bei der Bank möchtest du dich über verschiedene Investitionsmöglichkeiten informieren. Der Berater macht dir ein Angebot zu einer privaten Rentenversicherung und einem Bausparvertrag und erklärt dir kurz die Details. Du zögerst jedoch, weil du dir die Unterlagen noch einmal in Ruhe zu Hause durchsehen möchtest, bevor du etwas unterschreibst. Nachdem ihr euch eine Dreiviertelstunde über deine Finanzen und deine Optionen unterhalten habt, verabschiedet dich dein Kundenberater mit den Worten: »Schauen Sie sich das in Ruhe zu Hause mit Ihrem Vater oder Ihrem Partner an, und dann melden Sie sich wieder bei uns.«

Ist tatsächlich genau so passiert. Obwohl diese Frau alles andere als auf den Kopf gefallen war, traute ihr eigener Berater ihr einfach nicht zu, eigenverantwortlich über ihre finanzielle Zukunft entscheiden zu können. Nach dieser Erfahrung hatte sie genug davon, von der Beratung und dem Wissen anderer abhängig zu sein, und entschloss sich, einen meiner Kurse zu besuchen.

Leider ist so ein Umgang mit Frauen bezüglich ihrer eigenen

Finanzen kein Einzelfall. Das Problem ist: Während die einen sich von solchen Sprüchen nicht unterkriegen lassen und selbstbewusst über ihre eigene Finanzplanung entscheiden, zweifeln andere an ihren eigenen Fähigkeiten. »Vielleicht ist es wirklich besser, wenn ich einen Mann zurate ziehe?« Als ob das Y-Chromosom allein für finanzielle Fähigkeiten sorgen würde.

Oft fängt es bereits mit den ersten Erfahrungen in der Kindheit an. »Mathe ist nichts für Mädchen« – wer hat diesen Spruch nicht auch schon gehört? In ihrem Buch *Selbstbild – Wie unser Denken Erfolge oder Niederlagen bewirkt* beschreibt die Psychologin Carol S. Dweck, wie sie eine der Klassenbesten in Mathe war und sogar die Air Force Interesse an ihr bekundet hat. Eines Tages wechselte ihr Mathelehrer, und sie wurde fortan von jemandem unterrichtet, der glaubte, Mädchen könnten keine Mathematik. Im Laufe des Schuljahres verschlechterten sich ihre Noten, und als Psychologin kann sie überzeugend erklären, wie sehr sich solche Vorurteile auf Menschen auswirken können. Bei ihr persönlich war es so, dass sie zum Schluss selbst dachte, sie wäre nicht gut in Mathe. In einem anderen Beispiel beschreibt sie, wie sich junge mathematikinteressierte Frauen innerhalb eines Semesters von ihrem einstigen Lieblingsfach abwendeten, da sie plötzlich mit Vorurteilen zu kämpfen hatten. Eine Studentin berichtete davon, dass sie sich am Ende des Kurses fehl am Platz fühlte, da der Professor jede ihrer richtigen Antworten mit einem »Gut geraten!« kommentierte.

Vorurteile wie diese begleiten uns leider ein Leben lang. Studien zeigen immer wieder, dass Frauen ihre Mathematikkenntnisse schlechter einschätzen, als sie in Wirklichkeit sind. Wie oft habe ich schon den Satz »Ich kann einfach nicht mit Geld umgehen« gehört. Als wäre das ein angeborenes Talent oder so unveränderlich wie unsere Nasenspitze – zumindest fernab von plastischer Chirurgie. »Es geht nicht darum, dass du nicht mit Geld umgehen kannst. Es geht darum, dass du dir noch nie die Priorität gesetzt hast, es lernen zu wollen«, antworte ich meist in solchen Fällen. Sich hinzusetzen und zu überlegen, wie viel Geld man monatlich zur Verfügung hat, wie man es am besten aufteilt, wie man sich eine Sparrate setzt, Rücklagen bildet und vorsorgt, macht eben weniger Spaß als ein Samstagnachmittag, bei dem ich mit meiner Freundin durch die Stadt spaziere und all das kaufe, was mir gefällt. Zur Not gibt's ja noch den Dispo, und im nächsten Monat kommt frisches Geld aufs Konto? Das wird nicht lange gut gehen.

Benachteiligt von Anfang an

Oft fängt es schon in der Kindheit an: So bekommen in Deutschland Jungs in der vierten Klasse durchschnittlich 16,25 Euro Taschengeld pro Monat – Mädchen hingegen nur 11,94 Euro.[9] Stolze 26 Prozent weniger. Als ob man uns beibringen möchte, schon von Kindesbeinen an mit weniger Geld klarzukommen. Zwar sinkt die Differenz bis zur siebten Klasse auf nur noch etwa 6 Prozent, aber Taschengeld ist ja nur eines von unzähligen Beispielen. Das Investment-Management-Unternehmen T. Rowe Price fand heraus, dass Eltern von Jungs öfter mit diesen über finanzielle Ziele reden, ihnen doppelt so häufig eine eigene Kreditkarte anvertrauen und häufiger annehmen, dass ihr Sohn den Wert eines Dollars versteht.[10] Und eine weitere Untersuchung zeigte: Selbst wenn Eltern sich dazu entscheiden, mit ihren Kindern über Geld zu sprechen, dann wird bei Jungs Vermögensaufbau thematisiert – und bei Mädchen Sparen und Budgetieren.[11]

Liegt es vielleicht daran, dass Mädchen halt einfach kein Mathe können und Eltern ihnen deswegen weniger zutrauen? Schließlich schneiden in Deutschland Mädchen deutlich schlechter in Mathematik ab als ihre männlichen Altersgenossen. So zumindest das Ergebnis der immer wiederkehrenden PISA-Studie.

Die Psychologin Jessica F. Cantlon wollte dem Thema auf

den Grund gehen und untersuchte gemeinsam mit einem Team von der Carnegie Mellon University in Pittsburgh, Pennsylvania, 104 Kinder im Alter von drei bis zehn Jahren. Dazu wurde die Hirnaktivität der Kinder mit einem Magnetresonanztomografen (MRT) aufgezeichnet, während sie sich Lehrvideos über einfache mathematische Aufgaben wie das Zählen und Addieren ansahen. Anschließend verglichen die Forscher die Scans und stellten fest: Es gibt keine Unterschiede bei der Hirnaktivität. Aus neurologischer Sicht gibt es also keine Unterschiede zwischen Jungs und Mädchen.[12] Mathematik kennt kein Geschlecht.

Was sind dann die wahren Ursachen? Es handelt sich um eine *self-fulfilling prophecy*, zu Deutsch: eine selbsterfüllende Prophezeiung: Gerade *weil* Mädchen weniger zugetraut wird, wirkt sich das negativ auf ihre Leistungen aus. Das bestätigte auch eine weiterführende spanische Studie: Mädchen haben schon in der Grundschule eine weniger positive Einstellung zu Mathematik, weniger Motivation und mehr Angst vor dem Thema.[13] Kein Wunder, wenn uns ständig gesagt wird, wir könnten das nicht.

So entscheiden sich später logischerweise auch mehr Männer als Frauen für sogenannte MINT-Berufe (Mathematik, Informatik, Naturwissenschaft und Technik). Eine, die diesen Zustand ändern möchte, ist Mina Saidze. Sie arbeitet als Lead Data Analytics und Tech Evangelist bei Axel Springer und ist Gründerin von *Inclusive Tech,* der ersten Organisation europaweit, die sich für mehr Diversität in der Tech-Industrie einsetzt. Schließlich ist gerade einmal jede achte Angestellte in diesem Bereich weiblich.

Ähnlich ist es auch im Finanzwesen: Frauen sind insbesondere in den höheren Etagen massiv unterrepräsentiert. Die hundert größten Banken und sechzig größten Versicherungen in Deutschland hatten Ende 2018 nur knapp 9 beziehungsweise 10 Prozent Frauen im Vorstand.[14] Dabei sind sogar mehr als die

Hälfte der Angestellten im Bankensektor Frauen. Diese findet man aber eher in der Bankfiliale vorne am Schalter Geld auszahlen und Überweisungsaufträge älterer Menschen entgegennehmen oder in der Marketingabteilung, selten jedoch in den hinteren Räumen, wo Investitionspläne für Kunden aufgestellt werden, oder in Führungspositionen. Und weil es dieses Missverhältnis schon so lange gibt, fehlt es auch an Vorbildern: an Frauen, die in der Öffentlichkeit genauso sichtbar sind wie Männer und zeigen könnten: »Schau her, ich bin eine Frau und leite eine große Bank!«

Wichtig ist dabei auch, dass sich Frauen gegenseitig unterstützen: »Als Frau kann ich andere ermutigen, indem ich als Mentorin fungiere. Damit das Feld greifbar nah, statt abstrakt aufgefasst wird, kann ich Anwendungsfälle aus der Praxis an Schulen, Universitäten, bei Meetup-Gruppen und Konferenzen vorstellen«, sagt Mina Saidze. Sie sieht dabei auch die Gesellschaft, Wirtschaft und den Staat als weitere wichtige Eckpfeiler.

Anfang 2019 war ich zum ersten Mal auf der INVEST in Stuttgart. Die INVEST gilt als die größte Anlegermesse Deutschlands – und ich sage bewusst »Anleger« und nicht »AnlegerInnen«. Wer dort schon mal war, weiß, dass Frauen in der absoluten Unterzahl sind. Das hat zwar den Vorteil, dass es keine Schlange vor der Toilette gibt, spiegelt aber auch sehr gut die Geschlechteraufteilung in der Branche – und leider auch im Interesse des Publikums – wider. Bei meinem ersten Besuch schlenderte ich entspannt durch die Gänge und unterhielt mich mit einigen der Aussteller, die ich bereits durch meine Arbeit kannte. An einem Stand wurde ein Magazin präsentiert, von dem ich noch nie zuvor etwas gehört hatte. Also blieb ich stehen und blätterte darin herum. Es dauerte nicht lange, bis der junge Messe-Repräsentant langsam auf mich zukam. »Was ist denn das für ein Magazin? Worum geht es hier genau?«, fragte ich. Er kam noch etwas näher und sagte in einem bedachten Tonfall, als ob er gerade einem Kleinkind erklären würde, dass es mit der Hand nicht auf die heiße Herdplatte fassen darf: »Das ist ein Magazin über G-E-L-D-A-N-L-A-G-E-N.« Dabei sprach er das letzte Wort besonders langsam und deutlich aus, wie eine Mutter, die sagt: »Vorsicht, H-E-I-S-S!«

Wir waren auf einer Investitionsmesse, daher hegte ich schon selbst den Verdacht, dass es auch um dieses Thema gehen könnte. Also hakte ich noch mal nach und fragte: »Ja, aber um welche Art der G-E-L-D-A-N-L-A-G-E geht es denn genau – Sachwerte, Anleihen, Aktien, Immobilien, Fonds?« Jetzt schien er meine Frage zu verstehen und tat das, was ihm am naheliegendsten erschien, wenn eine Frau diese Frage stellt: Er blätterte im Magazin und schlug die hinteren Seiten auf: »Hier finden Sie zum Beispiel einen Artikel über Handtaschen. Und hier ist einer über gaaaanz tollen Schmuck.« Er lächelte stolz über seine Antwort und wie er die Interessentin (also mich) beraten hatte. Ich resignierte an der Stelle und ging. Dabei hörte ich den etwa zehn Jahre jüngere Typen mir noch nachrufen: »Möchten Sie vielleicht einen kostenlosen Kugelschreiber mitnehmen?«

Ab diesem Moment verstand ich auch sehr gut, warum so wenige Frauen hier vertreten waren. Es war – wenn man überhaupt beachtet wurde – einfach anstrengend, denn die ganze Halle strotzte nur so vor Testosteron. Da sieht man auf jeder Auto- oder Erotikmesse mehr Diversität – und ich spreche vom Publikum, nicht von den Hostessen.

Allerdings sind Frauen in der realen Welt sehr wohl finanziell auf Zack: Die Shortsellerin Fahmi Quadir wettete bereits 2018 gegen das damalige DAX-Unternehmen Wirecard – während alle anderen es umjubelten. Die Journalistin Stefania Palma deckte im gleichen Jahr gemeinsam mit ihrem Kollegen Dan McCrum auf, dass bei dem Unternehmen nicht alles sauber läuft. Und die deutsche Fondsmanagerin Susan Levermann hat nicht nur einen Finanzbestseller zur Aktienanalyse geschrieben, sondern direkt eine eigene Analysemethode entwickelt, die von vielen PrivatanlegerInnen genutzt wird: die Levermann-Strategie. Es scheint sie also doch zu geben, die Frauen, die finanziell etwas auf dem Kasten haben. Nur leider kommen sie medial viel zu selten zu Wort.

Ist vielleicht das Thema »Finanzen« einfach nicht weiblich genug? Während sich Männer nicht nur in der Werbung der Neunzigerjahre mit Statussymbolen wie »Mein Haus, mein Auto, mein Boot« vergleichen, sollen wir Frauen ja eher demütig sein, uns um die Familie kümmern und gefälligst dankbar strahlen, wenn wir mal abends ein entspanntes Bad genießen können. Das ist doch das wahre Glück der Frauen, oder nicht? Keine teuren Autos, keine wachsenden Investitionen und kein Schmuck, außer vielleicht wenn er uns von unserem Liebsten geschenkt und andächtig um den Hals gelegt wird. Während du das liest, hast du sicherlich Bilder im Kopf, die dir die Werbeindustrie auf allen möglichen Kanälen eingetrichtert hat. Auch wenn sich die Zeiten laaaangsam ändern, gelten Finanzen immer noch als Männerthema.

Dass diese Klischees nicht nur in alten Serien wie *Sex and the City* eine Rolle spielten, sieht, wer sich heutzutage auf TikTok umschaut. Frauen spielen die Rolle der Shopping-Queen, die ihre neuesten Errungenschaften vor dem Mann verstecken muss, oder präsentieren ihren prall gefüllten Kleiderschrank als ultimatives Lebensziel. Etwas, worüber die Fans von Mario Barth seit zwanzig Jahren unermüdlich lachen. Was nebensächlich und banal klingt, wirkt sich aber tatsächlich auf dein Unterbewusstsein aus – auch wenn bei derart abgedroschenen Witzen nicht einmal dein Mundwinkel zucken sollte, hinterlassen all diese Stereotype dennoch Spuren. Wenn wir immer wieder von verschiedenen Absendern die gleiche Leier hören, macht das etwas mit uns. Die Folge ist: Wir glauben wirklich, dass wir nicht in der Lage sind, mit Geld umzugehen. Das nennt man auch negative Glaubenssätze.

Glaubenssätze sind Annahmen, die wir über uns selbst, über Sachverhalte oder Situationen irgendwann einmal getroffen haben und die tief in unserem Inneren verankert sind. »Mädchen können kein Mathe«, »Ich kann nicht mit Geld umgehen«, »Geld ist der Ursprung allen Übels« und so weiter. Im Laufe unseres Lebens sammeln wir verschiedene solcher Glaubenssätze, und manchmal kann eine einzige Erfahrung schon dafür sorgen, dass sich solch ein Glaubenssatz verankert. Wenn du also mal eine schlechte Mathenote bekommen hast und dir deine Lehrerin gesagt hat: »Mathe ist halt einfach nicht dein Ding«, kann dies schon zu einem Glaubenssatz werden, der dein Leben prägt, denn: Wieso solltest du dir jetzt noch die Mühe machen, es überhaupt zu versuchen?

Einer meiner Glaubenssätze war lange: »Ich kann nicht mit Geld umgehen.« Denn sobald ich es verdiente, gab ich es wieder aus. Mein Glaubenssatz ermöglichte es mir, meine Handlungen vor mir selbst zu rechtfertigen. »Ich würde mich ja um meine Finanzen kümmern, aber ich kann halt einfach nicht damit umgehen.« Glaubenssätze limitieren uns nicht nur, sie erleichtern uns auch irgendwie das Leben: Ist halt so. Punkt.

Für mich war das auch eine wunderbare Erklärung, warum ich mein Geld weiterhin ausgeben musste, anstatt mir anstrengende Gedanken darüber zu machen, wie ich etwas Sinnvolles damit anstellen könnte. Das Blöde ist nur, dass die meisten unserer Glaubenssätze tatsächlich negativ sind. Unser Gehirn steuert pro Tag zwischen 30 000 und 60 000 Gedanken. Die meisten davon sind flüchtig und unbedeutend, jeder vierte Gedanke ist jedoch negativ, und nur 3 Prozent sind positiv.[15] Und dabei sprechen wir nicht von einer missmutigen Person wie dem Grinch. Nein, wir alle haben diese negativen Gedanken, die uns unbewusst dominieren und mit denen wir uns selbst sabotieren.

Stell dir vor, du musst eine Präsentation halten. Woran denkst du dann am Vorabend? Stellst du dir vor, wie die Menschen dir gebannt zuhören, deine Präsentation mit lautem Applaus feiern und dir anschließend zu dieser erfolgreichen Darbietung gratulieren? Oder denkst du eher daran, was passiert, wenn die Technik versagt, du vor Aufregung etwas vergisst oder mittendrin ganz dringend aufs Klo musst? Manchmal kommen uns die skurrilsten Gedanken, die dafür sorgen, dass wir uns selbst sabotieren. Dann doch besser gar nicht präsentieren, sich die Schmach ersparen, auch wenn man damit vielleicht eine einmalige Karrierechance versäumt.

Wenn Menschen besonders stark darunter leiden, hat dieses Phänomen sogar einen konkreten Namen: Impostor- oder Hochstapler-Syndrom. Sogar sehr erfolgreiche Frauen, wie die Microsoft-Managerin Magdalena Rogl, leiden darunter. Sie hat mittlerweile einen Weg gefunden, damit umzugehen, wie sie mir berichtet hat: »Für mich geht es nicht darum, das zu überwinden oder dagegen anzukämpfen, sondern in solchen Momenten eher Mitgefühl mit mir selbst zu haben und mich zu fragen, woher diese Unsicherheit gerade kommt. Ich habe gelernt, dass es mir leichterfällt, wenn ich das Gefühl zulasse und versuche, ihm auf den Grund zu gehen, anstatt es zu verdrängen. Und dann hilft es mir immer auch sehr, mich daran zu erinnern, wie ich solche Situationen in der Vergangenheit gemeistert habe. Spätestens dann ist das Impostor wieder so klein, dass ich es an der Hand nehmen kann und wir den nächsten Schritt gehen können.«

Problematisch wird es, wenn sich unsere Gedanken auf unsere Handlungen ungebremst auswirken. Paul Watzlawick erzählt in seinem Klassiker *Anleitung zum Unglücklichsein* beispielsweise die Geschichte von dem Mann, der sich einen Hammer bei seinem Nachbarn ausleihen möchte, um ein Bild aufzuhängen. Aber plötzlich kommen ihm Zweifel: Was, wenn der Nachbar ihm den Hammer nicht leihen möchte? Schon am Vortag hat er nur flüchtig gegrüßt. Vielleicht war er nur in Eile – oder er hat etwas gegen ihn und leiht ihm den Hammer eh nicht. Bloß warum? Der Mann hat dem Nachbarn nichts getan. Trotzdem dreht sich das Gedankenkarussell so lange weiter, bis der Mann schließlich zu dem Nachbarn stürmt, an seiner Tür läutet und ihn anschreit: »Behalten Sie Ihren Hammer, Sie Rüpel!«

Die Geschichte ist natürlich etwas überspitzt, aber ganz ehrlich: Kennst du solche Situationen nicht auch? Etwa, wenn man wartend neben dem Handy sitzt und hofft, dass sich die neue Bekanntschaft endlich meldet. Wäre alles halb so wild, wenn dann nicht plötzlich die zweifelnden Gedanken aufkommen: Bin ich ihm zu hässlich/klein/groß/dick/dünn/laut/leise etc.? Habe ich etwas Blödes erzählt? Hatte ich vielleicht die ganze Zeit etwas zwischen den Zähnen? Das Gedankenkarussell nimmt Fahrt auf, und irgendwann denkt man sich: »Ach, ich hab eh keine Lust auf den Typen und lösche am liebsten gleich die Nummer – Vollidiot!« Dabei ist er vielleicht einfach beim Skifahren in den Bergen und hat keinen Empfang, hat einen Haufen Arbeit von seiner Chefin aufgehalst bekommen und ist im Stress, oder er hat sein Handy versehentlich ins Klo fallen lassen und ist daher seit zwei Tagen schon nicht erreichbar.

Aus einem einzelnen Gedanken kann ein ganzer Teufelskreis entstehen: Der Gedanke »Ich kann nicht mit Geld umgehen« kann dazu führen, dass wir uns unsicher fühlen, sobald es auch nur irgendwie um Finanzen geht. Und aus dieser Unsicherheit heraus geben wir auf, noch bevor wir angefangen haben. Vielleicht hast du ja auch schon mal versucht, dein Geld zu sparen, und bist gescheitert. So war es bei mir jedenfalls. Damals hatte ich versucht, mich den ganzen Monat zurückzuhalten, um am Monatsende auch mal etwas beiseitelegen zu können. Aber es hat nicht geklappt, also dachte ich, ich kann es nicht. Das Sparen an sich war dabei gar nicht mein Problem, mir fehlte die richtige Methode, die zu mir und meinen Zielen passte. Mittlerweile ist es für mich selbstverständlich, nicht mein ganzes Geld auszugeben, sondern zu sparen. Das mache ich heute vollkommen automatisiert, ohne auch nur einen Gedanken daran zu verschwenden. In meinem Buch *Easy Money* zeige ich verschiedene Methoden auf, wie Sparen wirklich für jede Person funktioniert.

Man kann also auch positive Glaubenssätze entwickeln und für sich nutzen. Um den Teufelskreis zu durchbrechen, ist es zunächst einmal wichtig, an sich selbst zu glauben. Sich selbst dabei auch mehr zutrauen! Genau das fehlt uns Frauen – nach Jahrzehnten der eingeimpften Selbstzweifel – noch viel zu oft: eine gesunde Selbstwirksamkeitserwartung.

Stimmt das, was ich glaube?

Was du über dich selbst und deine eigenen Fähigkeiten denkst, wirkt sich auf deine Handlungen aus. Hierin liegt vielleicht auch der Grund, warum du dich noch nicht mit deinen Finanzen beschäftigt hast. Unter Selbstwirksamkeit wird die Überzeugung einer Person verstanden, auch schwierige Situationen und Herausforderungen aus eigener Kraft erfolgreich bewältigen zu können. Wer eine geringe Selbstwirksamkeit hat, glaubt nicht an die eigenen Fähigkeiten und fängt demzufolge auch erst gar nicht damit an, sich mit einem bestimmten Thema auseinanderzusetzen. Wenn ich nicht daran glaube, eine neue Sprache lernen zu können, fange ich gar nicht erst damit an. Und wenn ich nicht daran glaube, meine Finanzplanung selbst in die Hand nehmen und dabei erfolgreich sein zu können, fange ich auch damit nicht an. Wozu die ganze Mühe und Zeit, wenn ich es am Ende eh nicht schaffe?

Selbstwirksamkeit ist eine der zentralen und notwendigen Voraussetzungen, wenn du dich erfolgreich um dein Geld kümmern möchtest. Menschen mit stärkerer Selbstwirksamkeit neigen eher dazu, sich ehrgeizige Ziele zu setzen, und haben eine größere Widerstandsfähigkeit gegenüber negativen Konsequenzen, die mit Misserfolgen verbunden sind. Doch wie erkennt man die eigene Selbstwirksamkeit?

Eine Übung, die ich mit den Teilnehmerinnen in meinen Kursen mache, ist zum Beispiel die Aufgabe, zwischen einer Tatsache und einer Bewertung korrekt zu unterscheiden:

Schreibe dazu alle Gedanken beziehungsweise Glaubenssätze auf, die dir zu deinem Umgang mit Geld in den Sinn kommen. Das können beispielsweise folgende Glaubenssätze sein:

- Ich weiß nicht, wie ich sparen kann.
- Finanzplanung ist langweilig.
- Geld ist der Ursprung allen Übels.
- Wenn ich mich um mein Geld kümmere, habe ich weniger Sorgen.
- Ich bin zu blöd dafür, das ist alles viel zu kompliziert für mich.

Als Nächstes schreibst du hinter jeden Satz, ob es sich dabei um eine Tatsache (T) oder eine Bewertung (B) handelt.

- Ich weiß nicht, wie ich sparen kann. (T)
- Finanzplanung ist langweilig. (B)
- Geld ist der Ursprung allen Übels. (B)
- Wenn ich mich um mein Geld kümmere, habe ich weniger Sorgen. (T)
- Ich bin zu blöd dafür, das ist alles viel zu kompliziert für mich. (B)

Im dritten Schritt überlegst du dir: Gibt es Tatsachen, die ich ändern kann? Zum Beispiel: Wenn du nicht weißt, wie du Geld sparen kannst, dann liegt es daran, dass du dich mit den Methoden noch nicht auseinandergesetzt hast. Diese Tatsache kannst du schnell angehen und es lernen.

Du findest Finanzplanung langweilig? Und Geld ist der Ursprung allen Übels? Das sind Bewertungen, hier solltest du dich fragen: Woher kommen diese Überzeugungen? Wer sagt das? Denken wichtige Bezugspersonen in meinem Leben ähnlich? Welche Erfahrung hat dazu geführt, dass ich das denke? Nur weil du etwas glaubst, heißt das noch lange nicht, dass es auch stimmt!

Negative Glaubenssätze sorgen für eine geringe Selbstwirksamkeit und hindern dich daran, erfolgreich zu sein. Ganz besonders dann, wenn du dich dadurch selbst abwertest. Ein Glaubenssatz wie »Ich bin zu blöd dafür, das ist alles viel zu kompliziert für mich« nagt nicht nur an deinem Selbstbewusstsein, er limitiert dich schon rein gedanklich. Um dir die Dimensionen bewusst zu machen, überlege dir zum Beispiel, wo du sein und was du tun könntest, wenn du diesen Glaubenssatz nicht hättest. Was wäre, wenn du von dem Gegensatz überzeugt wärst? »Ich bin klug genug dafür und kann meine Finanzplanung selbst in die Hand nehmen und erfolgreich umsetzen!«

Damit deine negativen Glaubenssätze dich nicht daran hindern weiterzukommen, musst du sie in positive umformulieren. Erwarte jedoch nicht, dass so eine kleine Übung gleich deine komplette Denkweise verändert. Du musst dir deine positiven Glaubenssätze immer wieder in Erinnerung rufen. Eine meiner Teilnehmerinnen hat ihre positiven Glaubenssätze per Sprachaufnahme mit dem Handy aufgezeichnet und sie sich jeden Morgen beim Zähneputzen angehört. Dadurch, dass sie ihre neuen Glaubenssätze mit ihrer eigenen Stimme hörte, fiel es ihr leichter, daran zu glauben und sich die neuen Glaubenssätze zu verinnerlichen. Manche schreiben ihre neuen Glaubenssätze auf Post-its und hängen sie sich an den Badezimmerspiegel. Oder du kannst deine neuen Glaubenssätze als Foto aufnehmen und für den Sperrbildschirm deines Handys nutzen. Hauptsache, du fühlst dich mit der Methode wohl und schaffst es, dich jeden Tag mit deinen neuen Glaubenssätzen auseinanderzusetzen.

Das ist deshalb so wichtig, weil Glaubenssätze unter anderem unsere »emotionale Aktivierung« beeinflussen, die einer von vier Bausteinen der Selbstwirksamkeit ist. Der Psychologe Albert Bandura erkannte bereits Ende der Siebzigerjahre die Bedeutung der Selbstwirksamkeit und definierte folgende vier Faktoren:

1. Emotionale und physische Aktivierung

Zur emotionalen Aktivierung hast du auf den vorangegangenen Seiten nun schon einiges gelesen. Deine Gedanken beeinflussen aber nicht nur deine Emotionen, sie können dies auch mit deinem Körper, also physisch. Beispielsweise indem du Herzrasen bekommst, deine Hände zittern oder deine Stimme versagt, sobald irgendwo von »Finanzierung« oder »Investment« die Rede ist. Um deine physischen Reaktionen in den Griff zu bekommen, empfehle ich dir den TED Talk auf YouTube von der Sozialpsychologin Amy Cuddy, der unter dem Namen »Fake it till you make it« bekannt wurde. Darin beschreibt sie, welche Auswirkungen unsere Körpersprache auf unsere Emotionen hat. Was machen beispielsweise Sportler, die als Erstes in die Zielgerade einlaufen, einen Matchball verwandeln oder ein Tor schießen? Sie reißen ihre Hände in die Luft und nehmen eine kraftvolle Pose ein. Niemand schießt ein Tor und geht danach mit gesenktem Kopf über den Rasen – es sei denn, es handelt sich um ein Eigentor. Das Gleiche gilt für deine persönlichen Erfolgserlebnisse. Wie reagierst du, wenn du die Zusage für deinen Traumjob bekommst? Du jubelst und zeigst das auch in deiner Körpersprache. Amy Cuddy beschreibt in ihrem Talk, der bereits über 64 Millionen Mal angeschaut wurde, wie wir unseren Körper aktivieren können, um uns auch emotional selbstbewusster und selbstsicherer zu fühlen. Wer lächelt, ist glücklich – aber auch, wer sich zum Lächeln zwingt, indem er oder sie auf einen Bleistift beißt, setzt Glückshormone im Körper frei.

Die Wissenschaftlerin beschreibt außerdem, dass mächtige Menschen viel Testosteron und wenig Cortisol im Körper haben. Testosteron im Körper sorgt für ein dominantes Auftreten, Cortisol für besseren Stressabbau. Genauso wie ein erzwungenes Lachen dich glücklicher macht, macht dich eine selbstbewusste Power-Pose auch selbstbewusster. Wenn du dich also das nächste Mal an deine Finanzplanung setzt, wirf einfach die Hände in die Luft und jubel dir selbst zu. Dein Gehirn merkt den Unterschied gar nicht, dass du deinen Erfolg vorläufig fakst, sondern glaubt irgendwann fest daran, dass es Realität wird.

2. Eigene Erfahrungen und Erfolgserlebnisse

Deine eigenen Erfahrungen sind ein wichtiger Bestandteil, um deine Selbstwirksamkeit zu steigern. Mit jedem kleinen Erfolgserlebnis merkst du, dass du mehr kannst, als du bislang geglaubt hast. Ich weiß noch, wie aufgeregt ich früher war, wenn ich in der Schule oder in der Uni etwas vortragen musste. Ich habe es gehasst und bin schon morgens mit Bauchschmerzen aufgestanden. Später, in meinem Job in einer Agentur für strategische Unternehmenskommunikation, musste ich auch vor Kunden wie Audi oder der Allianz präsentieren. Mit jedem Mal wurde ich etwas selbstbewusster und traute mir mehr zu. Ich machte die Erfahrung, dass es funktionieren kann, und hatte erste Erfolgserlebnisse, die dafür sorgten, dass ich mir immer mehr zutraute. Im März 2018 besuchte ich eine Finanzveranstaltung für Frauen in Frankfurt, bei der ich als Speakerin eingeladen war. Moderiert wurde das Event von der bekannten Fernsehmoderatorin Ruth Moschner. Zu dem Zeitpunkt hatte ich schon so viele Erfahrungen und Erfolgserlebnisse gesammelt, dass mir solche Aufträge immer besser gefielen und ich keine Angst mehr hatte, vor einem großen Publikum zu sprechen. Ich konnte den Tag in vollen Zügen genießen und hatte Spaß daran, meine Erfahrungen zu teilen und die Fragen aus dem Publikum zu beantworten. So viel Spaß, dass die Veranstalterinnen begeistert waren und mich baten, im Folgejahr die Veranstaltungsreihe zu moderieren. Niemals hätte ich diese Möglichkeit angenommen, wenn ich nicht vorher schon andere Erfahrungen gemacht und Erfolgserlebnisse gesammelt hätte.

Laut den Wissenschaftlern Edwin Locke und Gary Latham ist es auch wichtig, dass diese Erfolge mit der Zeit gesteigert werden. Versuche also, einen sogenannten »High Performance Cycle« zu etablieren, bei dem deine Herausforderungen immer größer werden. Wenn du immer nur den gleichen Vortrag vor dem gleichen Publikum hältst, wirst du ihn zwar irgendwann perfektionieren – du wirst aber nicht weiter wachsen.

Wenn du an deiner Selbstwirksamkeit arbeiten willst, kannst du mit kleinen Schritten anfangen und erste Erfahrungen sammeln. Wichtig ist, dass du deine Erfolge auch als solche deklarierst. Deine Erfolgserlebnisse haben nichts mit Zufall oder Glück zu tun. Du hast dafür gearbeitet und dich angestrengt, um sie zu erreichen. Nimm deine Errungenschaften also auch als Erfolge an.

3. Beobachtung

Selbstwirksamkeit kann nicht nur durch deine eigenen Erfahrungen, sondern auch die Beobachtung deines Umfelds oder deiner Vorbilder entstehen. Wir alle brauchen Vorbilder, an denen wir uns orientieren und zu denen wir aufschauen können. Diese Personen sollten nicht zu weit weg von deiner eigenen Lebensrealität sein. Such dir Menschen, die einen ähnlichen Lebensweg gegangen sind wie du oder einen ähnlichen Background haben und erfolgreich geworden sind. Bandura hat das auch »Lernen am Modell« genannt.

Du brauchst nicht das perfekte Vorbild zu suchen, das alles in sich vereint, was du dir selbst wünschst. Du kannst dir einzelne Aspekte von verschiedenen Vorbildern zusammenstellen:

Das kann beispielsweise eine Kollegin sein, die sich im Unternehmen besonders gut durchsetzt, eine abenteuerlustige Freundin, die allein auf Weltreise geht, oder eine Verwandte, die es schafft, allein zwei Kinder großzuziehen. Wenn wir die Augen offen halten, finden wir in unserem Umfeld viele Frauen, an denen wir uns orientieren und die wir zum Vorbild für eine bestimmte Aufgabe oder einen bestimmten Lebensbereich nehmen können.

Übrigens: Keine Sorge, falls du in deinem direkten Umfeld wenige Menschen hast, die dir als Vorbilder dienen können beziehungsweise an denen du dich orientieren möchtest. In diesem Buch wirst du noch viele Frauen kennenlernen, die echte *role models* sind und die du dir zum Vorbild nehmen kannst.

4. Positiver Zuspruch

Ermutigung von anderen tut nicht nur deinem Ego gut – sie steigert auch deine Selbstwirksamkeit. Als meine Familie nach Deutschland einwanderte und wir in einer Notunterkunft wohnten, klingelte es eines Tages an der Tür, und dort stand eine ältere Frau, die sagte, sie habe unsere Adresse von einem Mitarbeiter bei der Aussiedlerbehörde im Rathaus bekommen. Sie war auf der Suche nach einer netten Familie, die sie und ihr Mann zu Heiligabend zu sich nach Hause einladen wollten. Meine Eltern waren etwas perplex und nicht sicher, ob sie alles richtig verstanden hatten. Aber an Heiligabend saßen wir dort gemeinsam in ihrem Haus, aßen lecker und verständigten uns mit Händen und Füßen. Die Freundschaft zu diesem Paar hat ein Leben lang gehalten, und ich habe die beiden »Onkel Günther« und »Tante Mia« genannt. Sie haben mich in vielfacher Weise geprägt, und als beide verstarben, brach für mich eine Welt zusammen. Was mir aber besonders in Erinnerung geblieben ist, war die Ermutigung meiner Tante. Egal was ich gemacht habe, sie hat es immer gefeiert, als hätte ich gerade einen Nobelpreis bekommen, und ich höre ihre Worte noch immer sehr deutlich: »Nein! Günther, hast du das gehört? Margarethe hat ein PRAKTIKUM in MÜNCHEN! Das ist ja toll!« Dabei schlug sie meist ihre Hände zusammen und strahlte bis über beide Ohren. Das hatte zur Folge, dass ich ihr natürlich jedes kleine Erfolgserlebnis erzählte, weil diese Bestätigung für mich das Größte war. Da saß jemand und feierte meine Erfolge mit mir, als ob es die größte Errungenschaft wäre, die jemals einem Menschen geglückt war. Oft wünsche ich mir, ich könnte ihr auch heute von meinen Erfolgen berichten.

Diese Erfahrung nehme ich auch in meine Kurse mit und erzähle meinen Teilnehmerinnen immer wieder, wie wichtig der Schritt ist, dass sie ihre Finanzplanung nun selbst in die Hand nehmen, und wie stolz sie am Ende des Kurses auf sich sein können, sich ein komplett neues Thema erarbeitet zu haben, mit neuen Vokabeln und neuen Theorien. Die meisten machen das neben einem Vollzeitjob und den alltäglichen Verpflichtungen. Und das gehört meiner Meinung nach auch gewürdigt und gefeiert!

Such dir in deinem Umfeld also Menschen, die dich unterstützen und die sich mit dir über deine Erfolge freuen – egal wie groß oder wie klein sie auch sein mögen. Wir alle brauchen eine Art *pep talk*, damit wir enthusiastisch an eine neue Aufgabe herangehen können. Falls es dir schwerfällt, geh mit gutem Beispiel selbst voran: Feiere die Erfolge deiner Arbeitskolleginnen und deiner Freundinnen und sag ihnen auch mal, wie stolz du auf sie bist. So kannst du selbst eine positive und ermutigende Atmosphäre um dich herum schaffen.

Begib dich nicht in die Opferrolle

Falls du dir jetzt denkst: »Was soll denn dieser ganze Psychokram, ich will doch eigentlich nur wissen, wie ich besser mit meinem Geld umgehen soll?«, kann ich dich beruhigen: Studien zeigen, dass Frauen mit einer höheren finanziellen Selbstwirksamkeit, und somit mit einem größeren Selbstvertrauen in ihre finanziellen Managementfähigkeiten, mit größerer Wahrscheinlichkeit Anlage- und Sparprodukte und mit geringerer Wahrscheinlichkeit schuldenbezogene Produkte besitzen.[16] Vermutlich hat es ja auch einen Grund, dass du dich noch nicht mit deinen Finanzen auseinandergesetzt hast oder nicht erfolgreich damit warst. Und das hat in vielen Fällen vor allem mit der zugrunde liegenden Psychologie zu tun, weshalb ich immer sage: Unterschätze niemals dein Mindset zu dem Thema – also dein Money-Mindset. Denn oft liegt genau darin begründet, was dich von etwas Neuem abhält und dafür sorgt, dass du dich unterbewusst selbst sabotierst.

Das Gegenteil von Selbstwirksamkeit ist übrigens oft eine Opferhaltung. Wenn du nicht an deine eigenen Fähigkeiten glaubst, gibst du vielleicht anderen die Schuld, dass du in einer bestimmten Situation bist. Vielleicht sind es einzelne Personen, die Rahmenbedingungen oder gleich eine ganze Gesellschaft. Ehrlicherweise fällt es mir immer wieder schwer, geduldig zu sein, wenn ich sehe, dass jemand in der eigenen Opferrolle aufgeht und gleichzeitig in Selbstmitleid zerfließt. Als meine Eltern nach Deutschland kamen, besuchten sie morgens einen Sprachkurs und gingen am Nachmittag und Abend gleich mehreren Jobs nach. Meine Schwester war damals zehn und ich vier Jahre alt. Geld für einen Babysitter am Abend gab es nicht. Also gingen sie ganz pragmatisch vor und nahmen uns Kinder einfach mit. Und während sie Büroräume putzten, spielten meine Schwester und ich in den leeren Räumen eben Büro und taten so, als würden wir dort arbeiten.

In all den Jahren habe ich nie gehört, dass sich meine Eltern beschwerten. Sie hatten ein festes Ziel vor Augen und taten alles, um das Bestmögliche aus ihrer Situation zu machen. Dieses Mindset haben sie auch an meine Schwester und mich weitergegeben. Auf einen kurzen Nenner gebracht, lautet die

Botschaft: Niemand kann etwas an deiner aktuellen Situation ändern, außer du selbst.

Das böse Geld

Auf Instagram habe ich mal einen Post dazu veröffentlicht, in dem ich gezeigt habe, wie hoch die Rendite bei einem ETF im Vergleich zu einem klassischen Sparbuch ausfallen kann. Daraufhin schrieb mir eine Frau, dass sie sich schämen würde, wenn sich ihr Geld einfach so vermehren würde, ohne dass sie etwas dafür täte. Das Geld, das sich in meinem Aktiendepot vermehrte, würde ja anderen Menschen weggenommen werden und diese ausbeuten. Dieser Meinung begegne ich immer wieder, da sich leider viele gar nicht mit der Thematik beschäftigen und zu einfache Rückschlüsse ziehen. Ich wurde mal für einen Radiosender interviewt, bei dem die Moderatorin ähnlich argumentierte: Mit Investitionen würde man anderen Menschen doch etwas wegnehmen, irgendwo müsste das Geld ja herkommen. Neben negativen Glaubenssätzen hält leider auch viele Menschen Unwissenheit davon ab, sich selbst um ihr Geld zu kümmern. Das hängt zwar damit zusammen, dass man nicht *weiß*, wie die Börse und Investitionen funktionieren, hat aber auch eine wichtige Mindset-Komponente: Muss man sich wirklich dafür *schämen*, das eigene Geld zu investieren?

Zunächst einmal: Du verdienst kein Geld, ohne etwas dafür getan zu haben. Wenn du dein Geld investierst, dann bedeutet das, dass du vorher dafür gearbeitet hast. Du bist jeden Morgen aufgestanden, zur Arbeit gegangen und hast dich für deine Zeit und dein Wissen bezahlen lassen. Der Ursprung deiner Investitionen ist also ganz herkömmlich und unbestreitbar rechtmäßig verdient. Dieses Geld hast du anschließend versteuert und damit auch deinen gesellschaftlichen Beitrag geleistet. Anstatt dann aber – wie die meisten es tun – dein verdientes und versteuertes Geld ausschließlich für deinen Konsum auszugeben oder es einfach nur auf dem Girokonto zu sparen, hast du Teile davon stattdessen an der Börse investiert. Nehmen wir an, du hast einen Teil deines Gehalts nun in Wertpapiere investiert, indem du es eben nicht für diverse Konsumgüter ausgegeben hast. Woher kommt dann deine Rendite, wenn die Kurse deiner Aktien steigen?

Stell dir die Börse wie einen Marktplatz vor. Nicht wie einen Wochenmarkt, sondern eher wie eBay, mit verschiedenen Marktteilnehmern, die entweder Ware verkaufen oder Ware kaufen wollen. Anstelle von Kleidung, Elektronik oder gebrauchten Büchern gibt es hier jedoch nur Aktien. Menschen, die irgendwann einmal eine Aktie zu einem bestimmten Preis gekauft haben, nutzen den aktuellen Marktpreis, um ihre Aktien wieder zu verkaufen. Manche können ihre Aktien jetzt zu einem höheren Preis anbieten, als sie selbst dafür gezahlt haben, weil in der Zwischenzeit die Nachfrage nach genau diesen Aktien gestiegen ist und jetzt mehr Menschen genau diese Aktie besitzen wollen. Das heißt, du hast hier zwei Parteien mit zwei unterschiedlichen Zielen und Vorhaben: Die einen, die ihre Aktien mit Gewinn verkaufen, und die anderen, die diese Aktien neu kaufen wollen. Dazwischen steht eBay und regelt die Transaktion, im Fall von Aktien macht das eben die Börse.

Genauso kann es natürlich passieren, dass jemand Aktien teuer gekauft hat und diese mit der Zeit an Wert verloren haben. Um die Verluste zu begrenzen, möchte sich eine Aktienbesitzerin nun von ihren Aktien trennen, und verkauft sie an der Börse. Eine andere Aktionärin sieht aber großes Potenzial in dem Unternehmen und möchte die Aktien kaufen. Wenn diese Aktionärin nun ihre neuen Aktien hält und sich noch mehr Menschen ebenfalls für diese Aktie interessieren, steigen diese wieder im Wert, und sie kann sie bei Bedarf mit Gewinn verkaufen. Du siehst: Nirgendwo in diesem Zusammenspiel tauchen Menschen auf, die unter dem Aktienhandel per se leiden – oder die ausgebeutet werden. Es ist jedoch etwas anderes, wenn es darum geht, welche Unternehmen du unterstützt und welche Aktien du handeln möchtest. Und das steht dir an der Börse vollkommen frei. So kannst du beispielsweise in Unternehmen investieren, die sich sozial engagieren, unter fairen Bedingungen produzieren und dazu die Umwelt schonen. Für sich genommen ist Investieren also nicht unmoralisch oder unethisch. Du kannst deine Investitionen so auswählen, dass sie zu deinen eigenen Werten passen.

Betrachte Geld also nicht als einen Wertmaßstab, der darüber entscheidet, ob etwas gut oder böse ist. Nutze es eher als Werkzeug, das du auf verschiedene Art und Weise nutzen kannst. Du kannst damit Unternehmen unterstützen, deren Werte du teilst, und mit Investitionen in diese von ihrem wirtschaftlichen Wachstum profitieren. Oder du kannst dir damit einen Traum erfüllen: Viele meiner Teilnehmerinnen wünschen sich beispielsweise, früher in Rente gehen und mehr Zeit mit ihrer Familie verbringen zu können. Auch das kann ein wünschenswertes Ziel sein, das du mit dem passenden Money-Mindset und einem klugen Geldumgang erreichen kannst.

Interview mit Prof. Heidi Stopper

» *Prof. Heidi Stopper ist Unternehmerin und eine der gefragtesten Topmanagement-Coaches sowie Beraterin zum Thema Karriere und berufliche Positionierung. Davor war die ausgebildete Volljuristin Vorständin bei der ProSiebenSat1 Media AG. Heute hat sie Sitze in mehreren Beiräten, ist Honorarprofessorin und Kuratoriumsvorsitzende der Hochschule Macromedia. Doch damit nicht genug: Heidi Stopper ist außerdem eine leidenschaftliche Förderin von Frauen im Berufsleben.*

Bevor du dich als Topmanagement-Coachin selbstständig gemacht hast, hast du eine unglaubliche Bilderbuchkarriere hingelegt. Was sind die Geheimnisse, die dazu führten?
Ich habe nicht geplant, Karriere zu machen, sondern wollte einfach eine spannende Aufgabe. Aber ich habe immer schnell festgestellt, dass die Jobs meiner Chefs spannender waren, da sie mehr gestalten und bewegen konnten. Wahrscheinlich habe ich daher die Gelegenheiten, die sich aufgetan haben, ergriffen. Es tun sich unendlich viele Gelegenheiten auf, wenn man die Augen offen hält. Mein Arbeitgeber war sehr dynamisch, und es gab oft neue Strukturen mit neuen Chancen. An mich herangetragene Jobangebote habe ich dabei meist angenommen und dabei sehr viel über mich selbst gelernt. Manchmal habe ich selbst die Initiative ergriffen – auch wenn das nicht immer geklappt hat. Dabei habe ich vor allem gemerkt, dass für mich Erfolg und Karriere bedeuten, einen Job zu haben, in dem ich viel gestalten kann und in dem ich mit meinen Kompetenzen richtig bin, weil ich etwas bewegen kann. Ich brauche ein Umfeld, in dem ich meine PS gut auf die Straße bringen und Dinge verbessern kann. Das ist für mich eine der großen Erfolgsstrategien: Finde raus, wo du besonders gut bist – und jeder von uns hat dieses einmalige Kompetenzset –, und dann such dir einen Job, in dem deine Kompetenz gebraucht wird.

Wie wichtig ist Mut für den persönlichen Erfolg?

Angst ist eines der allergrößten Hemmnisse für Erfolg, nicht fehlendes Können. Das Können lässt sich immer aneignen, aber mangelndes Selbstvertrauen oder Angst ist etwas, was dem Erfolg viel mehr im Weg steht als fehlendes fachliches Know-how. Insofern ist es wichtig, dass man sich Dinge zutraut und dass man auch ausprobiert. Ich habe in meiner Karriere alles Mögliche ausgetestet. Ich habe mir immer zugetraut, in Dinge auch reinzuspringen und Neues zu lernen, und mir ein Umfeld gesucht, das mich dabei ermutigt und unterstützt.

Hattest du schon immer großes Vertrauen in deine eigenen Fähigkeiten?

Nicht unbedingt. Ich war zum Beispiel bei meiner Führerscheinprüfung sehr nervös, aber dann habe ich mir gedacht: »Schau dir mal alle an, die Auto fahren. Das bekommst du doch auch hin!« Ich habe schon immer gerne Neues ausprobiert, mich schnell gelangweilt. Und das gab mir den Schub, mich weiteren Herausforderungen zu stellen. Mut wächst auch mit den Aufgaben, die man schon bewältigt hat, und auch die Erkenntnis, dass am Ende alle nur mit Wasser kochen und jeder in großen Positionen nur dorthin kam, indem er Aufgaben annahm, die er/sie noch nicht voll beherrscht hat.

Was kann ich tun, wenn ich selbst Schwierigkeiten habe, mir etwas Neues zuzutrauen?

Erst einmal ist es wichtig herauszufinden: Was kann ich? Was bringe ich mit? Welche Fähigkeiten habe ich? Was kann ich mir zutrauen? Und an den Stellen, an denen ich merke, dass ich noch nicht da bin, wo ich sein möchte, muss ich mir Unterstützung suchen. Egal ob von einem Coach, einer Mentorin oder in einem Kurs. Wenn ich es aus eigenen Kräften nicht schaffe, dann hole ich mir Support. Damit minimiere ich auch mein persönliches Risiko.

Es hilft auch, sich nicht mit anderen zu vergleichen, sondern mit seinem früheren Selbst und zu schauen: »Was habe ich in den letzten drei bis fünf Jahren alles dazugelernt, und was möchte ich in den nächsten fünf Jahren lernen?«

Viele schrecken davor zurück, sich Unterstützung zu holen. Wie sind deine Erfahrungen hierzu?
In mein Coaching kommen vor allem Topmanager, daher ist meine Klientel zu 70 Prozent männlich, da es eben auch die Führungsquoten widerspiegelt. Was ich erlebe, ist, dass sich Frauen oft erst dann einen Coach oder Mentor suchen, wenn sie einen ganz starken Leidensdruck haben. Männer betrachten eher die Wettbewerbsvorteile eines Coachings. Die sehen das wie bei der Olympiade, d. h. wie im Leistungssport: Wenn sie an die Spitze wollen und sich dort halten, brauchen sie die beste Unterstützung, die sie bekommen können. Und da gehört heutzutage Coaching einfach mit dazu. Das ändert sich bei Frauen momentan ebenso, wenn auch langsamer.

Was glaubst du, woran liegt es, dass Frauen sich seltener Unterstützung holen als Männer?
Ich denke, das ist eine Kehrseite der Emanzipation: Wir Frauen haben uns zu sehr eingeredet, dass wir alles ganz allein schaffen müssen. Ich bin überzeugt davon, dass Frauen auch alles schaffen können. Aber ich bin auch davon überzeugt, dass wir mit Unterstützung und zusammen immer besser sein können, als wenn wir die Dinge allein angehen. Frauen brauchen Vertrauen in die eigenen Fähigkeiten aber auch Unterstützer, so wie Männer auch. «

Strategie #2

Übernimm Verantwortung für dein Geld

Simone war eine meiner ersten Teilnehmerinnen im *Fortunalista Bootcamp*, einem mehrwöchigen Kurs, bei dem ich Frauen dabei begleite, ihr Geld zu investieren. Sie schrieb mich verzweifelt an, weil ihr ganzes Leben gerade im Umbruch war und sie unbedingt noch einen Platz im Kurs haben wollte. Wir telefonierten recht lange, um zu klären, ob das Bootcamp überhaupt das Richtige für sie war. Trotz allem, was sie mir erzählte und was sie hinter sich hatte, wirkte sie voller Optimismus. Nach dem Studium hatte sie viele Jahre in einer kleinen Agentur im Marketing gearbeitet. Die Arbeit machte ihr Spaß, aber sie verspürte nie den Drang, eine große Karriere zu machen, und somit war sie auch schnell damit einverstanden, als ihr Mann sie darum bat, ihren Beruf aufzugeben und sich um die zwei gemeinsamen Kinder und den Haushalt zu kümmern. Sie hatten sich in dem kleinen Vorort in Niedersachsen ein neues Haus gebaut, für 320 000 Euro. Die ersten Jahre lief alles gut, und Simone liebte es, zu Hause zu bleiben, sich um die Kinder zu kümmern und für ihren Mann da zu sein. Doch wie in vielen Ehen kam irgendwann der Punkt, an dem Simone und ihr Mann beschlossen, sich zu trennen und schließlich scheiden zu lassen. Neben dem emotionalen Schmerz und dem Wunsch, alles im Sinne der Kinder abzuwickeln, kamen plötzlich auch Probleme auf sie zu, über die sie sich vorher nie Gedanken gemacht hatte: Was passiert mit dem Haus? Das war noch lange nicht abbezahlt, und es war klar, dass sie es sich alleine – auch mit Unterhalt – nicht mehr hätte leisten können. Wie ging es nun für sie finanziell weiter? Wie ging es für sie beruflich weiter? Sie musste mit Anfang vierzig wieder zusehen, wie sie Geld verdiente. Da erst merkte sie, dass sie nicht nur vor einer zerbrochenen Ehe stand, sondern auch vor finanziellen Schwierigkeiten.

Ein Eigenheim ist oft auch eine emotionale Entscheidung – insbesondere, wenn Kinder im Spiel sind. Man hat ein Haus nicht nur auf der Grundlage vieler Träume gebaut oder gekauft, sondern verbindet damit nach ein paar Jahren auch viele schöne Erinnerungen. Das erste Weihnachten als Familie, die ersten Schritte der Kinder, die gemütlichen Abende mit Freunden. Doch Simone und ihr Mann entschieden sich, das einzig Vernünftige zu tun: Sie verkauften das Haus wieder. So blieben ihr immerhin 95 000 Euro für den Neustart – und die brauchte sie auch.

Da sie schon viele Jahre aus ihrem Job raus war, musste sie zunächst einmal wieder reinkommen. Die Erde dreht sich immer schneller, und einige Jahre Auszeit können, je nach Branche, den Wiedereinstieg stark erschweren. Sie fand einen Job in einer Agentur, allerdings nicht mehr als Marketing-Managerin, sondern als Team-Assistentin mit einer deutlich niedrigeren Bezahlung. Aber es war ein Start, und sie hatte immerhin wieder in der Arbeitswelt Fuß gefasst, ein eigenes Gehalt, und sie konnte sich nach der Arbeit weiterhin um ihre Kinder kümmern.

Simone ist kein Einzelfall. Etwa 150 000 Ehen werden jedes Jahr wieder geschieden.[17] Eine Studie vom Bundesministerium für Familie, Senioren, Frauen und Jugend stellt fest: »Trennung und Scheidung sind wichtige Ursachen für die Entstehung von Niedrigeinkommen und (Kinder-)Armut in Deutschland.«[18] Aber es gibt doch Unterhalts- und Ausgleichszahlungen, oder nicht? Theoretisch ja, aber zwei Drittel der Frauen, die Anspruch auf Trennungsunterhalt hätten, und ein Viertel der Frauen, die Anspruch auf Kindesunterhalt hätten, erhalten keine Zahlungen.[19] Trennung und Scheidung verdoppeln das Armutsrisiko von Frauen sogar. Neben dem niedrigeren Haushaltseinkommen oder den ausbleibenden Unterhaltszahlungen gibt es noch ein anderes Problem: Frauen, die bereits jahrelang aus ihrem Job raus sind, haben es schwer, wieder reinzukommen. Die Arbeitswelt verändert sich rasend schnell: Neue Tools, neue Systeme und neue Programme können überfordernd sein, wenn man den Anschluss erst einmal verloren hat. Wer beispielsweise im Onlinemarketing arbeitet, hat es manchmal schon schwer, am Ball zu bleiben, wenn Google seinen Suchmaschinen-Algorithmus verändert, Werbevorschriften sich ständig verändern und plötzlich neue Dienste wie *Discord* und *TikTok* im Trend sind. Wie soll man da als jemand, der sich noch mit *MySpace* beschäftigt hat, bei einer Teilzeitstelle mitkommen? Das Problem ist also nicht nur das finanzielle, sondern auch der Gang zurück in einen hart umkämpften Arbeitsmarkt.

Heutzutage haben dreißigjährige Frauen in Deutschland noch etwa 37 Erwerbsjahre vor sich – mehr als ihr bisheriges Leben. Bei Frauen im Alter von fünfzig Jahren sind es immerhin noch fünfzehn Jahre. Das ist sogar genügend Zeit, um sich noch einmal neu zu orientieren und einen ganz neuen Beruf zu ergreifen. Oder um noch einmal richtig Gas zu geben und die Glasdecke mit reichlich Erfahrung und selbstbewusster Souveränität endlich zu durchbrechen. So viele Jahre, so viele Möglichkeiten. Aber viele Frauen sind gezwungen, einen anderen Weg zu wählen und verschenken viel Potenzial.

Dass wir Frauen nicht auf den Kopf gefallen sind, muss uns niemand erzählen. Wir erreichen häufiger die Hochschulreife als Männer und stehen ihnen auch bei der beruflichen Qualifikation in nichts nach. Obwohl wir es also draufhaben, zeigt sich ab dem Alter von dreißig Jahren ein krasser Cut: Während

88 Prozent der Männer zwischen dreißig bis fünfzig Jahren Vollzeit arbeiten, sind es bei den Frauen in der gleichen Altersklasse gerade einmal 39 Prozent. Nicht einmal halb so viele. Wären diese Frauen gut abgesichert und müssten nur deshalb nicht arbeiten, wäre das großartig. Aber die Realität sieht anders aus: Existenzsicherung, Rücklagen und Altersvorsorge sind für die meisten nicht möglich. Von den verheirateten Frauen dieser Altersklasse haben 19 Prozent überhaupt kein eigenes Einkommen. Obwohl hier oft eine gute Ausbildung vorliegt, ziehen sich diese Frauen aus dem Berufsleben zurück – auch aufgrund von fehlender Unterstützung.

Auch in der Schweiz gibt es das Problem der »Akademikerinnen am Herd«.[20] Angesichts des Ärztemangels vielerorts wird deutlich, dass dies nicht nur ein privates, sondern auch ein gesellschaftliches Problem ist. Es fehlt an Fachkräften, weil sich viele entschließen, zu Hause zu bleiben – oder weil sie gar nicht anders können. Eine Freundin von mir erzählte mir von der Kita-Zusage mindestens genauso euphorisch wie von der Schwangerschaft selbst. Die Betreuungsquote der unter Dreijährigen liegt deutschlandweit bei etwa einem Drittel.[21] Manche Familien setzen lieber auf Selbstbetreuung, bei der das Kind bis zum Schulbeginn nicht in Kita oder Kindergarten ist. Im *Focus* habe ich von der Geschichte der 41-jährigen Shirley gelesen, die ihren Job in der Kommunikationsbranche aufgegeben hatte und bewusst auf ein eigenes Einkommen verzichtete, damit sie voll und ganz für ihre Kinder da sein konnte. Sie erzählte von entspannten Vormittagen mit ihren vier- und sechsjährigen Kindern, die immer ausschlafen konnten, von Ausflügen in den Park und dass die Kinder durch Nachbarn oder Arbeitskollegen des Vaters ja auch weitere soziale Kontakte hatten.[22] Wie sich das auf die Kinder und ihre Sozialkompetenz am Ende auswirkt, kann ich nicht beurteilen, aber ich kann ziemlich sicher sagen: Shirley wird im Alter kaum Rente bekommen.

Im Alter von vierzig Jahren haben Frauen in Deutschland im Durchschnitt 469 Euro Bruttorente gesammelt.[23] Nehmen wir mal an, dass Shirley diesen Rentenanspruch bereits verzeichnen kann. Geht man nun zusätzlich von einer Inflation in Höhe von 2 Prozent aus, bis Shirley in Rente geht, dann hat sie zu Rentenbeginn einen realen Rentenwert von 341 Euro (gemessen an der heutigen Kaufkraft). Die Folge ist: Sie wird zum Sozialfall. Das klingt hart, ist aber Realität und lässt sich bereits jetzt berechnen – vorausgesetzt, sie ändert daran nichts. Fällt durch einen Unfall oder eine lange Krankheit ihres 46-jährigen Mannes das einzige Gehalt weg, das die Familie versorgt, droht der ganzen Familie ein Leben in Armut.

Natürlich ist es schön, wenn man ständig für die Kinder da sein kann, ihnen beim Großwerden zusieht und keinen wichtigen Augenblick verpasst. Wer aber nicht in jungen Jahren schon damit anfängt, für sich selbst vorzusorgen, muss später damit rechnen, dass die Kinder für einen mitsorgen müssen – als Einzelperson und als Gesellschaft. »Gerade im Alter zwischen 30 und 50 Jahren werden viele Frauen zunehmend vom Einkommen ihres Partners oder staatlichen Transferleistungen ökonomisch abhängig, können trotz beruflicher Qualifikation und hoher Motivation ihren Lebensunterhalt nicht erwirtschaften«, sagt das BMFSFJ.[24] Genau diese Lebensphase ist für viele Frauen entscheidend dafür, ob ihnen später Altersarmut droht oder ob sie noch die Kehrtwende schaffen. Liegt die Rentenlücke zwischen Männern und Frauen im Alter von dreißig Jahren noch bei 0 Prozent, weil beide Geschlechter in etwa gleich viel verdienen, steigt sie ab Mitte vierzig bereits auf 27 Prozent.[25]

Dass jede fünfte Frau kein eigenes Einkommen hat, habe ich schon geschrieben. Doch wie sieht es bei den anderen aus? Von den verheirateten Frauen zwischen dreißig und fünfzig Jahren verdienen 63 Prozent weniger als 1000 Euro netto. Auch wenn hier ein kleines Einkommen da ist, wird es später für diese

Frauen schwierig werden, wenn sie nicht einen Großteil davon für ihre Altersvorsorge aufbringen. Das Bundesfamilienministerium benutzt dafür auch ganz drastische Worte: »Die Ehe wird für viele Frauen aufgrund bestehender Anreizstrukturen in ihren Folgen und Risiken abhängigkeitsfördernd und kann sich existenzbedrohend auswirken auch für die Familie im Fall von Berufsunfähigkeit oder Arbeitslosigkeit des Hauptverdieners.«[26] Abhängigkeitsfördernd und existenzbedrohend – deutlicher kann man es nicht sagen.

Von den unverheirateten Frauen verdient jede zehnte mehr als 2000 Euro netto, bei den verheirateten sind es nur 6 Prozent. In diesem Fall sammeln die Frauen zumindest Entgeltpunkte für die Rente und haben je nach Lebenssituation die Möglichkeit, privat vorzusorgen – was sie auch müssen! Altersvorsorge ist nicht optional, sondern obligatorisch.

Simones Weg war hart. Aber am Ende hat sie es geschafft, ihr Leben wieder in den Griff zu bekommen. Sie hatte einen Job und investierte das Geld aus dem Hausverkauf so, dass es ihr später eine gute Rente sichern wird und sie sich keine Sorgen mehr über Altersarmut machen muss. Gerade noch rechtzeitig. Viele Frauen kümmern sich erst viel später um Fragen der Altersvorsorge und haben dadurch deutliche Nachteile. Die Frage, die du dir stellen musst, ist nicht, wann du vorsorgst, die Frage ist:

Warum hast du noch nicht angefangen?

Ich habe diese Frage schon vielen Frauen gestellt und natürlich auch mir selbst. Die Antworten klingen häufig sehr ähnlich. Hier sind die häufigsten:

»Ich kann nicht mit Geld und Finanzen umgehen«

Ein Klassiker. Ich kann nicht mit Geld umgehen, also fange ich gar nicht erst an. Vielleicht hast du sogar schon den einen oder anderen Versuch gestartet, ein wenig Geld zu sparen, und bist gescheitert. Der Umgang mit Geld und Finanzen ist jedoch kein Talent, das uns in die Wiege gelegt wurde oder eben nicht. Wenn du nicht mit Geld umgehen kannst, dann liegt es daran, dass du die Regeln dazu einfach noch nicht gelernt hast. Vielleicht hast du auch noch nicht die passende Methode für dich gefunden oder zu wenig ausprobiert. Der richtige Umgang mit Geld ist etwas Gelerntes. Und wenn du dich an ein paar einfache Grundprinzipien hältst, dann gelingt es auch dir.

Zu den Grundprinzipien zählt, dass du immer deine Ausgaben im Blick behältst, dass du bereits nach Gehaltseingang eine festgelegte Summe beiseitelegst und dass du mindestens 10 Prozent von allem, was du einnimmst, zur Seite legst und investierst. Das sind drei Faustregeln, mit denen man nichts falsch machen kann, wenn man sich daran hält.

Warum es so wichtig ist, am Monatsanfang Geld zu sparen, ist einfach: Andernfalls musst du dich den ganzen Monat über daran erinnern zu sparen, bei jedem Einkauf denkst du darüber nach, ob das noch drin ist oder nicht. Die Folge: Jede Ausgabe tätigst du mit einem schlechten Gewissen. Und die ganze Qual nur, um am Ende festzustellen, dass du viel weniger gespart hast, als du eigentlich wolltest. Du musst das Pferd also von hinten aufzäumen: Erst legst du den Betrag weg, den du sparen willst – danach kannst du den Rest für all das ausgeben, was du willst. Du musst nicht mehr rechnen, hast kein schlechtes Gewissen und trotzdem die Gewissheit, dass du exakt so viel gespart hast, wie du wolltest.

Dieser Trick funktioniert so gut, weil mal wieder die Psychologie entscheidet: Wenn du von vornherein weniger Geld zur Verfügung hast, lernst du automatisch, mit dieser etwas kleineren Summe zurechtzukommen. Wichtig ist natürlich, dass du dir überlegst, welche Summe für dich realistisch ist. Idealerweise sind es mindestens 10 Prozent deines Einkommens.

Wie du siehst, folgt der richtige Umgang mit Geld relativ simplen Regeln. Wenn du dich an diese hältst und nicht über deine Verhältnisse lebst, dann kannst du die Ausrede »Ich kann nicht mit Geld umgehen« ab sofort streichen!

»Ich habe noch Zeit«

Dass sie noch Zeit haben, denken viele Frauen so lange, bis es irgendwann fast zu spät wird. Im Alter zwischen dreißig und fünfzig Jahren sehen Frauen ihre eigene Berufstätigkeit als wichtigsten Part zur Alterssicherung. Das ist die Zeit, in der sich das Leben oft durch Ehe und Mutterschaft verändert und andere Themen nach vorne drängen. Die Sensibilität für die eigene Altersvorsorge tritt in dieser Lebensphase oft in den Hintergrund. Bei Männern ist übrigens das Gegenteil der Fall: Sie setzen sich in diesem Alter stärker mit ihrer Altersvorsorge auseinander.[27] Hier zeigen sich die oft unterschiedlichen Prioritäten von Männern und Frauen. Viele junge Mütter, die ins *Fortunalista Bootcamp* kommen, erzählen, dass sie den Kurs machen wollen, um für ihre eigenen Kinder vorzusorgen. Wenn ich sie dann frage, ob sie denn schon für sich selbst vorgesorgt haben, verneinen sie dies meist. Es ist jedoch wie mit der Sauerstoffmaske im Flugzeug: Bevor ich sie meinem Kind aufsetze, muss ich sie mir selbst aufsetzen. Ansonsten wird es für beide gefährlich – Mutter und Kind.

Ab etwa fünfzig Jahren kann man jedoch eine Veränderung feststellen: Die Kinder sind dann meist aus dem Haus oder zumindest eigenständig, und die Rente rückt immer näher. Plötzlich wird auch den Frauen bewusst, dass sie nicht genügend vorgesorgt haben. Ein großer Teil schiebt das Thema Rente ins letzte Viertel des Erwerbslebens. Das Problem dabei: Je länger man das Thema vor sich herschiebt und je später man startet, desto mehr Geld muss man aufbringen.

Schauen wir uns dazu vier Beispielrechnungen an:

Kathi ist 23 Jahre alt und im ersten Job. 100 Euro legt sie monatlich in einen ETF-Sparplan mit einer durchschnittlichen Rendite von 6 Prozent jährlich an. Wenn sie das bis zur Rente mit angenommen 67 Jahren durchzieht, dann hat sie in insgesamt 44 Jahren 52 800 Euro gespart und investiert. Durch den Zinseszinseffekt, also die Verzinsung der erworbenen Zinsen, erzielt sie 194 700 Euro Zinsen und blickt auf ein Endkapital von 247 500 Euro! Kathi hat ihr Investment also fast verfünffacht.

Bianca ist 33 Jahre alt und hat mehr Geld zum Investieren übrig. Sie entschließt sich, 200 Euro monatlich in den gleichen ETF-Sparplan mit durchschnittlich 6 Prozent Rendite zu investieren. 34 Jahre hat sie noch bis zur Rente, sie zahlt also bis zu ihrem 67. Geburtstag insgesamt 81 600 Euro in den Sparplan ein und erhält 176 567 Euro Zinsen. Somit bleibt ihr ein Gesamtkapital von 258 167 Euro übrig. Obwohl sie insgesamt fast 30 000 Euro mehr eingezahlt hat als Kathi, bekommt sie nur 11 000 Euro mehr heraus.

Sabine ist 43 Jahre alt und investiert aufgrund der baldigen Rente sogar 300 Euro jeden Monat. Gleicher Sparplan wie oben, gleiche Rendite. Sie zahlt in den kommenden 24 Jahren insgesamt 86 400 Euro in ihren Sparplan ein und somit sogar noch einmal über 5000 Euro mehr als Bianca. Trotzdem erhält sie nur 102 481 Euro Rendite und kommt auf ein Gesamtkapital von 188 992 Euro. Im Vergleich zu Kathi, die bereits mit 23 Jahren anfängt, zahlt sie insgesamt 33 600 Euro mehr ein, um dann später über 58 000 Euro weniger zu erhalten!

Kommen wir zum letzten Beispiel: Christa ist 53 Jahre alt und weiß, sie muss jetzt richtig Gas geben! Bis zur Rente sind es nur noch 14 Jahren. Also nimmt sie sogar monatlich 500 Euro in die Hand und greift zum gleichen ETF-Sparplan. Bis zur Rente schafft sie es, 84 000 Euro einzuzahlen. Mit einer Rendite von 6 Prozent kommt sie bis dahin auf 46 188 Euro zusätzlich, am Ende bleiben ihr also 130 188 Euro. Und damit hat sie trotz der zweithöchsten Investitionssumme die mit Abstand geringste Vorsorge von allen.

Auch wenn man bei dieser Rechnung noch Inflation und Steuern berücksichtigen muss und 6 Prozent Rendite konstant über 44 Jahre, wie im Fall von Kathi, natürlich nur ein theoretischer Wert ist, zeigen diese vier Beispielrechnungen sehr deutlich, warum es so einen großen Unterschied macht, wann du startest. Die Zeit ist einer der wichtigsten Faktoren beim Investieren, und jeder Monat, den du nicht investierst, ist ein Monat, in dem dein Geld nicht für dich arbeiten kann. Selbst wenn du deine Investitionssumme erhöhst und weitaus mehr aufwendest, kannst du ab einem bestimmten Punkt den Faktor Zeit nicht mehr schlagen. Deswegen ist es wichtig, so früh wie möglich zu starten.

»Ich verdiene nicht genug«

Allein die vier Beispielrechnungen von gerade zeigen dir, dass nicht die Investitionssumme im Vordergrund steht, sondern der Faktor Zeit. Es ist besser, früh mit einer kleinen Summe von 25 Euro monatlich zu starten, als noch zehn Jahre zu warten, weil man dann mehr Geld zur Verfügung hat. Dies ist leider ein weitverbreiteter Irrglaube.

Wenn du mit 25 Euro anfängst, kannst du ohne großes finanzielles Risiko erste Erfahrungen sammeln und dich auch mit dem Auf und Ab an der Börse vertraut machen. Eine monatliche Investitionssumme von 25 Euro wird dich nicht vor Altersarmut schützen – machen wir uns nichts vor. Aber der Grundstein ist gelegt, und du kannst darauf aufbauen. Die wenigsten fangen gleich mit hohen Summen an. Es ist absolut okay, erst einmal die neue Umgebung zu beschnuppern, bevor man höhere Summen investiert. Wenn du einen Marathon laufen willst, fängst du ja auch nicht mit 42 Kilometern an, sondern läufst erst einmal drei Kilometer und steigerst dich langsam. Überleg mal, wie skurril es wäre, wenn jemand sagen würde: »Ich habe neulich probiert, 42 Kilometer zu joggen, und festgestellt, ich kann es nicht.« Es ist also vollkommen okay, klein anzufangen. Das Wichtigste ist, du fängst überhaupt an.

Der Gewöhnungseffekt ist übrigens nicht zu unterschätzen: Geldanlage wird für dich somit zur Selbstverständlichkeit und steigert damit auch deine Selbstwirksamkeit. Jedes Mal, wenn du eine Gehaltserhöhung bekommst oder eine Steuerrückzahlung, kannst du einen Teil des Geldes nehmen und für deine Altersvorsorge verwenden. Du kennst dich ja inzwischen schon damit aus, auch wenn du gerade noch nicht sehr viel verdienst.

»Es ist so kompliziert!«

Als ich vor mittlerweile neun Jahren anfing, mich mit dem Thema Geldanlage auseinanderzusetzen, besuchte ich verschiedene Seminare kreuz und quer durch die verschiedenen Themenbereiche. Irgendwann landete ich auch in einem Schnupper-Seminar für Day-Trading. Day-Trading hat mit langfristiger Geldanlage genauso viel zu tun wie Analogkäse mit »echtem« Käse. Es sieht auf den ersten Blick so aus, man findet es in der gleichen Abteilung im Supermarkt, aber wenn man das erste Mal genüsslich hineinbeißt, ist man über die klebrige Masse zwischen den Zähnen einfach nur enttäuscht. Beim Day-Trading sitzt man stundenlang mit einem speziellen Trading-Programm vorm Computer und versucht, im Minutentakt Aktien zu kaufen und wieder zu verkaufen. Ich war zwar bereit, viel Zeit zu investieren, um wirklich zu lernen, was ich da tue, und keine Fehler zu begehen, aber stundenlang am Laptop sitzen, um am Ende ein paar Euro zu gewinnen, war nicht mein Ding. Es gibt viele Leute, die immer wieder behaupten, sie würden vom Day-Trading leben und damit jeden Tag fette Gewinne erzielen, aber abgesehen davon, dass es eher als Freizeitbeschäftigung denn als echte Investition zu sehen ist, machen die wenigsten wirklich Geld damit. Eine Studie wertete die Ergebnisse von fast 20 000 Day-Tradern in Brasilien aus, und das Ergebnis war: Nur

3 Prozent von ihnen waren nach Kosten überhaupt profitabel, 97 Prozent verdienten gar kein Geld oder verzeichneten sogar große Verluste. Gerade einmal sieben der knapp 20 000 Personen verdienten durchschnittlich mehr als 100 Dollar am Tag.[28]

Langfristige Geldanlage ist jedoch kein Day-Trading und auch nicht kompliziert. Du musst zwar bereit sein, dich mit dem Thema auseinanderzusetzen, aber dass dir dies gelingen wird, wenn du dich ernsthaft damit befasst, daran zweifle ich nicht. Ich habe ein Studium im Bereich Kommunikation und Marketing absolviert und trotzdem schnell verstanden, wie ich Aktien und ETFs auswählen muss, wie sich ein Portfolio zusammensetzt und warum Aktienkurse steigen und fallen. Viel komplizierter finde ich es, mir zu merken, ob ich erst das Niacinamid-, das Retinol- oder das BHA-Peeling auftragen soll und welche ich nicht miteinander kombinieren sollte – mit Contouring fangen wir gar nicht erst an. Ich habe es in meinem ganzen Leben auch noch nie geschafft, einen Kuchen zu backen, der wirklich gut geschmeckt hat und/oder gut aussah. Für mich sind das beides total komplizierte Themen, und ich bewundere jede Frau, für die beides ein Kinderspiel ist. Am Ende des Tages geht es aber in allen Fällen darum, sich mit einer Sache intensiv genug zu beschäftigen, sich in die Theorie einzulesen und danach in die Umsetzung zu kommen. Lass dich von all den komplizierten Begriffen auf den ersten Blick also nicht abschrecken. Baking, Blending und Buffing muss man auch erst einmal verstehen.

»Ich habe Angst davor, einen Fehler zu machen«

In keinem anderen Lebensbereich ist Angst ein so starker Faktor, der viele Menschen davor zurückhält, sich mit einem bestimmten Thema auseinanderzusetzen – Extremsport klammere ich hier jetzt mal aus. Jeder hat schon mal in den Medien von diesen Menschen gehört, die wahnsinnig viel Geld am Aktienmarkt verloren haben und jetzt vor dem Nichts stehen.

Diese Geschichten sind natürlich Angst einflößend, es sind aber Einzelfälle, die nur möglich wurden, weil sich diese Personen nicht ausführlich informiert haben, bevor sie ihr Geld an der Börse investierten. Denn es gibt Möglichkeiten, das Risiko zu senken und derartige Vollkatastrophen zu verhindern. Menschen, die ihr gesamtes Geld an der Börse verlieren, haben entweder in hochriskante, spekulative Produkte investiert, keine Diversifikation betrieben und stattdessen alles in ein einziges Unternehmen gesteckt, das dann gescheitert ist, oder sie sind in einem Börsencrash nervös geworden und haben auf dem Tiefststand all ihre Aktien und ETFs verkauft, anstatt sie weiter zu halten und abzuwarten, bis sich die Kurse wieder erholen.

Die Angst vor Aktieninvestments ist vollkommen irrational, da du selbst dafür sorgen kannst, dass du so investierst, wie es zu dir passt. Du musst nicht spekulieren und hohe Risiken eingehen. Du kannst dein Portfolio so aufsetzen, dass es sich langsam entwickelt und vor starken Schwankungen oder sogar Totalverlusten geschützt ist. Wer Mitte 1999 umgerechnet 5000 Euro in einen DAX-ETF investiert hat, konnte seinen Einsatz bis 2022 verdreifachen. Dazwischen musste man jedoch auch das Platzen der Dotcom-Blase im Jahr 2000 und einen Einbruch um 50 Prozent aussitzen, die Finanzkrise ab 2008 überstehen und natürlich auch im Crash zu Beginn der Coronakrise 2020 die Nerven bewahren. Wer nichts an seinen Investments geändert hat, sondern einfach investiert geblieben ist, kann sich mittlerweile über eine dicke Rendite freuen. Belohnt werden aber nur diejenigen, die in Crashs und Krisen nicht nervös werden, die sich vorher ausreichend informieren und dann von kurzfristigen Schwankungen oder Korrekturen nicht beeindrucken lassen.

»Ich verdiene genug, ich muss nicht vorsorgen«

Wenn du sehr gut verdienst und dadurch auch entsprechend viel in die Rentenkasse einzahlst, bedeutet das schon mal, dass du gute Chancen darauf hast, mehr als eine sogenannte Eckrentnerin zu bekommen, die bis zum Rentenalter 45 Entgeltpunkte gesammelt hat, was der Standardrente entspricht, die aktuell bei 1538,55 Euro brutto liegt. Trotzdem ist die Wahrscheinlichkeit hoch, dass dir diese Summe nicht reichen wird. Angenommen, du bist eine Gutverdienerin mit einem Bruttoeinkommen von 110 000 Euro jährlich, dann bekommst du jedes Jahr maximal zwei Punkte für deine Rente zugeteilt. Das ist die Maximalpunktzahl, die du bekommen kannst. Jemand, der das ganze Berufsleben lang zu den Gutverdienern gezählt und jedes Jahr zwei Punkte erhalten hat, konnte bis zur Rente nach 45 Erwerbsjahren insgesamt 90 Punkte sammeln. Ein Rentenpunkt hat nach derzeitigem Stand einen Wert von 34,19 Euro, die Bruttorente liegt also bei maximal 3077,10 Euro monatlich. Netto bleiben nach heutigem Stand ca. 2460 Euro übrig. Davon sind dann noch Kranken- und Pflegeversicherung zu entrichten.

Für die meisten Menschen sind 2500 Euro viel Geld. Wer sich jedoch einen gewissen Lebensstandard aufgebaut hat, wird damit nicht zurechtkommen. Davon kannst du aktuell in einer Zwei-Zimmer-Wohnung in einer Stadt deiner Wahl leben. Für Lebensmittel aus dem Feinkostladen, schicke Restaurantbesuche und das ein oder andere Wellness-Wochenende reicht es aber je nach Miete nicht.

Wenn du darüber nachdenkst, aufgrund deines guten Verdienstes sogar früher in Rente zu gehen, wird dir deine Rente für jeden Monat, den du früher aus dem Arbeitsleben aussteigst, um 0,3 Prozent gekürzt. Klingt nach wenig, aber auch das muss man sich erst einmal leisten können. Das eine Jahr, das du mehr Freizeit hast, bringt dir ein Leben lang 3,6 Prozent weniger Rente ein.

Natürlich ist die Wahrscheinlichkeit, dass du später von Altersarmut gefährdet sein wirst, als Gutverdienerin weitaus geringer. Um deinen Lebensstandard auch im Alter halten zu können, musst du aber ebenso vorsorgen wie jemand, der weitaus weniger verdient. Schließlich sollen doch auch die letzten zehn, zwanzig oder womöglich dreißig Jahre deines Lebens schön und von finanziellen Sorgen und Ängsten befreit sein.

Genug also mit den falschen (und manchmal auch faulen) Ausreden und ran an die Altersvorsorge.

Niemand kümmert sich um dein Geld so gut wie du

Ist die Entscheidung einmal gefallen, das eigene Geld für sich arbeiten zu lassen, machen sich viele zunächst einmal auf in die Bankfiliale ihres Vertrauens. Dabei bevorzugen die meisten Menschen noch immer die persönliche Beratung vor Ort. Wer jetzt sofort eine ältere Dame vor Augen hat, die technischen Innovationen eh nicht vertraut: 80 Prozent der 18- bis 34-Jährigen setzen lieber auf die persönliche Face-to-Face-Beratung.[29] Ein persönliches Gespräch gibt vielen Menschen ein besseres Gefühl, der ganzen Sache auch das nötige Vertrauen schenken zu können. Doch oft wiegen sich die Kundinnen hier in falscher Sicherheit – einfach weil sie noch nicht wissen, wie das System dahinter funktioniert. Die Beratung bei der Bank ist nämlich keineswegs kostenlos. Wer hier einen Vertrag abschließt, zahlt hohe Kosten und Gebühren. Allein die Abschlussprovision liegt meist bei 5 Prozent. Investiere ich 10 000 Euro in einen Fonds, gehen also gleich mal 500 Euro davon an die Bank beziehungsweise an die Kundenberaterin bei der Bank. Doch damit nicht genug. Hinzu kommen die laufenden Kosten. Im Schnitt liegen diese bei einem aktiven Fonds bei 1,8 Prozent jährlich. Auf meine investierten 9500 Euro zahle ich somit Jahr für Jahr

171 Euro Gebühren. Um überhaupt nur einen Werterhalt meiner Investitionen zu haben, muss ich also mindestens 1,8 Prozent Rendite machen und zusätzlich ca. 2 Prozent, um die Inflation auszugleichen. Im Schnitt verdiene ich also erst Geld, wenn mein Fonds mindestens 3,8 Prozent Rendite im Jahr macht. Davor verdient nur meine Bank an mir.

Wir haben in den vorherigen Rechenbeispielen gesehen, dass eine sechsstellige Summe gut erreicht werden kann, wenn man frühzeitig mit dem Investieren beginnt. Vergleichen wir an dieser Stelle noch einmal die Investitions-Entwicklung der vier Frauen. Kathi: 100 Euro monatlich, 6 Prozent Rendite, 44 Jahre Laufzeit, ursprünglicher Endbetrag 247 500 Euro, Endbetrag bei 1,8 Prozent jährlicher Gebühr: 146 019 Euro. Kathi hat in 44 Jahren insgesamt 41 522 Euro an die Bank gezahlt.

Vielleicht fragst du dich jetzt, warum zwischen dem ursprünglichen Endbetrag von Kathi (247 500 Euro) und dem neuen Betrag (146 000 Euro) plus den Gebühren (41 522 Euro) noch immer eine Differenz von etwa 60 000 Euro aufklafft. Gut aufgepasst, die Erklärung ist folgende: Dadurch, dass Kathi jedes Jahr Gebühren an die Fondsgesellschaft zahlt, hat sie auch jedes Jahr etwas weniger Geld, das für sie arbeiten kann. Was am Anfang nach sehr kleinen Beträgen aussieht, die kaum der Rede wert sind, ist nach einer langen Investitionsphase eine gewaltige Summe. Im ersten Jahr hat sie nur ca. 12 Euro Verwaltungsgebühr an die Bank gezahlt. Im dritten Jahr waren es bereits 57 Euro und im zehnten Jahr über 250 Euro. Allein in den letzten vier Jahren, die sie für ihre Rente spart, gehen jährlich über 2000 Euro an die Bank beziehungsweise die Fondsgesellschaft.

Vergleichen wir diesen Faktor einmal bei allen vier Personen. Die Rendite liegt also weiterhin bei 6 Prozent, und die Gebühren bei der Bank liegen jährlich bei 1,8 Prozent.

	monatliche Sparsumme	Anlagedauer	gesamte Anlagesumme	Endsumme, selbst investiert	Endsumme Investment bei Bank	Gebühren
Kathi	100,–	44 Jahre	52.800,–	247.500,–	146.019,–	41.522,–
Bianca	200,–	34 Jahre	81.600,–	258.167,–	175.306,–	41.739,–
Sabine	300,–	24 Jahre	86.400,–	188.991,–	145.990,–	26.543,–
Christa	500,–	14 Jahre	78.000,–	130.188,–	113.086,–	12.960,–

Am Anfang erscheint es manchen Menschen nach viel Geld, wenn sie 500 Euro für ein Seminar ausgeben oder 1000 Euro für einen mehrwöchigen Kurs. Doch das Wissen, was du dir dabei aufbaust, hilft dir, extrem hohe Kosten und Gebühren zu sparen, indem du deine Geldanlage selbst in die Hand nimmst und dein Geld auch selbst für dich arbeiten lässt. Denn zahlen musst du sowieso: Entweder indem du deine Kosten direkt siehst und kalkulieren kannst – oder indem sie dir Schritt für Schritt von deinem Vermögen genommen werden, ohne dass du überhaupt merkst, wie viel Geld dir am Ende entgeht!

Fakt ist: Jede Beratung, die du nicht selbst aus eigener Tasche bezahlst, ist ein Verkaufsgespräch. Nachdem ich einmal in einem Instagram-Post auf die Vorzüge von ETFs hingewiesen hatte, schrieb mir eine Frau sehr überzeugt: »Ich glaube nicht, dass ETFs besser sind als Fonds. Dazu habe ich auch schon mit meinem Bankberater gesprochen. Als ich das Thema ETFs erwähnt habe, schlug er die Hände über dem Kopf zusammen und sagte mir, ich solle bloß nicht in ETFs investieren!« An diesem Punkt hören die meisten leider auf, weiterhin nachzuhaken – aus Scham, überhaupt so einen Vorschlag gemacht zu haben. Das ist schade, weil auch mich die Begründung interessiert hätte. Ich kann mir jedenfalls vorstellen, warum es für den Berater persönlich eine Katastrophe wäre, wenn seine Kundinnen nur noch in ETFs und nicht mehr in Fonds investierten:

Er bekäme keine Provision mehr! Wenn bei mir die dicke Prämie gefährdet wäre, würde auch ich die Hände über dem Kopf zusammenschlagen.

Aber nicht dass du mich jetzt falsch verstehst: Man darf nicht alle Bankkundenberater pauschal zu Sündenböcken machen. Letztendlich ist das System schuld und nicht die einzelne Person, die wahrscheinlich auch »nur« versucht, sich unter den gegebenen Umständen ein möglichst gutes Leben aufzubauen. Ich weiß, das Mitgefühl fällt jetzt vielen schwer, aber man darf es sich auch nicht zu einfach machen, wenn so ein Beratungssystem auch politisch immer noch gewollt ist.

Neben der Provision und den versteckten Kosten gibt es noch ein anderes Problem: Eine Untersuchung des Analysehauses S.W.I. Finance zeigte, dass es große Unterschiede in der Beratungsqualität gibt und diese in vielen Banken zunehmend schlechter ausfällt.[30] Eine andere Studie, diesmal von der Stiftung Warentest, stellte fest: Nur drei von 23 Banken beraten ihre Kundinnen gut![31] Dass man trotz vertrauenswürdiger Bank schlecht beraten werden kann, zeigte am frappierendsten wohl die Finanzkrise, vor der Banken ihren Anlegern im großen Stile hochriskante Produkte verkauft hatten. Bei einem Interview für einen deutschen Radiosender kam die Redakteurin nach dem Gespräch auf mich zu und erzählte mir von ihrem persönlichen Fall: Sie hatte eine fünfstellige Summe von einer Verwandten bekommen, die sie damals anlegen wollte. Also ging sie zur Bank. Die Beraterin empfahl ihr spekulative Termingeschäfte, die sie ihr eigentlich gar nicht hätte empfehlen dürfen. Als die Blase platzte und die Papiere wertlos wurden, ging sie zur Bank und stellte die Beraterin zur Rede. Diese war selbst ganz aufgelöst und sagte zu ihr: »Es tut mir so wahnsinnig leid, dass Sie Ihr Geld verloren haben! Ich habe selbst nicht verstanden, was es ist, aber uns wurde damals nahegelegt, dies den Kunden zu verkaufen.« Die Redakteurin erzählte mir, dass sie, aller Wut zum Trotz, sogar Mitleid mit der Beraterin hatte, die wie ein

Häufchen Elend vor ihr stand. Für sie war es eine teure Lehre, aber seitdem vertraut sie ihr Geld niemand anderem mehr an. *Lesson learned.*

Manchmal können sich aber auch hinter sehr vertrauenswürdigen Quellen schlechte Empfehlungen verbergen. In seinem Buch *Die große Fondslüge* spricht der unabhängige Honorarberater Michael Ritzau mit den Nobelpreisträgern für Wirtschaftswissenschaften William F. Sharpe und Eugene F. Fama. Dabei werden nicht nur teure Fonds kritisiert, sondern auch Empfehlungen der beliebten Zeitschrift *Finanztest*. Diese würde ihren Leserinnen weiterhin teure Fonds statt kostengünstige ETFs empfehlen, obwohl mittlerweile klar sei, dass hohe Kosten die Rendite schmälerten und das einzig Sichere ETFs seien. Man braucht keinen Wirtschaftsnobelpreis, um sich die Berechnungen oben anzusehen und den Kostenunterschied zu erkennen. Dies ist für alle, die es interessiert, einsehbar und nachrechenbar.

Du bist allein verantwortlich für dein Geld

Alle Frauen, mit denen ich im Rahmen dieses Buches gesprochen habe, übernehmen selbst die Verantwortung für ihr Geld – und haben dies in vielen Fällen auch schon in jungen Jahren so gemacht. Dabei spielt es keine Rolle, ob es die Investition in Aktien oder ETFs ist, der Kauf einer Immobilie oder das Engagement als Business Angel, ob du ein geringes Einkommen oder einen ungenutzten sechsstelligen Betrag auf dem Girokonto herumliegen hast – du bist selbst verantwortlich für dein Geld. Und glaube mir: Niemand wird sich um dein Geld so gut kümmern wie du selbst, und niemandem wird so viel daran liegen, das Beste daraus zu machen.

Du solltest nicht darauf warten, dass sich endlich mal jemand traut, die Rente zu reformieren, oder dass die Arbeit von Hausfrauen und Müttern auch finanziell so wertgeschätzt wird, wie sie es verdient hätten. Du darfst dich dabei auch nicht auf andere verlassen: Deine Eltern sind nicht die Retter in der Not, die dir in finanziell schwierigen Zeiten immer helfen können, und deine Kinder sind nicht deine Altersvorsorge, falls es später doch nicht reicht. Du musst hier und heute anfangen, dir zu überlegen, wie du deine vorhandenen Ressourcen am besten nutzt. Lass dein Geld für dich arbeiten, damit du später niemandem zur Last fallen musst. Wenn es doch so kommen sollte, bleibt die Hoffnung auf ein starkes Netzwerk, das dich dann auffängt. Doch den Fehler, von vornherein damit zu planen, solltest du nicht begehen. Viel besser – und nicht zuletzt (aussichts)reicher – lebt es sich, wenn du selbst die Verantwortung für dein Geld übernimmst.

Interview mit Patrizia Laeri

»*Patrizia Laeri ist Ökonomin, Medienunternehmerin und mehrfach ausgezeichnete Wirtschaftsjournalistin für das Schweizer Fernsehen oder die* NZZ. *Auch für ihre Arbeit als Vorkämpferin für Gleichstellung wurde sie mehrfach ausgezeichnet, unter anderem als LinkedIn TopVoice* DACH *und mit dem Digital Female Leader Award. Als Gründerin der Finanzmedienplattform für Frauen* elleXX *setzt sie sich dafür ein, die verschiedenen Geld-Gaps im Leben von Frauen zu schließen.*

Die Schweiz ist das reichste Land auf dem europäischen Kontinent. Die Rente ist hier bestimmt sicher, oder?
Leider nein, das Problem der Altersarmut besteht in ganz Europa. Frauen haben auch hierzulande mehr als ein Drittel weniger Rente als Männer. International stehen die Rentensysteme unter Druck, denn die Bevölkerungspyramide benachteiligt die Jungen: Wir werden alle immer älter, und es gibt immer mehr RentnerInnen. Das geht rechnerisch vorne und hinten nicht auf. Heutzutage müssen alle privat vorsorgen!

Wie geht es Frauen finanziell in der Schweiz?
56 Prozent der Frauen können sich alleine nicht finanziell über Wasser halten! Das ist doch katastrophal. Das ist eine enorme finanzielle Abhängigkeit. Sie hält Frauen klein und auf. Wir haben wie gesagt auch in der Schweiz einen Gender Pension Gap von 37 Prozent. Altersarmut ist auch hierzulande weiblich. Das Problem ist, dass die gesamte Vorsorge an die Erwerbstätigkeit geknüpft ist. Frauen, die zu Hause arbeiten und sich um die Kinder kümmern, sind von der Vorsorge vollkommen abgeschnitten.

Wie können Frauen denn trotzdem am besten vorsorgen?
Wir haben ein weltweit einzigartiges privates Vorsorgeprodukt, genannt 3a, das auch staatlich gefördert wird mit Steueranreizen. Damit können Frauen privat vorsorgen und das Geld in Fonds investieren. Zudem kann man diese Investition bis zu einem Maximalbetrag von 6883 Franken eins zu eins von der Steuer abziehen. Man erhält also bereits eine garantierte Rendite durch die Steuerersparnis, ein absoluter No-Brainer. Und trotzdem nutzen das so wenige Frauen. Die einzige Voraussetzung ist, dass man in der Schweiz erwerbstätig ist. Das können also auch Frauen, die in Teilzeit arbeiten, für sich nutzen und davon profitieren.

In Deutschland entscheiden viele Paare, dass die Frau zu Hause bleiben soll, da es durch das Ehegattensplitting steuerlich oft günstiger ist. Wie ist die Situation in der Schweiz?
Ja, es ist wirklich so, dass sogar ausgebildete Ärztinnen teils zu Hause bleiben und der Alleinernährer-Haushalt steuerlich bevorzugt wird. Wenn man verheiratet ist, gibt es die sogenannte Heiratsstrafe. Dabei wird das zweite Gehalt überdurchschnittlich besteuert, weil es in einen höheren Progressionsgrad fällt. Für viele Paare lohnt es sich dann schlicht nicht mehr, dass die Frau, die meist weniger verdient, noch arbeiten geht.

Du hast drei Kinder. Wie hast du das geregelt?
Wir hatten großes Glück, dass meine Mutter eingesprungen ist und uns unterstützt hat. Montags bis donnerstags hat sie bei uns gelebt, denn die Kita für drei Kinder hätte monatlich 9000 Franken gekostet. Das muss man erst einmal verdienen. Für viele Frauen, auch Akademikerinnen, lohnt sich das Arbeiten dann einfach nicht mehr. Der Denkfehler dabei ist jedoch: Wenn ich nicht arbeite, kann ich auch keine gesetzliche Vorsorge aufbauen. Das müssen sich Frauen, die sich entscheiden, zu Hause unbezahlt zu arbeiten, unbedingt bewusst machen!

Es gibt einen Bericht von PwC[32], wonach Frauen in der OECD jährlich unbezahlte Arbeit im Wert von 9 Billionen Euro verrichten. Die ganze Wirtschaft funktioniert also nur, weil Frauen unbezahlte Arbeit verrichten.

Trauen sich in der Schweiz denn zumindest mehr Frauen an die Börse?
Die Schweiz ist das Land der Banken und gilt als »Mekka für Strukis«. Das kleine Land ist der größte europäische Markt für strukturierte Anlageprodukte, 40 000 sind an der Börse gelistet. Aber trotzdem haben wir einen Gender Investing Gap, der bei etwa 50 Prozent liegt, das bedeutet, hier investieren nur halb so viele Frauen wie Männer. Man muss bedenken: In der Schweiz hatten wir erst 35 Jahre Zeit, uns mit Geld zu befassen. So lange dürfen Frauen erst ohne die Unterschrift des Ehemannes ein eigenes Konto eröffnen. Mein Vater hatte am Tag meiner Geburt einen Traum, dass ich keinen Mann finden würde und er sich verschulden müsste, um mich zu verheiraten. Diese Weltansicht ist also noch gar nicht so lange her und prägt noch heute viele Strukturen und Gesetze.

Wie investierst du denn selbst, und wie bist du dazu gekommen?
Das fing bereits in der Studentenzeit an. Da habe ich in Tech-Hype-Unternehmen investiert, die es nach 2001, als die Dotcom-Blase geplatzt war, alle gar nicht mehr gab. Das war natürlich eine ganz schöne Bruchlandung, die mich zunächst lange davon abgehalten hat, wieder zu investieren. Glücklicherweise bin ich als Ökonomin und Wirtschaftsjournalistin am Thema drangeblieben.

Wie würdest du dein Risikoprofil beschreiben?
Ich investiere langfristig und habe daher auch eine hohe Aktienquote. Natürlich gibt es immer wieder Kurseinbrüche, aber das kann man ja einfach aussitzen. Es gibt zum Beispiel eine Studie

des Finanzdienstleisters Fidelity aus dem Jahr 2014, die gezeigt hat, dass die erfolgreichsten AktionärInnen diejenigen waren, die entweder vergessen haben, dass sie ein Aktiendepot haben – oder die sogar mittlerweile verstorben sind. Bei langfristigem Investieren lohnen sich Aktien also fast immer.

Was würdest du Frauen raten, die Angst vor finanziellen Fehlern haben?
Wissen ist der Schlüssel zu allem. Danach muss man sich nur noch an die wichtigsten Regeln halten: Nur Geld investieren, das du auch entbehren kannst, das Risiko breit streuen und dann regelmäßig investieren, um das Timing-Risiko zu vermeiden. Viele Frauen hält auch die Angst davor ab, dass sie dann täglich ins Aktiendepot schauen müssten. Das muss jedoch nicht sein. Viel besser ist es, nach dem sorgfältigen Investieren und Aufsetzen erst einmal bei der gewählten Strategie zu bleiben. Der Mensch ist nämlich gar nicht für die Börse geschaffen. Verhaltensökonomen haben bereits 40 Psychofallen an der Börse beschrieben.

Leider sehen viele Frauen Investitionen grundsätzlich noch sehr negativ.
Ja, und das ist gefährlich. Dabei kann man mit nachhaltigen Investments mehr bewirken als mit einer nachhaltigen Lebensweise. Bei elleXX achten wir darauf, dass wir nachhaltige und soziale Investments anbieten, in denen die Unternehmen nicht nur ökologisch verantwortlich handeln, sondern auch Chancengleichheit leben. Mit einer grünen Vorsorge kann ich 21-mal mehr bewirken als mit veganem Essen und dem Verzicht auf Flüge.[33] Das sollte doch eigentlich viele Frauen überzeugen. Aber viele wissen das leider noch nicht. Das müssen wir ändern! «

Strategie #3

Lerne, dein Gehalt zu verhandeln

In meinem allerersten Job nach dem Studium arbeitete ich in einer klassischen Werbeagentur. Ich hatte insgesamt sechs Angebote vorliegen und entschied mich für das, das am schlechtesten bezahlt war: 22000 Euro sollte ich dort im ersten Jahr als Trainee verdienen. Selbst für München war das eine sehr niedrige Summe, aber ich mochte die Atmosphäre in der Agentur und hatte das Gefühl, dort viel lernen zu können. Außerdem schmeichelte es mir, dass die Agentur immer wieder nachhakte, ob ich mich für sie entscheiden würde. Hier machte ich bereits den ersten Fehler: Obwohl deutlich war, wie sehr sie mich als ihren Trainee wollten, habe ich keinen Gedanken daran verschwendet, das Gehalt zu verhandeln. Ich hatte sogar schwarz auf weiß andere Zusagen, die finanziell wesentlich besser waren, aber ich dachte, das gehört sich einfach nicht. »Ich muss das akzeptieren, was man mir bietet.« Hätte ich gewusst, was daraufhin folgte, hätte ich neben einem höheren Gehalt auch noch ein Schmerzensgeld verhandelt. Ich war in einer Agentur aus der Hölle gelandet.

Bereits in der ersten Woche saß ich bis 23 Uhr abends am Schreibtisch. Ich sollte Events planen und sechsseitige Angebote schreiben – Dinge, die ich noch nie zuvor gemacht hatte. Das hatte ich auch klar kommuniziert. Der Senior-Manager, der mich einarbeiten sollte, war restlos überfordert mit seinen eigenen Tätigkeiten und hatte kaum Zeit, meine Fragen zu beantworten. Meine erste Aufgabe war es, ein Event für einen Basketballverein zu organisieren, der zu einem weltweit bekannten Fußballverein gehörte. Ich war damit beschäftigt, Angebote einzuholen, Kalkulationen aufzustellen und Grafiker zu organisieren. In meinem Angebot musste ich genauestens die Zeit einplanen, die ich für das Projekt aufwenden musste, die ich brauchte, um einen Senior-Manager zu befragen, und die ein In-House-Grafiker für die Tätigkeiten brauchen würde. Ich wusste zu dem Zeitpunkt noch nicht einmal, was Photoshop ist, geschweige denn, wie lange ein Designer für den Entwurf eines Fanartikels brauchen würde. Jedes Mal, wenn ich mit einem Grafiker oder Senior-Manager über das Projekt sprach, trug er die Zeit auf das jeweilige Projekt ein. Plötzlich sah ich, wie mein Zeitkontingent langsam erreicht war. So blieb mir nichts anderes übrig, als meine eigenen Stunden herauszurechnen. Die Folge davon war, dass ich teilweise bis zwei Uhr nachts im Büro saß und offiziell nur acht Stunden pro Tag eintrug. Manchmal sogar weniger, was bedeutete, ich machte Minusstunden. Das Event war ein voller Erfolg, aber ich war nach zwei Wochen bereits ausgelaugt.

Als Nächstes sollte ich einen Messebau übernehmen und dafür die Projektplanung in Absprache mit einem Messebaubüro machen. Allein die Projektplanung war für mich eine komplette Überforderung. Ich druckte Excel-Tabellen aus, klebte sie aneinander und hatte eine meterlange Wand vor mir. Aber die Geschäftsführung war noch immer nicht zufrieden und ich mittlerweile richtig verzweifelt. Zu dem Zeitpunkt übernachtete mein Senior-Manager bereits im Büro, während bei seiner hochschwangeren Frau jede Minute die Wehen einsetzen konnten. Irgendwann saß ich am Wochenende verzweifelt bei meiner Schwester auf dem Sofa und sagte voller Ironie: »Weißt du, eigentlich ist es sogar egal, dass ich so wenig Geld verdiene – ich hätte ja eh keine Zeit, es auszugeben.« Da ich oft erst nachts aus der Agentur rauskam, nutzte ich die Mittagspausen manchmal, um zumindest ein paar Lebensmittel einzukaufen. Nach nur vier Wochen fühlte ich mich vollkommen erschöpft und kraftlos. Ich sah mir noch einmal alle Angebote an und dachte mir: »Schlimmer als jetzt kann es nicht mehr werden.« Also rief ich die Agentur an, die mir das beste Angebot gemacht hatte, und fragte, ob die Stelle noch vakant sei. Ich könnte in zwei Wochen anfangen, hieß es. Schon zwei Tage später hatte ich den neuen Arbeitsvertrag unterschrieben im Briefkasten. Von einer Arbeitskollegin erfuhr ich später, dass mein Senior-Manager mit Burn-out drei Monate lang im Krankenhaus lag.

Das ist zwar ein extremes Beispiel, aber keine Ausnahme. Vielen Frauen geschieht genau das: Sie fordern zu wenig Geld, bleiben zu lange beim Arbeitgeber – auch wenn sie bessere Möglichkeiten hätten – und nehmen schlechte Arbeitsbedingungen häufiger hin als Männer. Frauen fällt es schwer, für sich einzustehen. Liegt es daran, dass wir Frauen eben keine guten Leistungen erbringen und nicht so intelligent sind wie Männer? Ja, zumindest wenn es nach Janusz Korwin-Mikke, dem ehemaligen polnischen Mitglied des Europaparlaments, geht. Dieser sagte einst im Plenum: »Natürlich müssen Frauen weniger verdienen als Männer, weil sie schwächer sind, sie sind kleiner, sie sind weniger intelligent, sie müssen weniger verdienen, das ist alles.« Das war am 1. März 2017. Darüber hinaus gab er auch schon mal bekannt, dass keine Erfindungen jemals von Frauen gemacht worden wären. Selbst für die Entdeckungen der Nationalheldin Marie Curie (die aus Warschau stammte) war angeblich ihr Ehemann Pierre Curie zuständig. Doch widmen wir diesem Typen nicht noch mehr Aufmerksamkeit und hoffen, dass Hirngespinste wie diese endlich aussterben. Vor siebzig Jahren wären sie leider noch keine Einzelmeinung gewesen: In den Fünfzigerjahren galt die berufliche Leistung von Frauen bei Arbeitsgerichten als eine Minderleistung im Vergleich zu der Normalleistung von Männern. So war es damals auch normal, dass Frauen einen niedrigeren Lohn für die gleiche Arbeit erhielten – schließlich waren sie physisch und angeblich auch psychisch weniger belastbar. Halten wir an dieser Stelle kurz inne und seien wir froh, in einer Zeit zu leben, in der zwischen Frauen und Männern Gleichheit herrscht – zumindest gesetzlich.

Zwischen Theorie und Praxis klaffen aber bis heute große Lücken: In Deutschland herrschen noch immer starke Gehaltsunterschiede zwischen Männern und Frauen, die sich mit zunehmendem Alter sogar noch verschärfen! Der Gender Pay Gap steigt ab einem Alter von 30 Jahren stetig an und pendelt sich ab 49 Jahren bei sagenhaften 28 Prozent ein![34] Im Laufe ihres Erwerbslebens kommen so hohe sechsstellige Summen zusammen, die Frauen im Vergleich zu Männern weniger verdienen. Die Gründe sind neben einer familienbedingten Unterbrechung (aka Kinder) auch systematischer Art: Wer nach längerer Unterbrechung von mehr als fünf Jahren wieder in den Job zurückkehren möchte, muss mit Gehaltseinbußen rechnen.[35]

Hier sind uns übrigens die nordischen Länder Europas um einiges voraus. Diese haben durchweg sowohl höhere Frauenerwerbsquoten als auch deutlich niedrigere Gender Pay Gaps als Deutschland. In Skandinavien herrscht ein Familienmodell vor, in dem Mütter und Väter Sorge- und Erwerbsarbeit gleichmäßig(er) aufteilen. Väter in Deutschland haben noch immer mit Benachteiligungen zu rechnen, wenn sie mehr als drei Monate Elternzeit nehmen. Viele skandinavische Länder waren weltweit die ersten, die im Rahmen der Elternzeitregelungen sogenannte Partnermonate eingeführt haben. Außerdem ist die Kinderbetreuungsquote der unter dreijährigen Kinder in diesen Ländern deutlich höher als in Deutschland. Auch wenn uns heute die Darstellung der Hausfrau und Mutter aus einer alten Dr.-Oetker-Werbung schon fast schockiert, spiegelt sie doch die Realität in vielen Haushalten wider. Das Ehegattensplitting sorgt dafür, dass Frauen entweder gar nicht arbeiten gehen oder nur Minijobs annehmen, damit am Ende Steuern gespart werden können. Auch hier haben die skandinavischen Länder die Nase vorn und besteuern individuell, was auch für höhere Erwerbsquoten bei Frauen sorgt. Dies sind alles Rahmenbedingungen, die gesellschaftlich und politisch geprägt sind und mit denen wir zurechtkommen müssen, solange die Politik nichts ändert. Konzentrieren wir uns also in diesem Buch lieber auf das, was wir selbst in der Hand haben.

Steh für dich selbst ein

Es reicht nämlich nicht, zu warten und zu hoffen. Du hast bereits jetzt die Möglichkeit, aktiv zu werden und für dich selbst einzustehen. Die eben bereits zitierte Studie zur »Entgeltungleichheit zwischen Frauen und Männern in Deutschland« kommt zu dem Ergebnis, dass viele Personalleiter Frauen routiniert und notorisch geringer dotierte Gehaltsangebote machen als Männern – trotz gleicher Qualifikation. Zudem würden sich Frauen in Gehaltsverhandlungen defensiver zeigen als Männer.[36] Viele versuchen erst gar nicht, für ihr Wunschgehalt einzustehen, weil ihnen die Situation unangenehm ist und sie befürchten, sich dadurch unbeliebt zu machen. Egal ob du angestellt bist oder selbstständig, du musst dir deines Wertes bewusst sein und für diesen Wert auch einstehen.

Oft ist es schwierig herauszufinden, ob man weniger verdient als ein männlicher Kollege. Schließlich darf man oft vertraglich nicht über die Höhe des Gehalts mit Kollegen sprechen. Viele Rechtsanwälte sind sich jedoch einig, dass diese Klausel nicht rechtens ist und Abmahnungen oder gar Kündigungen infolgedessen nicht zu befürchten sind.[37] Gerade Frauen haben durch diese Klausel oft Nachteile, weil sie es nicht einmal wissen, wenn sie Opfer des Gender Pay Gaps sind.

In einer meiner Anstellungen hatte ich einen männlichen Kollegen, dessen Aufgabengebiet nicht so umfangreich war wie meins und dessen Qualifikationen eindeutig unterhalb meiner eigenen lagen: Es gab ganz konkrete Kenntnisse, die ich hatte und die dem Betrieb nützlich waren – und die ihm fehlten. Andersherum konnte ich all seine Aufgabenbereiche problemlos erfüllen. Nachdem ich bereits gekündigt hatte, fragte er mich bei einem Kaffee, wie viel ich verdient hatte. Er war noch nicht so lange dabei und hatte nach seiner Probezeit eine Gehaltsverhandlung vor sich. Ich nannte ihm ganz offen meinen Verdienst, und er war sprachlos. »Was ist denn los? Erscheint es dir zu viel oder zu wenig?«, fragte ich ihn ganz offen. Er schaute mich eine Weile an und wusste nicht, was er sagen sollte. Dann nannte er mir sein Gehalt. Er verdiente 15 Prozent mehr als ich. Wir wussten beide, dass ich nicht nur die bessere Qualifikation und mehr Erfahrung hatte – ich war auch weitaus engagierter. Wir waren beide davon ausgegangen, dass mein Gehalt weit über seinem hätte liegen müssen. In dem Moment war ich sehr froh, gekündigt zu haben. Und der Kollege? Der konnte sogar noch mal 10 Prozent mehr Gehalt nachverhandeln. Dies zeigt, warum es so wichtig ist, dass wir mit anderen offen über unsere Gehälter sprechen – insbesondere mit unseren männlichen Kollegen. Denn Vermutungen sind keine Fakten, und nur wenn wir die Fakten kennen, können wir sinnvoll für uns einstehen.

Seit dem 6. Januar 2018 können ArbeitnehmerInnen auch den Auskunftsanspruch nach §§ 10 ff. des Entgelttransparenzgesetzes (EntgTranspG) geltend machen. Dieser soll helfen, Gehaltsunterschiede zwischen Männern und Frauen trotz vergleichbarer Qualifikation und Tätigkeit aufzudecken und zu beseitigen. Laut diesem Gesetz müssen Betriebe mit mehr als 200 Beschäftigten ihren MitarbeiterInnen Auskunft über den Median des Bruttogehalts sowie bis zu zwei weitere Entgeltbestandteile geben. Voraussetzung ist, dass mindestens sechs ArbeitnehmerInnen des anderen Geschlechts eine gleiche oder gleichwertige Tätigkeit ausführen. Das bedeutet, wenn du Marketing-Managerin bist, muss es nicht zwingend sechs andere Marketing-Manager geben, es reicht, wenn zum Beispiel noch ein SEO-Manager, zwei Content-Manager und drei Online-Redakteure im Betrieb arbeiten. Alles, was du dafür tun musst, ist, eine Mail an den Betriebsrat zu schicken mit der Bitte, dass du gemäß §§ 10 ff. EntgTranspG das Mediangehalt für deine Berufsgruppe wissen möchtest. Es folgt oft ein Telefonanruf des Betriebsrats, in dem dir die Summe mitgeteilt wird. Was du dann damit anfängst, steht dir offen. Leider ist die Wahrscheinlichkeit nach derzeitigem Stand sehr hoch, dass dich die Info nicht erfreuen wird.

Heidi Stopper sagt: »Das sind die Rahmenbedingungen. Was machen wir jetzt daraus? Wenn Frauen nicht verhandeln und hinterher feststellen, dass sie einfach zu schlecht bezahlt sind, ist es gar nicht nur eine Frage von ›Wie viel kann ich mir dann leisten oder nicht?‹, sondern es geht auch noch um die Frage: ›Bin ich unfair behandelt worden?‹«

Wenn du unfair behandelt wurdest, ist es höchste Zeit, zu handeln.

Trenn die Sachebene von der Beziehungsebene

Das fällt uns Frauen meist viel schwerer als vielen Männern. Überspitzt gesagt: Wenn wir uns Mühe bei etwas gegeben haben und kritisiert werden, beziehen wir es oft auf uns und nehmen es persönlich.

An dieser Stelle muss ich mich noch einmal als eine überaus schlechte Hausfrau outen: Wenn es um Kochen und Hausarbeit geht, habe ich einfach zwei linke Hände – oder auch einfach keine Motivation. Zum Glück habe ich einen Partner, der Hausarbeit als entspannend betrachtet und Kochen als tägliches Hobby betreibt. Wenn ich mich dann doch mal entschließe, das

Bad zu putzen oder die Couch abzusaugen, putzt er häufig hinterher, da es noch nicht seinen Vorstellungen entspricht. Für mich ist es jedes Mal aufs Neue schwierig, hier die Sachebene zu sehen und nicht die Beziehungsebene. »Ich bin ihm also nicht gut genug. Meine Arbeit ist ihm nichts wert«, denke ich. Dabei haben die Putzstreifen am Badezimmerspiegel und die übersehenen Chipskrümel in der Sofaritze nichts mit unserer Beziehung zu tun.

Das bedeutet, auf Geld und Gehalt übertragen, es geht hier nicht um die Beziehung zwischen dir und deiner Chefin. Es geht einzig und allein darum, dass du einen hervorragenden Job machst und dafür nun eine faire Entlohnung bekommen möchtest. Für hervorragende Arbeit sollte es auch ein hervorragendes Gehalt geben.

Viel zu oft lassen sich Frauen jedoch von folgenden Gedanken leiten: »Was ist, wenn wir uns danach nicht mehr so gut verstehen?«, »Was ist, wenn ich zu fordernd herüberkomme?«, »Was ist, wenn ich den Anschein erwecke, ich sei undankbar?«.

Aus diesen Gründen probieren sie es erst gar nicht oder gehen mit viel zu niedrigen Vorstellungen in so ein Gespräch. Solltest du auch zu dieser Gruppe gehören, wirst du sehr wahrscheinlich auf Dauer nicht glücklich werden, wenn du immer das Gefühl hast, du verkaufst dich unter deinem Wert.

Helfen kann es, sich vorzustellen, was das Allerschlimmste wäre, das passieren könnte. Eine Kündigung? Nein – solange du niemanden beleidigst oder drohst, dem Unternehmen zu schaden, wirst du weder eine Abmahnung noch eine Kündigung erhalten. Das Schlimmste, was dir in einer Gehaltsverhandlung passieren kann, ist, dass du ein Nein bekommst, und selbst dieses Nein ist kein Nein zu dir als Person oder hinsichtlich deiner Arbeit. Manchmal hat ein Nein auch ganz banale unternehmerische Gründe, und dann muss man gemeinsam schauen, wie es für beide Parteien weitergehen kann und was die Optionen sind.

Steh zu deinem Wert

Ein Satz, den ich mir vor jeder Gehaltsverhandlung und jedem Bewerbungsgespräch gesagt habe, ist: »Wenn du selbstbewusst auftrittst, kannst du verlieren. Wenn du nicht selbstbewusst auftrittst, hast du schon verloren.« Das war mein Mindset vor jedem wichtigen Gespräch. Und es hat mir unglaublich geholfen. Ich dachte mir immer, ich habe nichts zu verlieren, aber wenn ich von mir selbst nicht überzeugt bin, wie soll ich dann andere von mir überzeugen können? Wenn ich im Restaurant bin und den Kellner frage, wie der Kaiserschmarrn schmeckt, und er mir daraufhin erwidert: »Ist okay, könnte besser sein, aber wir geben uns Mühe«, dann bestelle ich ihn ja schließlich auch nicht. Wenn ich meine eigene Leistung nicht als hervorragend rüberbringen kann, ist es unwahrscheinlich, dass sich jemand für mich entscheidet.

Hierin liegt jedoch auch die Krux für Frauen. Denn zu viel Selbstbewusstsein wird manchmal auch abgestraft. »Wenn Frauen sehr fordernd auftreten, wird das anders bewertet als bei Männern. Das ist immer noch trauriger Fakt. Allerdings ist es auch Fakt, dass nichts so die Arbeit vermiesen und vergiften kann wie das Gefühl, unfair behandelt worden zu sein«, sagt Heidi Stopper. Dazu habe ich auch mit der Personalexpertin und Lehrstuhlinhaberin am Karlsruher Institut für Technologie (KIT) Petra Nieken gesprochen. Sie forscht bereits seit vielen Jahren zu Themen wie Personalmanagement und Aspekten der Gleichstellung von Männern und Frauen im Arbeitsmarkt. Sie erzählte mir, dass Männer und Frauen, wenn sie das Gleiche sagen und gleich kommunizieren, von unabhängigen Beurteilern oder den Gesprächspartnern unterschiedlich beurteilt werden: »Wenn ich als Frau mein Gehalt verhandle, sehr entschieden auftrete und konkret sage, was ich möchte, werde ich anders wahrgenommen als ein Mann, der genau das Gleiche sagt. Der Mann wird oft als durchsetzungsstark wahrgenommen. Die Frau eher als jemand, die sehr viel verlangt und vielleicht auch ein bisschen pushy ist.«

Wir müssen also durchsetzungsstark sein – aber nicht zu sehr! Petra Nieken rät deshalb dazu, den eigenen Stil zu finden – und bloß nicht einfach irgendjemanden zu kopieren, das Geschlecht ist dabei egal: »Generell zu sagen, ich muss die erfolgreichen Männer kopieren, wird nicht funktionieren. Es gibt noch viele Vorurteile, die wir implizit haben: Frauen sollten kooperativer sein, oder Frauen sollten sich stärker um das soziale Miteinander kümmern. Dies führt in Verhandlungen dann dazu, dass Frauen anders wahrgenommen werden. Wenn Frauen starke Dominanz-Signale aussenden, wird das eher als Zickigkeit ausgelegt – und das ist wiederum etwas, was in Verhandlungen kaum weiterhilft.«

Das Schlimme daran ist: Diese Wahrnehmung gilt für Männer und Frauen gleichermaßen. Auch bei Gehaltsverhandlungen zeigt sich also das altvertraute Schema: Männer sollen die starken Ernährer sein und müssen für sich und ihre Familien kämpfen. Frauen sollen sozial sein, stärker an die Gemeinschaft denken und ihre eigenen Bedürfnisse zurückstellen. Dazu gehören eben auch finanzielle Einbußen zum Wohle aller anderen. Als ich in einem Vortrag für ein Unternehmen einmal die Frage nach den finanziellen Wünschen der Teilnehmerinnen stellte, wurde diese soziale Diskrepanz ebenfalls offensichtlich. Bei dem Vortrag vor Ort waren etwa sechzig Frauen anwesend, die alle für denselben Konzern arbeiteten und sich zumindest auch teilweise kannten. Ich fragte, wessen Ziel es sei, sich finanziell abzusichern: Fast alle Hände gingen hoch. Wessen Ziel sei es, sich vor Altersarmut zu schützen: Auch hier gingen fast alle Hände hoch. Ich stellte meine letzte Frage: »Und wer von euch möchte finanziell frei sein?« Ich konnte drei Hände zählen und eine vierte, zögerliche, deren Besitzerin, nachdem sie sich umgeschaut hatte, die Hand langsam wieder senkte. Nur zwei Wochen später hielt ich einen Onlinevortrag und stellte dabei die gleiche Frage, diesmal mit vier vorgegebenen Antworten, zwischen denen die Teilnehmerinnen anonym wählen konnten. Statt nur 5 Prozent gaben diesmal immerhin 35 Prozent der Frauen an, dass sie finanziell frei sein möchten. Hier wird das Phänomen der sozialen Erwünschtheit deutlich: Wenn sie öffentlich antworten müssen, antworten viele so, wie man es von ihnen erwartet, also bloß nicht zu viel verlangen, sondern mit dem Minimum der Altersabsicherung zufrieden sein und ja nicht zu gierig wirken. Wenn man Frauen anonym befragt, zeigt sich, dass hier nicht nur der Wunsch nach der Mindestversorgung da ist, sondern auch nach einem komfortablen Leben. Gut so! Auch wir Frauen dürfen mal rufen: »Her mit dem schönen Leben!«

Natürlich möchten wir alle gemocht werden und sympathisch rüberkommen. Aber Sympathie allein zahlt weder unsere Miete noch unsere Lebensmitteleinkäufe. Du bist keine Pizza, du kannst nicht von allen gemocht werden und jeden Menschen glücklich machen. Und selbst wenn du in einer Gehaltsverhandlung mal kurzzeitig auf der Sympathieskala ein bisschen abrutschst, lohnt es sich, zu deinem Wert zu stehen.

Heidi Stopper meint dazu: »Auch wenn Frauen im ersten Moment für eine toughe Verhandlung manchmal sozial abgestraft werden, ist dies nur kurzzeitig der Fall. Trotzdem ist es schlauer, hartnäckig zu verhandeln und Fairness wiederherzustellen. Diesen kurzen Moment, in dem wir vielleicht als unsympathisch abgestraft werden, können wir mit anderen Maßnahmen ausbalancieren.

Wenn ich durch meinen Verhandlungsstil einen Sympathiepunkt Abzug bekomme – so what? Dann punkte ich in einem anderen Bereich und balanciere das aus. Daher kann ich nur alle Frauen dazu ermutigen, auch hartnäckig zu verhandeln. Es fühlt sich schlimmer an, wenn wir wissen, dass wir unfair behandelt werden. Oft geht es dabei nicht um Euro, sondern um Wertschätzung.

In meiner Berufslaufbahn habe ich anfangs herausgefunden, dass ich deutlich schlechter verdiente als meine allesamt älteren männlichen Kollegen. Das hat sich furchtbar angefühlt, mein ganzer Gerechtigkeitssinn stand in Rebellion. Ich habe mir da geschworen, auch Augenmerk auf den Verdienst zu richten, nicht nur auf den Spaß an der Arbeit. Natürlich fand es nicht jeder meiner Chefs gut, dass ich so pushy war. Aber selbst wenn die mal zwei Tage nicht so amused waren, haben sich die Wogen schnell wieder geglättet«, so die Ex-Vorständin und Coachin.

Frauen haben Nachteile, wenn sie nicht verhandeln – finanzielle. Und sie haben oft Nachteile, wenn sie verhandeln – persönliche. Während Letzteres aber nach ein paar Tagen wieder ins Gleichgewicht gebracht werden kann, kann dir Ersteres ein Leben lang nachhängen. Ein Tag, an dem du dich mal ein wenig unbeliebt machst, wird nicht gleich deine ganze Karriere gefährden, wenn du dabei freundlich und respektvoll bleibst. Die 100 oder 200 Euro, die du am Monatsende mehr auf dem Konto hast, verändern deinen Alltag vielleicht nicht wesentlich. Klug investiert, machen sie jedoch einen großen Unterschied hinsichtlich deiner Absicherung.

Ich hatte auch mal eine knallharte Verhandlung mit meinem Chef. Ich hatte 10 Prozent mehr gefordert, er wollte mit mir stattdessen ein Punktesystem ausarbeiten, mit dem ich am Jahresende einen Bonus erhalten konnte. Ich war nicht einverstanden und ging auf das Angebot nicht ein. Innerlich war ich bereits entschlossen, mich anderweitig umzusehen. Ich wusste, was ich bereits geleistet hatte und dass meine Aufgaben schon längst meiner Jobbeschreibung entwachsen waren. Ich wollte 10 Prozent mehr und keinen Cent weniger. Ein paar Tage später fragte er mich, ob wir nun die Ziele für den Bonus ausarbeiten sollten. Ich sagte ihm, dass ich bereits meinen Teil geleistet hatte und nur ein Bonus nicht meinen Vorstellungen entsprach. Um die 10 Prozent Gehaltserhöhung zu genehmigen, musste er mit gleich zwei Geschäftsführern verhandeln und damit bei ihnen durchkommen. Eine Woche später hatte ich das Schreiben mit den 10 Prozent Gehaltserhöhung. Noch Jahre später erzählte er mir gelegentlich davon, wie viel Mühe und Anstrengung ihn das alles gekostet hatte. Trotzdem hat das unserer guten Beziehung zueinander keinen Abbruch getan. Ihm war bewusst, dass ich meinen Wert kannte und eben für diesen einstehen wollte.

Petra Nieken sagt dazu: »Viele Frauen haben zum Beispiel auch Angst vor einem Jobwechsel. Hierbei muss man sich aber nur mal den Arbeitsmarkt anschauen und ihn mit den eigenen Qualifikationen abgleichen. Das rate ich Frauen auch grundsätzlich: Frauen müssen die Scheu davor verlieren, das Unternehmen zu wechseln, und aus dieser Abhängigkeit, die man oft gegenüber dem Arbeitgeber fühlt, herauskommen.«

Trau dich, dich auch mal selbst zu überschätzen

Männer neigen dazu, sich zu überschätzen, Frauen eher dazu, sich zu unterschätzen. Ein Mann bewirbt sich auf einen Job, wenn er nicht einmal die Hälfte der Anforderungen erfüllt, eine Frau erst dann, wenn sie die meisten Anforderungen erfüllt. Dabei handelt es sich bei Jobbeschreibungen nicht um das Mindestmaß an Anforderungen, sondern es ist ein Wunschzettel des Unternehmens. Das habe ich selbst zu spüren bekommen, als ich nach jemandem für *Fortunalista* gesucht habe. Zunächst einmal habe ich die Stelle als Wunschzettel aufgesetzt und all die Fähigkeiten aufgezählt, die ich mir für die Besetzung der Stelle im Optimalfall wünschen würde. Daraufhin haben sich vorrangig Männer beworben, die teilweise weit von den Anforderungen entfernt waren. Ein passender Kandidat oder eine passende Kandidatin war noch nicht dabei. Also habe ich die Stellenbeschreibung noch einmal angepasst und die Anforderungen heruntergeschraubt. Plötzlich bekam ich Bewerbungen von Frauen, deren Qualifikationen bereits zur ersten Stellenbeschreibung gepasst hätten. Studien zeigen immer wieder, dass Frauen in fast allen Lebensbereichen dazu neigen, sich selbst zu unterschätzen.

»Eine Studie der Arizona State University zeigte, dass bereits jungen Studentinnen das Selbstbewusstsein fehlt, über das ihre männlichen Kollegen offenbar verfügen. Frauen stuften ihre eigene Intelligenz nämlich im Durchschnitt niedriger ein als Männer, selbst wenn es zwischen den Befragten objektiv gar keinen Unterschied gab«, berichtete *Der Spiegel*.[38] Sogar hinsichtlich der eigenen Anziehungskraft glauben Männer, sie seien attraktiver, als sie es in Wirklichkeit sind. Die US-Psychologin Carin Perilloux vom Williams College machte eine Studie dazu. Dabei sollten die Studienteilnehmer beim Speeddating angeben, wie attraktiv sie sich selbst einschätzten, und wurden nach jedem Drei-Minuten-Gespräch gebeten, die Attraktivität ihres Gegenübers zu bewerten. Außerdem sollten sie angeben, ob sie an der jeweiligen Person sexuell interessiert seien. Das Ergebnis: Während Frauen das Interesse der Männer an ihnen unterschätzten, überschätzten Männer oft ihre Anziehungskraft auf die Frau. Je attraktiver der Mann die Frau fand, desto eher war er davon überzeugt, auch bei ihr einen guten Eindruck gemacht zu haben.[39]

Was sollen uns diese Studien sagen? Ganz einfach: Hol dir deinen Wunschjob und deinen Wunschpartner! Vor allem aber: Hol dir auch dein Wunschgehalt!

Überlege dir genau, was du für das Unternehmen leistest und welche Erfolge du bisher verzeichnen konntest. Viele vergessen dabei, dass sich die ursprüngliche Position, auf die man sich einst beworben hat, mittlerweile verändert hat und in dieser Form nicht mehr existiert. Du hast mittlerweile neue Aufgaben dazubekommen, wichtigere Projekte übernommen und bist in vielen Bereichen erfahrener und routinierter geworden. Solche Tätigkeiten werden oft als »normal« hingenommen, dabei sind auch dies wichtige Argumente für deine Gehaltsverhandlung.

Setze dich auch mit deinen Stärken und Schwächen auseinander. Je bewusster du dir über deine eigenen Stärken wirst, desto selbstbewusster wirst du im Gespräch sein. Trau dich, zu deinen Fähigkeiten und deinen Stärken zu stehen. Auch ein bisschen Selbstüberschätzung kann nicht schaden. »Wenn beispielsweise in einer Stellenausschreibung nach bestimmten Kenntnissen gefragt wird, ist ein gesundes Maß an Selbstvertrauen nicht verkehrt. Oft unterschätzen Frauen ihre eigene Leistung systematisch und machen sich kleiner, als sie eigentlich sind. Wenn man eine Beförderung möchte, ist es sinnvoll, aus der Deckung herauszukommen und sich etwas zuzutrauen. Natürlich darf es keine maßlose Selbstüberschätzung sein, aber etwas mehr Mut tut Frauen ganz gut«, sagt Petra Nieken.

IN 5 SCHRITTEN ZU MEHR GEHALT

Ljubow Chaikevitch ist selbstständige Innovationsberaterin und unterstützt Frauen mit ihrem Unternehmen *frauverhandelt* bei der Gehaltsverhandlung. Für die optimale Vorbereitung rät sie zu diesen fünf Schritten:

Schritt 1: Zuallererst gilt es, den Marktwert der eigenen Tätigkeit durch Recherche, aber auch Gespräche mit MentorInnen zu erarbeiten.
Schritt 2: Im zweiten Schritt sollte man sich mit der eigenen Einstellung beschäftigen. Manchmal erscheint einem der erarbeitete Marktwert zu hoch. Wenn das zutrifft, sollte man am eigenen Mindset arbeiten – denn wer selbst nicht glaubt, es wert zu sein, wird sich auch nicht entsprechend verkaufen können.
Schritt 3: Danach arbeitet man die eigenen Stärken und Fähigkeiten sowie Erfolgsgeschichten aus. Durch den sogenannten »Negativity Bias« erinnern wir uns eher an die Dinge, die nicht gut funktioniert haben, und vergessen unsere Erfolge. Dabei kann beispielsweise ein Erfolgstagebuch helfen, in dem wir posi-

tives Feedback und Erfolge in dem Moment aufschreiben, in dem sie passieren.

Schritt 4: Es folgt eine detaillierte Vorbereitung. Dabei geht es unter anderem um die Definition der eigenen Ziele, die Ausarbeitung eines Plans B, die Vorbereitung auf das Gegenüber und den Umgang mit Totschlag-Argumenten.

Schritt 5: Im fünften und letzten Schritt entwickelt man einen Gesprächsleitfaden und kommt ins Handeln.

Interview mit Magdalena Rogl

» *Magdalena Rogl war viele Jahre lang Head of Digital Channels, bevor sie ihre jetzige Position als Project Lead für Diversity & Inclusion ebenfalls bei Microsoft im deutschsprachigen Raum antrat. In dieser Position gilt sie als Botschafterin der Emotionen und befasst sich in ihrem Buch* MitGefühl: Warum Emotionen im Job unverzichtbar sind *mit den komplexen Zusammenhängen zwischen der eher rationalen Arbeits- und der individuellen Gefühlswelt von Mitarbeitenden.*

Von der Kinderpflegerin zur Führungskraft bei Microsoft Deutschland: Wann und wie kam der Gedanke »Ich möchte Karriere machen«?

Tatsächlich war das keine Entscheidung, sondern eher eine Entwicklung. Mit Mitte zwanzig war ich plötzlich alleinerziehend mit zwei kleinen Kindern – in einer der teuersten Städte Deutschlands mit dem Gehalt einer Kinderpflegerin. Dass soziale Berufe in Deutschland so schlecht bezahlt werden, ist ein Armutszeugnis für unsere Gesellschaft! Mir war damals schnell klar, dass ich etwas ändern muss, wenn ich unabhängig sein will. Ich bin ein sehr dickköpfiger Mensch und wollte deshalb auf keinen Fall vom Staat und schon gar nicht von meinem Ex-Mann abhängig sein. Also habe ich geschaut, wo ich Geld verdienen kann. Ich hatte damals schon länger einen 400-Euro-Job bei einer Redaktion in München: Von zu Hause aus habe ich abends, wenn die Kinder geschlafen haben, Kommentare in Foren moderiert. Das war ein super Zuverdienst in meiner Zeit als Kinderpflegerin – und in der neuen Lage als Alleinerziehende dann der erste Strohhalm, den ich greifen konnte. Ich habe die Stunden dort aufgestockt und konnte ein paar Monate später sogar die Leitung des Teams übernehmen, weil die Kollegin in Elternzeit ging. Und je mehr ich in dem Bereich gearbeitet habe, umso mehr habe ich mich auch dafür begeistert. Also

habe ich nebenberuflich auch noch ein Onlinestudium in Social Media & Community Management gemacht.
Es war also keine bewusste Karriereentscheidung, sondern eher Pragmatismus. Und genau das war für mich auch ein großes Learning: Ich muss nicht immer schon den ganzen Weg kennen, es reicht, den ersten Schritt zu machen.

Arbeiterkinder haben oft das Problem, sich allein in einer unbekannten Welt durchkämpfen zu müssen. Bei dir war es andersherum: Du musstest deine Entscheidung aus einem Akademikerumfeld zum Ausbildungsberuf verteidigen. Wie bist du mit der Situation umgegangen?
Für mich gab es damals überhaupt keine Alternative. Kinderpflegerin war schon immer mein Traumberuf. Und als ich mit sechzehn die Zusage für einen Ausbildungsplatz bekommen habe, war für mich klar, dass ich nicht bis zum Abitur warte, sondern meinen Traum starte. In Bayern hat man mit dem Abschluss der zehnten Klasse die Mittlere Reife – und das war genug für mich. Meine FreundInnen hatten dafür wenig Verständnis. »Es sind doch nur noch drei Jahre bis zum Abi!« Die Familie war zwiegespalten: Die eine Seite absolut akademisch geprägt, die andere Arbeitendenschicht. Aber für mich war damals klar, dass es weder um meine Familie noch um mein Umfeld geht, sondern um mich! Und, kleiner Funfact: Im Gymnasium hatte ich relativ schlechte Noten, habe mich durchgekämpft. Kaum auf der Berufsschule, war ich eine Einserschülerin. Ich bin davon überzeugt, dass es einen großen Unterschied für Erfolg oder Nichterfolg macht, ob wir etwas tun, das wir tun müssen, oder etwas tun, das uns begeistert. Bis heute habe ich weder Abitur noch Studium – und ich bereue nichts! *(lacht)* Davon abgesehen, würde ich mir wünschen, dass wir als Gesellschaft einen anderen Blick auf Ausbildungsberufe bekommen – auch finanziell. Ein Studium ist kein Garant für finanzielle Sicherheit und kann zudem sehr teuer sein. Ich selbst mache

überhaupt keine Wertung zwischen Studium oder Ausbildung, auch nicht bei meinen Kindern. Es sind einfach verschiedene Wege, und alle Menschen haben die Verantwortung, für sich den richtigen Weg zu finden.

Was glaubst du, wie wichtig ist das Umfeld aus Freunden und Familie für den eigenen Erfolg?

Unser Umfeld beeinflusst uns immer, bewusst oder unbewusst. Aber ich glaube, wir unterschätzen oft, wie sehr wir uns auch selbst beeinflussen können. Aus meiner Sicht ist Reflexion ein wichtiger Schlüssel. Wir sollten uns immer wieder Zeit nehmen und überlegen: »Wer oder was beeinflusst mich gerade? Warum? Fühlt sich das gut an? Kann ich das ändern?« Wir sind der wichtigste Mensch in unserem Leben, und genau so sollten wir auch mit uns selbst umgehen: Nicht auf die Misserfolge konzentrieren, sondern uns die eigenen Erfolge immer wieder bewusst machen, große, aber vor allem auch kleine, und daraus Stärke ziehen. In meinem Leben gab es viele Menschen, die mir Steine in den Weg legen wollten, aber vor allem auch Menschen, dir mir die Hand gereicht haben. Und es war weder Glück noch Unglück, sondern meine Entscheidung, die Steine als Stufe zu nutzen oder den Mut zu haben, die Hand zu ergreifen.

Was kann man tun, wenn man in diesem Umfeld auf Hindernisse und Abweisung stößt?

Hindernisse und Abweisung sind ganz normal im Leben. Wenn sie im eigenen Umfeld vorkommen, gibt es aus meiner Sicht immer zwei Möglichkeiten: das Hindernis als Stufe zu nutzen oder einen anderen Weg zu gehen, die Abweisung als Ansporn zu sehen oder eine neue Möglichkeit zu suchen. Was im jeweiligen Fall die richtige Entscheidung ist, können wir am besten selbst fühlen – oder eben einfach ausprobieren. Und das Wichtigste: Niemand muss alles allein schaffen. Es ist wichtig, nach Hilfe zu fragen. Vielleicht gibt es Menschen, die das Hindernis schon selbst überwinden konnten und einen Weg wissen. Vielleicht gibt es Menschen, die schon ein Stück weiter oben sind und deshalb einen besseren Überblick über das Hindernis haben? Um Hilfe zu fragen ist kein Zeichen von Schwäche, sondern von Stärke.

Du bist von einer Position als Online- und Social-Media-Managerin direkt in eine Führungsposition bei Microsoft gewechselt. Wie kam es dazu?

Ich würde mir so wünschen, dass wir Führung neu definieren! Führung ist nicht nur Personalverantwortung. Wenn man allein danach geht, habe ich als Community-Managerin zeitweise ein Team von fünfzehn Menschen gemanagt. Bei Microsoft waren es nie mehr als drei. Als Social-Media-Managerin habe ich auch Projekte mit diversen Teams und unterschiedlichsten Menschen verantwortet. Ich finde es schade, dass wir berufliche Entwicklung oft in Führungspositionen messen – dabei kann eine fachliche Karriere eine mindestens genauso wichtige Entwicklung sein. Trotzdem war es für mich natürlich ein großer Sprung, weil es einfach allgemein eine viel größere Verantwortung in einem viel größeren Unternehmen war. Damals hat eine sehr gute Freundin, die bei Microsoft arbeitete, mehr an mich geglaubt, als ich es in dem Moment selbst konnte. Und ich habe ihr vertraut: Wenn sie mir das zutraut und sie die Stelle so gut kennt, dann wird das schon irgendwie klappen.

Hattest du jemals Zweifel, dass der Sprung doch zu groß sein könnte?

Ja, definitiv. Ich glaube, Zweifel gehören irgendwie immer dazu, und in gewissem Maße sind sie auch gesund: Sie helfen uns, uns selbst und Situationen immer wieder zu hinterfragen und zu reflektieren. Wir dürfen ihnen nur nicht die Oberhand überlassen. Das Gefühl, eine Hochstaplerin zu sein, das Impostor-Syndrom, begleitet mich schon länger, als ich den Namen dafür kenne. Und ich glaube, es ist eine Mischung aus gesellschaftlicher Prägung (»Ich habe kein Abitur und nicht studiert, ich kann ja nicht gut genug sein!«) und meiner eigenen Unsicherheit (»Wie soll ich das schaffen? Ich weiß nicht, wie das geht.«). Mir selbst hilft es, das Gefühl in solchen Situationen bewusst wahrzunehmen und mich zu fragen, warum es gerade so stark ist. Und mich gleichzeitig immer wieder daran zu erinnern, wie ich in der Vergangenheit mit solchen Situationen umgegangen bin, wie ich Dinge geschafft habe und dass es okay ist, den Weg noch nicht zu kennen.

Welchen Rat hast du an Frauen, die Angst vor solch großen Herausforderungen und Sprüngen haben?
Es ist absolut okay, Angst zu haben. Und es ist vor allem auch okay, manche Herausforderungen abzulehnen. Ich glaube, die wichtigsten Fragen waren für mich immer: Was habe ich zu verlieren, und wie viel könnte ich gewinnen? Wie kann ich mir selbst die Angst nehmen? Wer könnte mir beim Springen helfen? «

Strategie #4

Eigne dir Finanzwissen an

Als Russland im Frühjahr 2022 die Ukraine angriff, waren viele sehr aufgebracht und geschockt. Eine Frage, die vor allem Wirtschaftsmedien beschäftigte, war die Frage nach den Folgen für die Finanz- und Aktienmärkte. Würden die Aktien nun steigen? Sollte man seine ETFs verkaufen, um das eigene Geld zu schützen? Wie konnte man nun mit möglichst wenig Verlusten aus dieser Situation herauskommen? Es sind besonders oft Frauen, die Gedanken wie diese verurteilen. Viele sind zutiefst empört darüber, dass angesichts eines grausamen Krieges auch wirtschaftliche Themen besprochen werden. Oft kommt dann die Forderung, man solle gar keine Aktien kaufen, um aus einer menschlich schlimmen Situation nicht auch noch Profit zu schlagen. Auf den ersten Blick mag das vielleicht nachvollziehbar erscheinen, aber leider sieht man dabei auch immer wieder, dass es vielen dieser Frauen an grundlegendem Wissen und Verständnis für die Wirtschaft fehlt.

Man kauft zum Beispiel keine Aktien bei Unternehmen direkt, sondern über die Börse. Diese ist ein zentraler Handelsort, der alle AktionärInnen vereint. Der Aktienkurs entsteht dabei aus dem bereits beschriebenen Zusammenspiel von Angebot und Nachfrage: Wenn viele Menschen zum gleichen Zeitpunkt eine Aktie verkaufen wollen, sie aber niemand kaufen möchte, fällt der Kurs. Ist eine Aktie gerade heiß begehrt, steigt also die Nachfrage nach genau dieser Aktie, dann steigt mit ihr auch der Kurs. In wirtschaftlich heiklen und unsicheren Zeiten sinken Aktienkurse in der Regel, weil niemand weiß, was als Nächstes passiert. Insbesondere Fondsgesellschaften und Versicherungen stoßen dann riskante Anlageklassen wie Aktien ab und investieren das Geld lieber in Rohstoffe wie Öl oder Edelmetalle wie Gold. Für Privatanlegerinnen, die antizyklisch investieren möchten, ergibt sich dadurch die Möglichkeit, Aktien und ETFs günstig zu kaufen und von einer anschließenden Erholung zu profitieren. Jedoch weiß niemand, wann die Talsohle erreicht ist, und niemand weiß, ob und wann eine Erholung stattfinden wird. Wenn sich nun Aktionärinnen dazu entscheiden, diese Situation auszunutzen und Aktien günstig nachzukaufen, hat das nichts mit Gier oder Schadenfreude zu tun, sondern damit, die eigenen Emotionen von wirtschaftlichen Entscheidungen zu trennen – vor allem dann, wenn sie damit niemandem schaden. Ganz im Gegenteil: Würden alle ihre Aktien panisch verkaufen, würde dies zu noch stärkeren Kurseinbrüchen und Verlusten führen. Trotzdem höre ich hier oft vollkommen irrationale Aussagen.

Je unsicherer die Ausgangslage, desto wichtiger ist es daher, sich zu informieren, wie Aktienkurse wirklich entstehen, wie die Börse funktioniert und welche Auswirkungen das eigene Handeln hat. In vielen Haushalten wird jedoch bereits das Sparverhalten von allenfalls groben Faustregeln dominiert und nicht von Wissen. Das sind in der Regel auch die Haushalte, denen Altersarmut droht, da sie nicht ausreichend auf ihren Ruhestand und das Wegfallen ihres Einkommens vorbereitet sind. Ein größerer finanzieller Wissensschatz ermöglicht also nicht nur eine bessere finanzielle Entscheidungsfindung im Einzelfall, er erhöht auch die Wahrscheinlichkeit, langfristig die eigenen finanziellen Ziele zu erreichen. Studien zeigen jedoch, dass große Unterschiede zwischen Selbsteinschätzung und tatsächlichem Wissen bestehen: Bei einer Umfrage der Commerzbank gaben 80 Prozent der Befragten zwischen 18 und 65 Jahren an, dass sie sich bezogen auf finanzielle Angelegenheiten zumindest »einigermaßen sicher« fühlen. Allerdings konnten 42 Prozent von ihnen nicht einmal die Hälfte der gestellten Wissensfragen richtig beantworten.[40]

Teste dein Wissen

Häufig werden in wissenschaftlichen Studien, die das Finanzwissen von Personen untersuchen sollen, die folgenden drei Fragen zu Zinsen, Inflation und Risiko gestellt. Nutze die Gelegenheit, dein aktuelles Wissen ehrlich zu testen, um ein erstes Gefühl dafür zu bekommen, wo du selbst stehst.

---

1. Zinsen

Angenommen, du hast 100 Euro auf einem Sparkonto und der Zinssatz beträgt 2 Prozent pro Jahr. Was glaubst du, wie viel Geld du nach fünf Jahren auf dem Konto hättest, wenn du das Geld auf dem Konto lassen würdest?

a) Mehr als 102 Euro
b) Genau 102 Euro
c) Weniger als 102 Euro
d) Weiß nicht

2. Inflation

Stell dir vor, der Zinssatz auf deinem Sparkonto beträgt 1 Prozent pro Jahr und die Inflation 2 Prozent pro Jahr. Wie viel kannst du nach einem Jahr mit dem Geld auf diesem Konto kaufen?

a) Mehr als heute
b) Genau gleich viel
c) Weniger als heute
d) Weiß nicht

3. Risiko

Bitte gibt an, ob diese Aussage richtig oder falsch ist. »Der Kauf von Aktien eines einzelnen Unternehmens bietet normalerweise eine sicherere Rendite als ein Aktienfonds.«

a) Richtig
b) Falsch
c) Weiß nicht

Wenn du bereits die vorhergegangenen Kapitel dieses Buchs gelesen hast, werden dir die Antworten sicherlich leichtfallen. Bei einem Zinssatz von 2 Prozent pro Jahr hast du bereits nach einem Jahr 2 Prozent mehr Geld auf dem Konto. Für jedes weitere Jahre werden die Zinsen mitverzinst. Hier kommt wieder die Magie des Zinseszinseffekts zum Einsatz: Nach fünf Jahren hast du nicht nur 102, sondern sogar 110,41 Euro auf dem Konto. So genau wollen es die Wissenschaftler meist gar nicht wissen, es reicht, wenn du mit Antwort a) »Mehr als 102 Euro« gewählt hast.

Auch von der Inflation haben wir in diesem Buch schon viel gesprochen. Während Zinsen Freunde deines Geldes sind, ist die Inflation sein Feind. Bei einem Zinssatz von 1 Prozent und einer Inflation von 2 Prozent ist die Inflation doppelt so hoch wie der Zinssatz. Die Folge: Dein Geld vermehrt sich zwar rein nominell durch den Zinssatz, die Inflation frisst jedoch den Wert deines Geldes noch stärker. Antwort c) »Weniger als heute« ist somit richtig.

Dem Thema Risiko ist noch ein ganzes Kapitel gewidmet (Kapitel 10), denn wenn du finanziell frei werden möchtest, musst du dich mit Risikofragen auskennen und wissen, wie du am besten damit umgehst. Der Satz »Der Kauf von Aktien eines einzelnen Unternehmens bietet normalerweise eine sicherere Rendite als ein Aktienfonds« ist falsch. Wenn du die Aktien eines einzelnen Unternehmens besitzt, setzt du alles auf eine Karte. Geht es dem Unternehmen gut, kannst du hierdurch deinen Einsatz steigern. Geht es dem Unternehmen jedoch schlecht, kannst du im schlimmsten Fall alles verlieren. Um dich vor solchen Totalverlusten abzusichern, musst du in verschiedene Unternehmen investieren.

Falls du alle drei Fragen richtig beantwortet hast, verfügst du bereits über mehr finanzielles Wissen als die meisten Menschen. Laut einer Studie der OECD kann gerade einmal ein Fünftel aller Menschen einfache Fragen zu Zinsen, Inflation und Risikostreuung richtig beantworten. Besonders schlecht schneiden dabei immer wieder Frauen ab.[41] Egal, wie finanzielle Bildung genau definiert wurde oder welche Methoden bei der Evaluation angewandt wurden – ein Faktor scheint sich durch viele Studien zu ziehen: das Geschlecht. Obwohl Frauen mittlerweile über höhere Bildungsabschlüsse verfügen, schneiden sie bei Fragen zu finanzieller Bildung tendenziell schlechter ab als Männer. Eine Befragung unter Frauen in den USA ergab, dass mehr als jede Vierte (28,1 Prozent) keine einfache Zinsrechnung vornehmen konnte und über die Hälfte wusste nicht, dass es viel riskanter ist, einen einzelnen Aktientitel zu besitzen, als Investitionen breit zu streuen. Die anhaltende Geschlechterlücke besteht bei Finanzfragen vollkommen unabhängig von sozioökonomischen Merkmalen. Egal ob jung oder alt, gebildet oder ungebildet, ledig oder verheiratet: Frauen verfügen über weniger finanzielles Wissen als Männer. In einem internationalen Vergleich zeigte sich, dass dies besonders in Deutschland deutlich wird. Wissenschaftler sprechen hier gar von einem »Gender Knowledge Gap«, also einer klaren Wissenskluft, die zwischen Männern und Frauen herrscht.[42]

Dies hat natürlich auch Auswirkungen auf die Altersvorsorge: Frauen sind schlechter auf den Ruhestand vorbereitet, da sie seltener vorsorgen. Auch in Österreich zeigt sich ein ähnliches Bild, wie ich es bereits für Deutschland beschrieben habe: Obwohl drei Viertel aller Frauen finanzielle Unabhängigkeit als sehr wichtig ansehen, sind doppelt so viele Frauen wie Männer von finanzieller Unterstützung abhängig.[43] Und auch in der reichen Schweiz stehen Frauen vor ähnlichen Problemen: Schlechter bezahlte Jobs und lange Auszeiten aus dem Job sorgen für Altersarmut. Doch trotz der Sorgen um ihre Finanzen und ihre Alterssicherung befassen sich nur wenige Frauen mit langfristigen Finanzthemen. Bei einer Umfrage der UBS Bank gab lediglich eine von fünf Frauen an, sich für das Thema Vermögensaufbau überhaupt zu interessieren, und gerade einmal 15 Prozent setzen sich mit der Entwicklung der Finanz- und Börsenmärkte auseinander. Viele Frauen ignorieren diese Themen also bewusst, und obwohl sie wissen, dass es für ihre Zukunft eine wesentliche Rolle spielt, sich auch Finanzwissen anzueignen, verfallen sie in eine Art Schockstarre.

Nun sind eine systematisch schlechtere Bezahlung oder die Verfügbarkeit von Betreuungsplätzen Dinge, die wir als Einzelperson nicht ändern können und die natürlich die eigene Finanzplanung ebenfalls belasten können. Sich selbst Wissen anzueignen, um zu lernen, wie man strategisch Geld sparen kann, wie man investieren kann, damit sich Ersparnisse auch vermehren und später eine gute Altersvorsorge ermöglichen – das sind Dinge, die kann jede Frau lernen. Ich korrigiere: Die *muss* jede Frau lernen! Denn wenn wir dieses Wissen ignorieren, nicht up to date halten oder uns komplett davor verschließen, geben wir auch ein Stück unserer finanziellen Zukunft auf.

Du musst verstehen, was du tust

Menschen mit finanziellem Wissen halten eher Aktien, sorgen besser für ihren Ruhestand vor und haben die Möglichkeit, sich ein eigenes Vermögen aufzubauen. Alle Frauen, mit denen ich für dieses Buch gesprochen habe, haben aktiv an ihrem finanziellen Wissen gearbeitet und sich selbst rund um Finanzen und Investitionsmöglichkeiten informiert. Denn Wissen ist – auch bei der eigenen Finanzplanung! – Macht.

Du musst verstehen, was du tust, und wissen, wie unterschiedliche Anlageklassen funktionieren, was die jeweiligen Vorteile sind und welche möglichen Gefahren dabei bestehen. Denn so viel ist klar: Es gibt nicht die eine perfekte Investition, die supersicher ist und dir gleichzeitig eine garantierte überdurchschnittliche Rendite bietet. Falls dir doch jemand so etwas andrehen möchte, rate ich dir, deine Sachen zu packen und zu gehen. Eigne dir das nötige Wissen zum Investieren selbst an – und tu dies am besten, bevor du dein hart erarbeitetes Geld in die Hand nimmst.

Die Journalistin und Gründerin Laura Lewandowski erzählte mir: »Ich habe mich immer viel mit meinem Papa ausgetauscht, der sich seit Jahrzehnten intensiv mit der Börse beschäftigt. Irgendwann habe ich ihn gefragt, ob er mir etwas zeigen kann. Aber er hat immer gesagt: ›Das musst du selbst herausfinden. Du musst einmal richtig viel Geld verdienen, und du musst einmal richtig viel Geld verlieren. Dann lernst du am besten.‹ Das hat mich innerlich wahnsinnig gemacht. Und dann habe ich mir gedacht: ›Okay, dann lese ich mich jetzt ein und finde es eben selbst heraus.‹ Mir war es dabei auch wichtig, wirklich alles im Detail zu verstehen. Und so fing es an.« Danach kaufte sie ETFs, investierte in Einzelaktien und schließlich auch in Kryptowährungen. Vor dem Investieren stand aber der Wissensaufbau auf ihrer Agenda, und dabei ging sie auch sehr strukturiert vor. Wenn ich Frauen in meinen Workshops frage, warum sie sich noch nicht mit ihrem Geld beschäftigt haben, geben viele Zeitmangel als Grund an. Laura hat als Gründerin eines Startups einen vollen Terminkalender, ist zudem als Journalistin und Podcasterin aktiv und erfolgreich. Wie schafft man es also, sich trotz wenig Zeit und vieler Deadlines die Zeit zu nehmen, um aktiv am eigenen Wissensaufbau zu arbeiten? Ganz einfach: indem wir uns fixe Termine setzen (wie zum wöchentlichen Sporttraining) und das Lernen in unseren Alltag einbauen (etwa durch Podcasts auf dem Weg zur Arbeit). Wenn wir überlegen, wie viel Zeit wir mit dem Streamen einer Serie nach der anderen verbringen, gleichzeitig in mehreren Onlineshops stöbern, ohne etwas Konkretes zu suchen, oder einfach wahllos Inhalte auf Social Media konsumieren, liegt es möglicherweise gar nicht am Zeitmangel, sondern an den richtigen Prioritäten. Indem du dir einen festen Termin im Kalender setzt und diese Zeit aktiv für deine finanzielle Weiterbildung nutzt, machst du Finanzen zu deiner Priorität.

Viele überschätzen anfangs den Zeitaufwand, den sie dafür benötigen, und glauben zu Beginn, man müsse komplexe Berechnungen aufstellen und einen Haufen Theorien lernen. Dabei war es noch nie so einfach, sich das Rüstzeug für die eigene Finanzplanung anzueignen, schon eine Stunde in der Woche bringt dich deinen Zielen spürbar näher. Diejenigen, die Finanzplanung und Geldanlage für kompliziert halten, sind meist auch diejenigen, die sich einfach noch nicht damit beschäftigt haben. Natürlich hast du beim Investieren die Möglichkeit, dein Portfolio komplex mit Einzelaktien aufzusetzen und es nach deinen individuellen Wünschen und Zielen zu gestalten, du kannst die gleichen Ziele aber auch mit ETFs, die weitaus weniger komplex und zeitsparend sind, anpeilen. So hat es Laura Lewandowski auch gemacht (siehe Interview in Kapitel 7). Um solche Entscheidungen zu treffen, musst du jedoch deine Möglichkeiten kennen und zumindest über ein Grundwissen verfügen.

Interview mit Lisa Osada

>> *Lisa Osada ist gelernte Fachinformatikerin für Systemintegration, investiert seit 11 Jahren an der Börse und betreibt einen der erfolgreichsten deutschen Finanzblogs:* Aktiengram. *Ihr Ziel ist es, die finanzielle Unabhängigkeit zu erreichen und eines Tages von ihren Dividendeneinnahmen leben zu können.*

Wie hast du mit dem Investieren angefangen?
Das war mehr oder weniger zufällig. Ich habe damals meine Berufsausbildung als Fachinformatikerin für Systemintegration begonnen und hatte das Glück, dass ich in einem börsennotierten Unternehmen die Ausbildung gemacht habe. Kurze Zeit später gab es die Möglichkeit, Mitarbeiteraktien zum etwa halben Kurspreis zu kaufen. Das war für mich ein No-Brainer, mitzumachen und Aktien zu kaufen. Und es war für mich der Auslöser, ein Aktiendepot zu eröffnen.

Was hat dich zu Anfang am meisten am Investieren fasziniert?
Ich war als Auszubildende immer bei den Hauptversammlungen dabei und fand das unglaublich spannend. Nach der ersten Hauptversammlung kam der Schlüsselmoment: Im Dezember wurde die Dividende ausgezahlt, und ich habe 6 Euro bekommen.
Danach habe ich begonnen, mich weiter mit dem Thema und insbesondere mit Dividendenaktien zu beschäftigen und einen kleinen Teil meiner Ausbildungsvergütung regelmäßig zu investieren.
Ich würde auch nach wie vor jeder Frau empfehlen, das Stimmrecht zu nutzen, zur Hauptversammlung zu gehen und sich das alles mal anzuschauen. Damit wird das Thema Aktie noch einmal viel greifbarer. Man kann hier vieles beobachten und sehen: Wie reagiert der Vorstand? Sind die Leute nervös? Wie werden Fragen beantwortet? Das Gesamtbild ist manchmal entschei-

dend, um ableiten zu können, wie es dem Unternehmen gerade geht. Und natürlich werden hier auch die Zahlen zum Unternehmen vorgestellt.

Du hast mit Einzelaktien angefangen. Wie investierst du denn mittlerweile?
Aktuell besteht mein Portfolio zu etwa 85 Prozent aus Einzelaktien, und der Rest sind ETFs. Bei Aktien bevorzuge ich Dividendenaktien, da mir diese auch immer Gewinne ausschütten und mir Cashflow bescheren, was eine schöne Motivation ist. Ich würde sogar behaupten, dass ich ohne Dividenden nie so viel meines Geldes an der Börse investiert hätte. Monatlich notiere ich mir die Dividendenausschüttungen in eine Excel-Liste und erfreue mich am jährlichen Wachstum.

Was waren die größten Fehler, die du bisher dabei gemacht hast?
Ach, da gab es ein paar. Ich habe zum Beispiel öfters mal drei Aktien für 100 Euro gekauft und dafür 11 Euro Gebühr bezahlt. Und das dann fünfmal im Jahr. Dadurch hatte ich sehr hohe Kosten im Vergleich zum Kaufwert. Besser wäre es gewesen, Aktien gesammelt zu kaufen. Mittlerweile ist es ja dank günstiger Angebote möglich, so hohe Gebühren zu vermeiden. Ich trade aber auch nicht viel hin und her, sondern bleibe bei meinen Aktien. Die Qualitätsprüfung geschieht vor dem Kauf, sodass ich generell die meisten Titel »für immer« kaufe. Wenn sich etwas fundamental am Geschäftsmodell oder dem Unternehmen ändert, entscheide ich neu.

Wie gehst du bei der Auswahl deiner Aktien vor?
Das kommt auch immer ein bisschen auf die Art des Unternehmens an. Bei Dividendenaktien schaue ich zunächst auf die Ausschüttungsquote, die Dividendenrendite und das Dividendenwachstum. Dabei ist es mir auch wichtig, woraus die Divi-

dende gezahlt wird. Diese sollte nicht aus der Substanz des Unternehmens kommen, sondern aus dem vorhandenen Free Cashflow, also dem frei verfügbaren Geld des Unternehmens. Mittlerweile beobachte ich eine Aktie auch lange, um keine vorschnellen Entscheidungen zu treffen. Ein Fehler war, dass ich früher manchmal spontan eine Aktie gekauft habe, um hinterher festzustellen, dass sie nicht gut ist. Mittlerweile beobachte ich eine potenzielle Aktie lange und kaufe sie nicht nur, weil sie gerade gefallen ist oder weil alle Medien über einen Hype berichten. Ich möchte langfristig investieren, und wenn ich eine Aktie drei Wochen später kaufe, ist das auch okay.

Hast du Routinen bei deiner Geldanlage?

»Pay yourself first«, ist für mich die wichtigste Routine. Sobald mein Gehalt eingeht, investiere ich direkt danach in meine Sparpläne. Das hat sich in den letzten Jahren bewährt, und ich muss nicht immer die tagesaktuellen Kurse verfolgen. Daneben baue ich mir ein Cash-Polster auf, das ich nutzen kann, sobald ich eine bestimmte Aktie kaufen möchte. Dieses Polster habe ich zur Coronakrise aufgebraucht, was sich aus heutiger Sicht definitiv bewährt hat. Und danach habe ich wieder angefangen, mir neue Bar-Reserven aufzubauen – neben meinem Notgroschen natürlich.

Wie gehst du dabei mit Risiken um?

Je mehr Risiko du eingehst, desto mehr Rendite kannst du auch erreichen. Dadurch, dass ich erst dreißig Jahre alt bin, habe ich für mich entschieden, auch risikoreicher zu investieren. Ich bin mir dessen bewusst, dass meine Investments in Einzelaktien ein höheres Risiko bergen als die Investments in ETFs. Aber das Risiko bin ich bereit zu tragen.

Wie hat sich dein Mindset zu dem Thema verändert?
Ich habe das Thema Investieren früher nicht ernst genommen, weil ich mir einfach nicht vorstellen konnte, dass es wirklich funktionieren kann. Geld stand für mich immer mit Mangel in Verbindung. Mittlerweile hat sich das zum Gegenteil gewandelt. Ich weiß, was ich tue, und habe auch ein entsprechendes Selbstbewusstsein entwickelt. Man sollte sich immer nur mit sich selbst vergleichen und das eigene Handeln reflektieren.

Ist das Thema Investieren in deiner Beziehung ein Thema?
Meinen Ex-Freund konnte ich leider gar nicht von dem Thema überzeugen. Er wollte einfach nichts damit zu tun haben und stand Investitionen sehr skeptisch gegenüber. Es ist schwierig, wenn man hier grundsätzlich verschiedene Ansichten hat. In meinen Augen hat er gerne viel Geld für unnötigen Konsum ausgegeben, ich lieber für meine Investitionen. Das war manchmal schwierig. Meinen jetzigen Partner konnte ich stärker vom Investieren ganz allgemein und von Einzelaktien überzeugen, und es ist schön, wenn man das Wissen teilen und sich darüber austauschen kann.

Wie wichtig sind deiner Meinung nach Finanzen für eine Beziehung?
Es ist schön, wenn man auf einer Ebene ist und sich beide für das Thema interessieren. Aber man muss auch lernen, es zu akzeptieren, wenn der Partner kein Interesse zeigt. Persönlich fühle ich mich wohler, wenn mein Partner die Relevanz des Themas sieht. Das ist mir heute bewusst. Noch viel wichtiger ist, dass man überlegt, wie man die gemeinsamen Finanzen regelt: Wie teilen wir die Miete auf? Teilen wir das zur Hälfte, oder orientieren wir uns am Gehalt? Das sind elementare Dinge, die man gemeinsam klären muss. Ich versuche, darauf zu achten, regelmäßig auch finanzielle Themen anzusprechen. Spätestens wenn Kinder da sind, muss man hier neu verhan-

deln und die Finanzen gemeinsam besprechen. Je mehr man vorher bespricht, desto weniger streitet man hinterher darüber und desto weniger Frustration gibt es. Paaren, die Interesse, aber noch wenig Erfahrung mit dem Thema Investieren haben, empfehle ich auch, mal ein Gemeinschaftsdepot zu eröffnen, wo beide monatlich einen überschaubaren Betrag einzahlen und gemeinsam erste Erfahrungen sammeln.

Welchen Tipp hast du für Frauen, die noch ganz am Anfang stehen?

Ich rate jeder Frau dazu, wirklich damit anzufangen, auch wenn es nur kleine Beträge sind. Ich selbst habe auch mit einem monatlichen Sparplan in Höhe von 25 € begonnen. Außerdem ist es immer besser, sich wirklich Wissen anzueignen, statt blind auf andere zu hören. Dadurch lässt man sich schnell beeinflussen – und das ist nicht gut. Jede Frau muss ihren eigenen Weg und ihren eigenen Investitionsstil finden. Dann macht es auch erst richtig Spaß. Die Verantwortung für die eigenen Finanzen trägt jede für sich selbst – und sie in die Hand zu nehmen ist ein wichtiger Schritt für den eigenen Vermögensaufbau. «

Strategie #5

Mach Geld zu einem Beziehungsthema

Elf Jahre lang zahlte Maria den Kredit für ihren Freund ab. Als die letzte Rate gezahlt war, waren die beiden bereits seit über sieben Jahren getrennt. Trotzdem bediente sie noch die Kredite für die neue Küche, die Wohnungsrenovierung und die Möbel, die sich beide ausgesucht hatten.

Für ihren Freund hatte sie damals die Kleinstadt, aus der sie kam, verlassen und war nach München gezogen. Aus Liebe hatte sie sich für einen kompletten Neustart entschieden und war in seine ehemalige Junggesellenbude gezogen. Die Zwei-Zimmer-Wohnung war groß genug für zwei und, für Münchner Verhältnisse, günstig. Aber ihr war auch schnell klar, dass die Wohnung eine Generalüberholung brauchte: Frische Farbe an die Wände, neue Möbel und eine neue Küche sollten her. Gemeinsam verbrachten sie viel Zeit in Möbelhäusern, um ihre Zukunft zu planen und sich ein gemütliches Zuhause einzurichten. Schließlich hatten sie ihre Traumküche und passende neue Möbel gefunden. Als der Verkäufer ihnen die Verkaufsformulare erstellte, empfahl er ihnen auch direkt einen passenden Kredit, mit dem sie in sieben Jahren alles abbezahlen konnten. Allein an der Küche würden sie ja noch so lange Freude haben!

Als es darum ging, wer von beiden den Kredit aufnehmen sollte, fragte Michael Maria, ob sie das übernehmen könnte, weil er noch einen alten Studienkredit auf seinen Namen laufen hatte. »Wir verrechnen das einfach mit der Miete, die ich zahle, und dann ist das ganz unkompliziert.« Maria schlug ein – was sollte schon schiefgehen?

Bis zu diesem Zeitpunkt wusste keiner der beiden, was die andere Person verdiente. Maria hatte das Gefühl, Michael hätte ein gutes Einkommen und dass sie mit beiden Einkommen ein gutes Leben in München führen könnten. Doch mit der Zeit merkte sie, dass sie immer diejenige war, die den Lebensmitteleinkauf bezahlte. Abos liefen über ihren Namen und über ihr Konto. Und auf Urlaub hatte Michael auch nie Lust, oder es kam etwas bei der Arbeit dazwischen. Als er später auch noch seinen Job verlor, übernahm sie endgültig alle Rechnungen. Das alles wäre sogar noch erträglich gewesen, aber Michael, der den ganzen Tag zu Hause war, räumte nicht einmal auf, und so blieb auch das noch an ihr hängen, wenn sie abends erschöpft von der Arbeit kam. Über ein Jahr lang ging das so, bis Maria schließlich genug davon hatte, die Alleinernährerin, Köchin und Putzfrau zu spielen, und einen Schlussstrich zog.

Als sie sich von ihm trennte, war der laufende Kredit ihr geringstes Problem: Sie wollte einfach schnell raus aus der Wohnung, in der sie sich so eingeengt fühlte und in der sie gar nicht mehr zur Ruhe kam. Es dauerte eine Weile, bis sie eine neue Wohnung gefunden hatte, und auch diese musste erst einmal neu eingerichtet werden – sie zog tatsächlich nur mit ihren gepackten Koffern aus und ließ alles andere zurück. Also musste ein zweiter Kredit her. Den bekam sie auch, aber plötzlich stand sie nun da und bezahlte zwei Kredite ab, von dem der eine nicht einmal mehr für sie war, sondern für ihren Ex-Freund. Beim ersten Kredit konnte sie zwar nachverhandeln und eine kleinere Rate erwirken, das bedeutete aber auch eine längere Stundung. Jeder Versuch, das Geld von Michael zu bekommen, scheiterte, schließlich hatte sie auch nichts gegen ihn in der Hand: Alles lief auf ihren Namen. Er saß weiterhin auf dem Sofa, das sie noch abbezahlte, nutzte die Küche, auf die noch monatliche

Raten liefen, und sie selbst konnte fünf Jahre lang nicht einen einzigen Urlaub machen.

Als Maria nach der langen Zeit schließlich ihre letzte Rate abbezahlt hatte, trafen wir uns und stießen mit einem Glas Prosecco auf ihre neu gewonnene Freiheit an. Ich weiß noch genau, wie erleichtert sie war und wie sie vor Glück nur so strahlte, dass sie diese Schulden endlich los war.

Michael und Maria sind kein Einzelfall. Eine Studie, die unter 1713 Paaren durchgeführt wurde, die entweder verheiratet oder in einer längeren Beziehung waren, fand heraus: Fast 40 Prozent der TeilnehmerInnen konnten nicht definieren, wie viel Geld ihr/e Partner/in wirklich verdient.[44] Dabei gehen nicht nur in Bezug auf das Einkommen Wunsch und Wirklichkeit weit auseinander: Obwohl sich die allermeisten Paare finanzielle Offenheit und Gleichberechtigung in der Beziehung wünschen, sprechen laut einer anderen Erhebung 40 Prozent aller Paare überhaupt nicht über Geld.[45]

Ein offener Umgang mit der eigenen finanziellen Situation ist aber genauso wichtig wie irgendwann einmal die Frage: »Möchtest du Kinder haben oder nicht?« In beiden Fällen geht es darum, wie man die Zukunft gestalten möchte – oder kann –, und auch der Beziehungsalltag wird von Geld bestimmt, so unromantisch es auch ist. Geht ein Pärchen abends zum Italiener, sollten beide vorher klären, ob es die Straßenpizzeria an der Ecke ist, die L'Osteria-Filiale in der Stadt oder der neue Nobel-Italiener im Szeneviertel. Gleiches gilt beim Urlaub: Spricht man beim Strandurlaub von einer Woche Mallorca im 3-Sterne-Hotel, oder geht's direkt auf die Malediven ins 5-Sterne-Resort? Wie man den Alltag gemeinsam gestaltet und wie die gemeinsame Zukunft aussehen kann, hängt nicht zuletzt von der finanziellen Gesamtsituation ab. Trotzdem sprechen gerade einmal 10 Prozent aller Paare vor dem ersten gemeinsamen Urlaub über Geld.[46] 90 Prozent sind entweder enttäuscht oder hinterher arm, vermute ich.

Und wenn 85 Prozent aller Deutschen Transparenz bei Finanzen in der Beziehung wichtig ist, gleichzeitig aber 23 Prozent dem Partner nichts über ihre eigenen Finanzen verraten wollen – dann bedeutet das, dass es viele unzufriedene Paare geben muss.[47] Die Frage ist also: Wer lässt zuerst die Hosen runter?

Beziehungskiller Nummer eins: Geld

Geld ist ein Thema, das jede Beziehung von Anfang an begleitet: Wer zahlt beim ersten Date die Drinks? Wie teuer sollten Geschenke sein? Was ist übertrieben, was ist zu wenig? Was in der Anfangsphase einer Beziehung nur für manche unangenehme Momente sorgt und schnell wieder vergessen und verziehen ist, sorgt in einer späteren Beziehungsphase für Streit, Frustration oder sogar das Liebesende. Eine amerikanische Langzeitstudie kam sogar zu dem Ergebnis, dass Meinungsverschiedenheiten zu den gemeinsamen Finanzen sowie finanzielle Ungleichheit in der Beziehung der stärkste Prädikator waren, um eine Scheidung vorherzusagen.[48] Es sind nicht die klassischen Themen, die wir immer wieder im Fernsehen sehen: Er räumt seine Socken nicht weg; sie meckert den ganzen Tag herum, weil er zu viel Zeit mit Fußball verbringt; sie ist eifersüchtig. Nein, all diese 08/15-Themen sind in der Regel keine echte Bedrohung für die Beziehung, sondern das Thema, über das eben nicht gesprochen wird: Geld.

Entweder wird darüber geschwiegen oder gestritten. Wie sollen wir es auch schaffen, mit dem Partner über Geld zu sprechen, wenn Geld in unserer Gesellschaft so ein großes Tabuthema ist? Dabei kann der Austausch über die eigene finanzielle Situation nicht nur klärend sein, sondern auch bereichernd (für die Beziehung, meine ich). Egal ob bei einer frischen Liebe oder einer bereits abgeschlossenen Familienplanung – für finanziell erfolgreiche Frauen ist Geld kein Tabuthema in der Beziehung. Ganz im Gegenteil: Sie planen nicht nur gemeinsam, sondern tauschen sich auch über angemessene Gehälter und neue Investitionsmöglichkeiten aus.

Das Seltsame ist doch, dass wir Frauen nachweislich weniger verdienen als Männer – auch weil wir nicht wissen, wie viel wir verlangen sollen. Was wäre, wenn nun jede Frau genau dieses Thema mit ihrem Partner besprechen und fragen würde: Welches Gehalt fändest du für meine Position angemessen? Wer in einer Hetero-Beziehung ist, hat doch ein gutes Exemplar für eine kleine Meinungsforschung auf dem Sofa sitzen, mit dem man über dieses wichtige Thema sprechen kann. Als ich vor meiner ersten Gehaltsverhandlung stand, fragte ich meine Freundinnen, welcher Prozentsatz denn angemessen wäre: 5 bis 8 Prozent, sagten sie. Als ich meinem Freund davon erzählte, sagte er: »Nein, du musst mit mindestens 15 Prozent reingehen!« Ich hörte auf ihn und bekam am Ende 10 Prozent.

Ein offener Austausch über Geld kann vor allem uns Frauen dabei helfen, eine andere Sicht auf finanzielle Dinge zu bekommen. Denn wie schon in Kapitel 3 beschrieben: Wir Frauen sabotieren uns viel zu oft selbst. Was aber noch viel wichtiger ist: Der offene Austausch mit dem Partner kann uns Frauen auch schützen, und zwar vor finanzieller Untreue – ja, das gibt es wirklich.

Finanzielle Untreue

Amerikanische Forscher haben so etwas wie eine Untreue-Skala für Finanzen entwickelt. Dabei geht es nicht nur um das Verheimlichen von hohen Ausgaben (die Frau, die teure Einkäufe vor dem Mann versteckt), sondern viel schwerwiegender: versteckte Konten (35 Prozent der Befragten), erhebliche Schulden (23 Prozent), unbezahlte Studiendarlehen (8 Prozent) oder schlechte Kreditwürdigkeit (8 Prozent).[49] Wenn wir an Maria und Michael zurückdenken, können wir bei drei der vier Punkte einen Haken machen. Er hat ihr gegenüber seine finanzielle Situation jahrelang verschleiert, mit der Folge, dass sie gutgläubig gemeinsame Kredite auf sich nahm und diese noch Jahre nach der Trennung abbezahlen musste. Und wer nun glaubt, das wäre ein Einzelfall, kann sich jetzt mal festhalten: 41 Prozent haben in einer Umfrage zugegeben, den Partner oder die Partnerin absichtlich finanziell getäuscht zu haben. In drei von vier Beziehungen kamen solche Täuschungen ans Licht und führten auch zum Beziehungsende.[50] Das bedeutet unterm Strich, dass fast jede dritte Beziehung an finanzieller Untreue scheitert.

Vermutlich hatten diese Personen aber noch Glück im Unglück – so wie Maria. Andere Frauen wiegen sich ihr Leben lang in finanzieller Sicherheit, bis es zu spät ist. So geben in einer internationalen Studie 74 Prozent aller Ex-Frauen und Witwen an, nach Tod oder Scheidung vom Ehemann eine negative finanzielle Überraschung erlebt zu haben.[51] 74 Prozent! Dabei konnten die Überraschungen unterschiedlich aussehen: Es gab Frauen, die sich ihr Leben lang um Haushalt und Kinder gekümmert hatten und dachten, sie wären im Alter finanziell abgesichert, nur um dann festzustellen, dass es nie eine Altersvorsorge für sie gegeben hatte. Oder finanziell gut betuchte Frauen, die ihrem erfolgreichen Mann ein Leben lang den Rücken freigehalten hatten, dann jedoch gegen eine jüngere Frau ausgetauscht wurden und plötzlich feststellen mussten: Das Geld ist weg. Denn während sie noch dachte, sie würde sich in einer loyalen und sicheren Beziehung befinden, hatte er einen Wissensvorsprung und genügend Zeit, das Vermögen wegzuschaffen, um ihr nichts mehr vom Kuchen abgeben zu müssen. Das sind keine ausgedachten Geschichten, sondern echte Fälle, die ich immer wieder aus erster Hand erfahre.

Nicht immer dürfen wir in all diesen 74 Prozent der Fälle

jedoch den Männern die Schuld geben. Denn oft steckt auch einfach nur Unwissenheit und Überforderung dahinter. Viele Frauen gehen einfach davon aus, dass der Mann es schon macht – und zwar gut macht. Als ich vor einigen Jahren in Hamburg einen Award für *Fortunalista* verliehen bekommen habe, kam nach der Veranstaltung ein Mann auf mich zu und fragte mich: »Sag mal, was kann ich denn tun, damit sich meine Freundin auch für Finanzen interessiert? Ich versuche ihr immer wieder zu erklären, dass wir uns gemeinsam darum kümmern sollten, aber sie will nichts mit dem Thema zu tun haben. Die ganze Verantwortung für unser Geld lastet allein auf meinen Schultern.« Ich war, um ehrlich zu sein, vollkommen perplex, da ich noch nie über diese Sichtweise nachgedacht hatte: Auch Männer wollen nicht immer die gesamte Verantwortung für das gemeinsame Geld übernehmen, aber sie fühlen sich durch traditionelle Rollenbilder dazu verpflichtet. Dabei wissen Männer natürlich auch nicht immer, was sie tun müssen, und treffen immer wieder falsche Entscheidungen. Ein Grund mehr, warum Frauen Geld zu einem Beziehungsthema machen sollten. Egal wie der Beziehungsstatus ist – jeder sollte sich um sein und das gemeinsame Geld kümmern.

Doch genau hier entwickeln wir uns aktuell wieder zurück in die Zeit, als Frauen laut Werbung nur zwei Fragen beschäftigten: »Was koche ich heute?« und »Was zieh' ich an?«. 60 Prozent der verheirateten Frauen in Deutschland geben an, dass sie die langfristige Finanzplanung ihrem Partner überlassen. Besonders unter Millennials ist diese Tendenz noch stärker ausgeprägt.[52] Das heißt, gerade junge Frauen überlassen diese Planung ihrem Partner, weil sie glauben, dass sie selbst davon nichts verstehen und Männer sich beim Thema Geld einfach besser auskennen.

Doch Studien widerlegen diese Annahme immer wieder und zeigen, dass Frauen an der Börse eine höhere Rendite erzielen als Männer. Das zeigt sich sogar bei professionellen Fondsmanagerinnen: In gemischten Manager-Teams wird sogar eine um 1 Prozent höhere Rendite erzielt als in reinen Männer-Teams.[53] Warum sollten wir die Ergebnisse aus den Studien nicht auch für unser Privatleben leben.

> Viele Frauen sagen: »Ich investiere nicht, aber mein Mann hat ein Aktiendepot.« Das halte ich für sehr naiv und gefährlich. Der Wunsch nach finanzieller Unabhängigkeit der Frau hat nichts mit der Qualität der Beziehung zu tun. Es geht nicht darum, sich abzusichern, weil der Mann plötzlich weg sein könnte. Es geht auch darum, selbst etwas zu schaffen und für sich aufzubauen. Es ist auch toll, wenn Paare zusammen investieren. Männer und Frauen ticken unterschiedlich, und es ist kein Geheimnis, dass Männer und Frauen auch unterschiedlich investieren. Warum also nicht die positiven Eigenschaften von Männern und Frauen bündeln und gemeinsam investieren. Es ist doch wertvoll für die Beziehung, wenn man sich gegenseitig austauschen und unterstützen kann. Es gibt Paare, die gar nicht übers Geld sprechen, Beziehungen, in denen einer nicht weiß, was der andere verdient und wie man selbst abgesichert ist. Ich denke, diese Paare brauchen keine Vermögensberatung, sondern zunächst eine Paarberatung.
>
> Antje Erhard

Finanzen gemeinsam organisieren

Wenn Paare zusammenziehen, oder spätestens, wenn Kinder dazukommen, stellt sich die große Frage: Wie organisieren wir unsere Finanzen? Für viele erscheint ein Gemeinschaftskonto zunächst die beste Wahl, doch das ist auch mit vielen Tücken verbunden und kann schnell zu Streitigkeiten führen: Was darf man nun vom gemeinsamen Geld kaufen? Welche Ausgaben sind angemessen? Plötzlich streitet man sich wegen des teuren Steaks, das er sich gegönnt hat und das sie als Vegetarierin nicht mag, oder wegen der 30 Euro teuren Duftkerze, die er total überflüssig findet. Das ist nicht nur nervig, Streitereien über solche Alltagsausgaben überschatten die viel wichtigere Frage: Wie sorgen wir beide vor?

1. Gemeinsam über Geld sprechen

Der erste und wichtigste Schritt ist, gemeinsam mit dem Partner über Geld zu sprechen. Dabei müssen es nicht gleich die für viele unangenehmen Themen Einkommen, Schulden und Vermögenswerte sein. Als ich meinen Partner kennenlernte, hat er bereits in Aktien investiert, aber sich nicht für ETFs interessiert. Zu diesem Zeitpunkt wusste auch ich noch nichts davon. Kurze Zeit später bin ich auf ETFs aufmerksam geworden, habe Bücher dazu verschlungen und ihm immer wieder begeistert davon erzählt, was ich Neues darüber gelernt habe. Ich erinnere mich noch, wie wir auf mein erstes Aktiendepot angestoßen haben. Von Anfang an habe ich ihn auf meiner Reise mitgenommen, und da auch unsere Beziehung gerade am Anfang stand, gehörte der Austausch über Anlageprodukte, aber auch die eigene finanzielle Situation, immer mit dazu. Auch viele Frauen aus meinen Kursen erzählen mir davon, wie sie ihre Partner mit einspannen und sich endlich über Geld und Finanzen austauschen. Dadurch können Paare nicht nur voneinander lernen und gemeinsam wachsen, sie bauen auch Vertrauen zueinander auf. Finanzielle Untreue? Nie mehr!

2. Gemeinsame Ausgaben strukturieren

Um gemeinsame Ausgaben zu strukturieren, haben sich bisher zwei Modelle bewährt: Bei Variante 1 nutzt man ein Gemeinschaftskonto, auf das beide Partner einen festgelegten Betrag einzahlen. Von diesem Konto gehen dann alle gemeinsamen

Ausgaben ab. Dabei muss man als Paar mit ungleichem Einkommen klären, ob man eine gleich hohe Summe einzahlen möchte oder ob diese proportional vom Einkommen abhängig sein soll. Dabei gibt es kein Richtig oder Falsch – jedes Paar muss dies für sich selbst ausdiskutieren, aushandeln und entscheiden.

Variante 2 ist vor allem für all diejenigen Paare geeignet, bei denen ein Partner die Arbeitszeit kürzt, um sich um Haushalt und Kinder zu kümmern, während der andere weiterhin in Vollzeit arbeitet: das 3-Konten-Modell. Es funktioniert nach folgendem Prinzip: Beide Gehälter landen auf einem Gemeinschaftskonto. Von hier aus werden alle gemeinsamen Ausgaben bezahlt: Miete, Lebensmittel, Ausgaben für Haushalt und Kinder etc. Die Summe, die übrig bleibt, wird in zwei gleich großen Teilen auf die jeweils persönlichen Konten beider Partner überwiesen. Was damit gemacht wird, bleibt jedem selbst überlassen: Shopping-Touren, Investitionen, private Altersvorsorge. Das alles entscheidet jeder für sich. Für viele mag das auf den ersten Blick unfair erscheinen: Wieso soll denn der Partner, der vierzig Stunden lang arbeiten geht und sich eine Karriere aufgebaut hat, am Ende nur noch einen Bruchteil des Gehalts bekommen? Die Antwort ist ganz einfach: Weil die andere Person unbezahlte Arbeit verrichtet, für die beide verantwortlich sind, in der Zeit weniger Geld in die Rentenversicherung einbezahlt und außerdem Gehaltseinbußen für die Familie auf sich nimmt.

Unabhängig von der Variante gilt: Bleibt ein Elternteil zu Hause, muss man als Paar klären, wie man diese finanziellen Einbußen auffangen kann. Ganz wichtig dabei: Die Altersvorsorge muss über jede Person individuell laufen!

3. Getrennte Altersvorsorge

Ist das Thema Finanzen auf dem Tisch und hat man eine Lösung für die finanzielle Organisation des Alltags gefunden, ist schließlich noch das Thema Altersvorsorge dran. Unumstößlich dabei ist: Jede Person braucht eine eigene Altersvorsorge!

Denn egal wie groß die Liebe ist, die Altersvorsorge muss individuell auf die persönlichen Vorlieben zugeschnitten werden. Paare vergessen vor lauter Romantik oft, dass es nicht immer nur eine Trennung ist, die für finanzielle Probleme sorgen kann. Die Berufsunfähigkeit oder der frühe Tod eines Partners können ganze Familien in eine finanzielle Schieflage reißen.

Lisa war eine Teilnehmerin im *Fortunalista Bootcamp*. Bei unserem Kennenlernen erzählte sie mir, dass sie im Mutterschutz sei und aktuell nicht so viel Geld zum Investieren in ihre ETFs hätte. Sobald sie wieder im Job sei, möchte sie aber ihre ETFs aufstocken. »Wie regelt ihr das denn aktuell mit deinem niedrigeren Verdienst? Welchen Ausgleich bekommst du?«

»Was meinst du mit ›Ausgleich‹?«, fragte sie mich. »Ich bekomme den Höchstsatz an Elterngeld, 1800 Euro pro Monat. Allerdings zahle ich davon die Hälfte der Miete, und dann bleibt nach allen anderen Ausgaben einfach nicht mehr viel übrig.«

»Und wie ist die finanzielle Situation bei deinem Mann?«, fragte ich sie.

»Na ja, er ist Vertriebsleiter in einem großen Konzern, und dort arbeitet er weiterhin ganz normal seine vierzig oder manchmal auch fünfzig Stunden. Er verdient sehr gut, und wir brauchen ja auch das Geld«, antwortete sie, langsam immer ungeduldiger.

»Hat er eine berufliche Altersvorsorge?«

»Ja, sogar eine sehr gute. Sein Arbeitgeber zahlt mehr als die Hälfte dazu.«

»Hat er eine Riester-Rente?«

»Ja, die hat er auch, weil es steuerliche Vorteile für ihn hat. Und jetzt, wo ein Kind da ist, profitiert er auch von der Zulage.«

»Okay, also das heißt, während du deinem Job nicht mehr nachgehen kannst und auf dein Gehalt verzichtest, um dich unbezahlt um Kinder und Haushalt zu kümmern, verdient dein Mann weiterhin sein volles Gehalt, sammelt Entgeltpunkte für seine gesetzliche Rente, zahlt in eine betriebliche Altersvorsorge ein und in eine Riester-Rente? Seine Altersvorsorge läuft also weiterhin auf allen Linien, während du aktuell nur den einen Entgeltpunkt bekommst, der aktuell einen Wert von etwa 35 Euro monatlich hat?«

Sie sah mich vollkommen entgeistert an, weil es ihr in diesem Moment wie Schuppen von den Augen fiel. »Du hast recht: Ich muss etwas für mich aushandeln!«

Am nächsten Tag schrieb sie mir, dass sie sich noch abends mit ihrem Mann zusammengesetzt hatte und sie ausgemacht haben, dass er von seinem Gehalt monatlich 350 Euro in einen ETF-Sparplan auf ihren Namen einzahlt.

Verhandlungen gehören eben nicht nur an den Arbeitsplatz, auch in der Beziehung muss man miteinander sprechen und sich einigen, wie man die finanzielle Absicherung, der Person gewährleisten kann, die beruflich, finanziell und gleichzeitig sozial zurücktritt.

Ein Bericht vom Bundesfamilienministerium zeigt, wie schlimm die Lage wirklich ist und wie viele Frauen davon betroffen sind: »Mehr als die Hälfte der Frauen im Alter zwischen 30 und 50 Jahren gehen davon aus, dass sie trotz ihrer beruflichen Qualifikation und trotz ihrer Erwerbstätigkeit im Alter nicht von ihrer eigenen Rente werden leben können, sondern von der Rente ihres Partners existenziell abhängig sein werden – oder im Fall von Scheidung oder frühem Tod ihres Partners relativ arm. Das gilt vor allem für geschiedene Frauen, von denen 74 Prozent keine substanzielle eigene Rente erwarten.«[54]

Ich rede mit meinem Mann sehr viel über Geldanlagen. Wir tauschen uns aus, weil wir auch unterschiedliche Dinge machen. Und wir haben auch getrennte Konten, das bedeutet, wir haben eben kein gemeinsames Konto. So kann jeder von uns seine eigenen Entscheidungen treffen.

Verena Pausder – Serienunternehmerin, Mutter, Business Angel

DREI FRAGEN, DIE SICH PAARE STELLEN SOLLTEN

Für Marielle und Maik Schäfer waren Finanzen nie ein Problemthema in der Beziehung. Bereits beim ersten Date sprachen sie auch über Geld. Heute unterstützen sie als BeziehungsinvestorInnen Paare dabei, ihre eigenen Finanzen zu regeln. Laut Marielle Schäfer sollten sich Paare vor allem mit folgenden drei Fragestellungen beschäftigen:

1. Wie stellen wir uns unser Leben vor, und wie kann uns Geld dabei unterstützen?
2. Wie wollen wir zusammenleben, unseren Haushalt organisieren und unsere Finanzen überblicken?
3. Würden wir unserer Arbeit nachgehen, wenn wir das Geld nicht bräuchten? Wenn nein, wie können wir uns unterstützen, das zu ändern?

Interview mit Monique Preischel

»*Monique Preischel ist hauptberuflich Beamtin. In ihrer Freizeit ist sie jedoch leidenschaftliche Immobilieninvestorin. Bereits mit 25 Jahren hat sie ihre erste Immobilie gekauft und damit ihr Immobilien-Portfolio gestartet.*

Wie bist du zum Thema Immobilien gekommen?
Ich hatte mich schon mehrere Jahre mit Immobilien befasst und wusste immer, dass man vermögend ist/wird, wenn man Eigentümer oder Vermieter von Immobilien ist. Sobald die Immobilien abbezahlt sind, hat man ein gewisses Vermögen angehäuft. Falls man auf dieses zugreifen möchte, verkauft man die Immobilien, oder man erhält monatlich ein passives Einkommen, indem man die Immobilie vermietet.

Hast du dich schon vorher mit Finanzen beschäftigt?
Mir war schon immer klar, dass ich durch Faulheit/Bequemlichkeit nichts erreichen werde. Ich hatte bis zu meinem ersten Immobilienkauf schon einiges an Geld angespart, aber das lag einfach nur auf meinem Girokonto und Sparbuch herum.

Welches Ziel verfolgst du mit deinen Immobilien?
Ich möchte mir ein Vermögen aufbauen, ohne dass ich jeden Monat etwas von meinem Gehalt zusteuern muss. Die Immobilien sollten im besten Fall von den Mietern abbezahlt werden. Mein langfristiges Ziel ist es, die Immobilien mindestens so lange zu halten, bis sie komplett abbezahlt sind. Das sind etwa 20 bis 25 Jahre. Danach kann ich mit den zusätzlichen Mieteinnahmen auch meine Kinder finanziell unterstützen.

Hattest du je das Gefühl, dass es zu viel ist oder zu überfordernd für dich?
Ich muss zugeben, dass ich ganz am Anfang auch sehr überfordert war. Ich kannte mich überhaupt nicht aus. Ich wusste nicht, ob ich überhaupt einen Kredit bekomme, und hatte Angst, Schulden zu machen. Aber mit dem Wissen und der Erfahrung ist auch die Angst verflogen.

Nach welchen Kriterien wählst du eine Immobile aus?
Ich investiere gerne in kleine Wohnungen und streue damit mein Risiko. Natürlich ist die Lage sehr wichtig. Ich suche mir gerne kleine, attraktive Städte in Bayern. Außerdem sind mir Barrierefreiheit und eine gute Internetanbindung wichtig und zukünftig gar nicht mehr wegzudenken.

Wie lange informierst du dich über eine Immobilie, bevor du sie kaufst?
Da ich mittlerweile schon mehrere Hundert Exposés durchgeschaut habe, kann ich inzwischen in wenigen Sekunden einschätzen, ob ich mir die Immobilie näher anschaue oder nicht. Es gibt ein paar Key Facts, mit denen man eine rentable Immobilie schnell einschätzen kann.

Was war dein größtes Learning oder die größte Erkenntnis?
Ich habe anfangs meinen Kreditrahmen bei der Bank deutlich unterschätzt. Ich hätte vor meinen Immobilien niemals gedacht, dass ich zum einen mehrere Kredite und zum anderen sogar sehr hohe Kredite bekommen kann. Leih dir Geld von der Bank und lass es vom Mieter zurückzahlen. Der Durchschnittsdeutsche kauft seine erste Immobilie mit 34 Jahren. Ich habe zwar schon mit 25 Jahren angefangen, in Immobilien zu investieren, aber aus jetziger Sicht betrachtet kann man nicht früh genug damit beginnen. Mir fehlten aber in meinen jüngeren Jahren zum einen die finanziellen Mittel und zum anderen das Wissen.

Aber wenn man darüber verfügt, steht einem nichts im Weg, auch noch früher damit anzufangen. In keiner Anlageklasse kann man den Fremdkapitalhebel so gut nutzen wie bei Immobilien. Nutze ihn und lass dein eigenes Geld für Rücklagen auf dem Konto!

Strategie #6

Lass dein Geld für dich arbeiten

Eines Nachmittags lag ich als Elfjährige auf dem Sofa und las in einem Buch. Mein Vater kam dazu, setzte sich neben mich und schnaufte laut durch.

Er war vollkommen erledigt von der Arbeit. Zwei große Laster hatte er gemeinsam mit einem Arbeitskollegen mit schweren Stoffrollen beladen. Bis zu fünfzig Kilo konnte so eine einzelne Stoffrolle wiegen.

»Was liest du da?«, fragte er mich.

»*Der kleine Vampir.* Darin geht's um die Freundschaft zwischen dem Menschenkind Anton und dem Vampirkind Rüdiger«, antwortete ich.

»Aha. Also eine Märchengeschichte.«

»Ja, so etwas in der Art.«

»Wie viele Seiten hat das Buch?«

»So 120 Seiten etwa.«

»Und wie lange liest du das schon?«

»Vielleicht so eine Woche.«

»Hm. Als ich so alt war wie du, habe ich solche Bücher an einem Tag durchgelesen.«

»Aha …«

»Merk dir eins, Margarethe: Je mehr du heute lernst, je mehr du dich anstrengst und je besser du in der Schule bist, desto weniger hart musst du später arbeiten. Nicht so wie Mama und ich, die in drei Schichten körperlich schwer arbeiten müssen, um Geld zu verdienen.«

»Ja, ich weiß…«

Früh übt sich

Schon früh wurde mir und meiner Schwester beigebracht, dass wir uns anstrengen mussten, wenn wir etwas erreichen wollten. Dass Bildung uns weiterbringt und dass wir fleißig sein müssen, um nicht in einer Fabrik arbeiten zu müssen und uns körperlich abzurackern. Mir prägte sich dabei vor allem eins ein: Geld muss man sich hart verdienen – egal ob körperlich oder geistig.

Mein erstes Geld verdiente ich, indem ich meinen Eltern bei leichten Gartenarbeiten half und dafür in 5-DM-Stücken bezahlt wurde. Später trug ich Zeitungen aus, gab Nachhilfeunterricht und arbeitete während des Abis schließlich bis zu dreimal pro Woche in einem Restaurant. Ich wusste mein Geld zu schätzen, da ich es mir hart erarbeitet hatte – auch wenn ich damals noch nicht so weit gedacht habe, dass man damit auch etwas anderes tun könnte, als es auszugeben. Aber es fühlte sich gut an, für die viele Arbeit belohnt und ausgezahlt zu werden. Dass Menschen von Immobilien leben konnten oder ihr Geld an der Börse investierten, um noch mehr Geld anzuhäufen, fühlte sich irgendwie falsch und verwerflich an, obwohl ich mich noch nie mit dem Thema auseinandergesetzt hatte. Ehrliche Menschen arbeiten doch für ihr Geld, oder etwa nicht?

Im Nachhinein betrachtet ein total naiver – und leider auch oft weiblicher – Gedankengang. Heute weiß ich: Du musst nicht hart für dein Geld arbeiten. Manchmal musst du sogar gar nicht für dein Geld arbeiten. Ist das verwerflich? Nein. Wie gesagt: Wenn du Dividenden ausgezahlt bekommst, dann passiert dies, weil das Unternehmen Gewinne erzielt hat und dich daran beteiligt. Ob du nun in ein nachhaltiges und sozial verträgliches

Unternehmen investierst, bleibt dir überlassen. Wenn du dein Geld in eine Immobilie investierst, dadurch bezahlbaren Wohnraum schaffst und Mieteinnahmen generierst, ist das ebenfalls nicht verwerflich. Das Absurde ist doch: Viele, die andere für ihre Investitionen und ihr »leicht verdientes« Geld kritisieren, sind gleichzeitig Konsumenten. Was ist nun besser: eine Starbucks-Aktie zu halten oder täglich Kundin bei Starbucks zu sein? Fast Fashion bei H&M oder ZARA einzukaufen oder deren Aktien zu halten? Das ist eine Frage, die ich nicht beantworten kann – die muss jede Frau mit sich selbst aushandeln.

Was mir jedoch wichtig ist: Auch wenn du dein Geld für dich arbeiten lässt, ist es kein »leicht verdientes« Geld. Es kommt aus deiner Arbeitskraft. Du hast ja schließlich bereits dafür gearbeitet. Doch anstatt es auszugeben, nutzt du es, um dir damit Freiheiten zu kaufen. Dazu hast du vermutlich auch einen Teil deiner Freizeit aufgebracht, um dich zu informieren, wie du das Geld am besten investieren kannst. Leider übersehen viele, dass auch das Arbeit ist.

Als ich Verena Pausder gefragt habe, was ihr wertvollster finanzieller Tipp ist, sagte sie Folgendes:

> Bring dein Geld zum Arbeiten! Das Beste, was dir passieren kann, ist, dass Geld deine zweite Arbeitskraft neben deiner eigenen ist. Somit kannst du doppelt profitieren. Außerdem ermöglicht dir das auch finanzielle Freiheit: Du musst nicht immer zu jedem Zeitpunkt physisch arbeiten, sondern kannst dir dann auch mal eine dreimonatige Pause leisten. Oder du kannst selbstbestimmt entscheiden, nur 80 Prozent zu arbeiten, um dich um deine Kinder zu kümmern. Das geht aber natürlich nur, wenn du mehrere Einkommensquellen hast. Je früher du verstehst, dass Geld, das nur herumliegt, nutzlos ist, es dir aber gut eingesetzt deine eigene Freiheit kaufen kann, desto besser.
>
> Verena Pausder

Die Zukunft beginnt jetzt

»Lass dein Geld für dich arbeiten« klingt für viele so weit weg. Als wäre es etwas, das nur reichen Menschen vorbehalten ist. Genau das ist der Denkfehler. Du musst keine Millionen auf dem Konto haben, um dein Geld vermehren zu können. Du kannst jetzt und heute damit anfangen.

Vielleicht hat es früher noch funktioniert, sich einfach reich zu sparen. Man brachte sein Geld zur Bank, bekam dafür gute Zinsen, und ohne wirklich Kenntnisse im Bereich Vermögensaufbau und Altersvorsorge zu haben, war man abgesichert. Das Geld wuchs dank der Zinsen, und die Sparsamkeit zahlte sich aus. Heute kannst du nicht mehr allein durch Sparsamkeit deine Altersvorsorge sichern, geschweige denn finanzielle Freiheit erreichen. Trotzdem halten bei uns immer noch viele Menschen daran fest. Die Folge: Die Deutschen sparen sich arm. Denn während in Ländern wie den USA die Menschen längst verstanden haben, dass sie ihr Geld an die Börse bringen müssen, damit es sich vermehrt, hortet man in Deutschland lieber alles auf dem vermeintlich sicheren Sparbuch – wo es aber schon eine ganze Weile keine Zinsen mehr gibt, sondern von der Inflation aufgefressen wird.

Als im Jahr 2020 die Geschäfte wegen der Coronakrise lange geschlossen blieben und die Menschen ihr Geld nicht ausgeben konnten, stiegen trotz kritischer Wirtschaftslage und Börseneinbruch die privaten Vermögen. Aber die Unterschiede zwischen den Ländern wurden auch hier deutlich: Während die Privatvermögen in den USA um 13 Prozent stiegen, waren es in Deutschland nur 6 Prozent. Grund ist, dass viele Deutsche einfach noch nicht begriffen haben, wie sie ihr Geld für sich arbeiten lassen können. Während die US-AmerikanerInnen ein durchschnittliches Netto-Geldvermögen von über 218 000 Euro haben, kommen die Menschen hierzulande auf knapp 62 000 Euro.[55] Im Coronajahr 2020 schrumpfte dem Bericht zufolge die globale Mittelschicht von 780 Millionen auf 720 Millionen Menschen. Was auf den ersten Blick alarmierend klingt, bedeutet jedoch das Gegenteil: Die sechzig Millionen Menschen stiegen nicht etwa finanziell ab, sie stiegen in die nächste Kategorie der Reichen auf.

Besonders interessant in diesem Zusammenhang ist: Während Männer nur 16 Prozent ihres monatlichen Einkommens sparen, legen wir Frauen volle 22 Prozent auf die Seite, und das, obwohl wir weniger verdienen.[56] Das Klischee, wir würden unser ganzes Geld für teure Schuhe ausgeben, stimmt also nicht. Aber leider hört es an dieser Stelle für viele Frauen auf: Sie sparen. Punkt. Denn insbesondere Frauen tun sich schwer damit, zu akzeptieren, dass sie nicht hart für jeden Cent arbeiten müssen. Die meisten Frauen arbeiten eh schon hart genug. Warum also nicht das hart erarbeitete Geld nehmen, es investieren und sich somit für den ganzen Aufwand auch belohnen?

> **Arbeiten allein macht leider nicht reich. Das hiesige Wirtschaftssystem begünstigt den Faktor Kapital und nicht den Faktor Arbeit. Viele Frauen sehen nicht, dass der Weg zum wirklichen Wohlstand über Kapital führt. Und gerade sinnvoll und nachhaltig eingesetztes Kapital ist auch eine große Chance.**
>
> Patrizia Laeri – Schweizer Wirtschaftsjournalistin und Moderatorin

Mit Mut gegen die Lücke

Gerade einmal jede fünfte Frau investiert am Kapitalmarkt. Bei den Männern ist es jeder Dritte.[57] Wir haben Gender Gaps, die systematisch erzeugt sind: Gender Pay Gap, Gender Wealth Gap und Gender Pension Gap. Warum lassen wir zu, dass es auch einen Gender Investment Gap gibt? Hier kannst auch du aktiv etwas unternehmen, mehr noch: Du *musst* aktiv etwas unternehmen! Es ist die beste Möglichkeit, finanziell aufzuholen, dich vor Altersarmut zu schützen und letzten Endes finanziell frei zu werden. Allein durch noch so harte Arbeit und grenzenloses Engagement im Job wirst du nicht finanziell frei werden. Anstatt also tatenlos dabei zuzusehen, wie Männer uns finanziell noch weiter abhängen, ist Handeln angesagt – und zwar an der Börse!

Investieren war noch nie so einfach wie heute: Das Wissen dazu liegt förmlich auf der Straße, wir müssen es nur auflesen und uns aneignen. Der große Wettbewerb zwischen traditionellen Hausbanken und Neo-Brokern schafft eine Situation, von der vor allem wir Privatanlegerinnen profitieren können. Es ist nämlich ein regelrechter Preiskampf ausgebrochen: Sobald eine Bank eine neues, günstigeres Produkt anbietet, ziehen die anderen wenige Wochen später nach. Und selbst wer nur wenig Lust hat, sich mit diesen Themen zu beschäftigen, kann durch entsprechende Onlineangebote wie Robo-Advisor ein paar Angaben zum Anlageziel und Risikoprofil machen, hat am Ende eine passende Anlagestrategie erhalten und kann mit wenigen Klicks starten.

Solche Angebote sind eine tolle Erfindung für all diejenigen, die ihr schlechtes Gewissen schnell beruhigen und direkt mit der Geldanlage durchstarten möchten. Meist kann man auch hier bereits ab 25 oder 50 Euro monatlich loslegen. Das Problem ist jedoch, dass man weder echtes Wissen darüber erlangt, was man da eigentlich genau tut, noch kann man die Investitionen beeinflussen. Wir geben also die Verantwortung einfach wieder ab und geraten dann in Panik, wenn beim Blick ins Aktiendepot das Vermögen gesunken ist. Lass dein Geld für dich arbeiten, heißt eben nicht, lass andere für dein Geld arbeiten.

In meinen Zwanzigern dachte ich immer, dass ich allein durch eine hohe Arbeitsmoral belohnt werde, dass es sich schon irgendwann einmal auszeichnen wird, wenn ich alles gebe und mich anstrenge. Klar, ich musste nicht körperlich anstrengend arbeiten wie meine Eltern – und selbst wenn ich es in manch einem Kellnerinnenjob doch tat, wusste ich, dass dies nur vorübergehend sein würde. Die Wahrheit ist jedoch, dass dich niemand für deine Anstrengung belohnen wird. Du musst es selbst tun. Du musst dich selbst dafür belohnen, indem du dein Geld nicht komplett ausgibst und indem du es nicht nutzlos herumliegen lässt.

SO FÄNGST DU AN, DEIN GELD FÜR DICH ARBEITEN ZU LASSEN

1. Mach dir klar, dass Geld weder gut noch schlecht ist. Es ist ein wertneutrales Werkzeug, dass erst in den Händen von Personen für gute oder schlechte Zwecke eigesetzt wird.
2. Sieh Geld nicht nur als eine Ressource, um mehr kaufen zu können, sondern als einen Hebel für deine finanzielle Freiheit und setz diesen Hebel ein.
3. Mach dich frei von dem Irrglauben, dass Investieren risikoreich wäre und kompliziert. Dazu findest du in den folgenden Kapiteln noch einige Beispiele, warum es nicht so ist.

Interview mit Verena Pausder

»*Verena Pausder ist eines der bekanntesten Gesichter der Gründerszene in Deutschland. Sie ist Unternehmerin, Expertin für Digitale Bildung, Autorin, Podcasterin und Gründerin von* Fox & Sheep *und den* HABA Digitalwerkstätten.

Du bist Serienunternehmerin, Mutter, Business Angel und in vielen Projekten aktiv – wie schaffst du es, all diese Verpflichtungen auch mit deiner Finanzplanung unter einen Hut zu bekommen?

Das Wichtigste ist: Früh übt sich. Je früher sich eine Frau mit dem Thema Finanzen auseinandersetzt, desto besser. Idealerweise schon während des Studiums oder während der Ausbildung. Oder zumindest dann, wenn noch keine Kinder da sind und auch kein Partner, der sich um alles kümmert. So können auch Frauen mit dem Thema mitwachsen, bevor sie noch viele andere Herausforderungen haben. Je früher sich Frauen damit beschäftigen, desto besser setzt sich das Thema fest. Was ich häufig auch in der Generation meiner Mutter beobachte: Vor der Kinderphase beschäftigen sich Frauen nicht mit dem Thema, während der Kinderphase gibt es keine Zeit, und danach ist es eben oft zu spät. Diese Frauen haben dann oft keine Kenntnisse von Finanzen.

Wie gehst du sonst mit deinem Geld um?

Zunächst investiere ich Geld, sobald ich es habe. Wenn ich also Cash aus einem guten Investment oder einer zusätzlichen Einnahme generiere, dann investiere ich dieses Geld sofort. Das habe ich auch schon vor den Negativzinsen so gehandhabt. Ein schöner Nebeneffekt ist, dass ich dadurch sparsamer werde, weil ich das Gefühl habe, dass nicht mehr viel Geld zur Verfügung ist. Dabei ist das Geld nur umverteilt und kann für mich arbeiten. Diese disziplinarische Wirkung ist großartig und hilft auch dabei, nicht die Bodenhaftung zu verlieren, falls mal größere Einnahmen erzielt werden.

Viele Frauen haben Angst vor Risiken. Wie ist dein eigenes Risikoprofil?

Ich habe meine Risikoaffinität schon früh entwickelt, da ich mir damals dachte: Wer nicht wagt, der nicht gewinnt. Dadurch lernt man auch am besten, mit den vielen Höhen und Tiefen umzugehen. Viele würden sagen, ich habe eine untypische Risikoaffinität für eine Frau, da ich zum Beispiel auch risikofreudiger bin als mein Mann. Wenn man sich mit einem Thema gut auskennt, dann darf man auch mal ein höheres Risiko eingehen, und dann macht es auch Spaß. Wenn man überall nur vorsichtig ist, wird auch nie der große Erfolg oder Befreiungsschlag kommen. Mein Vorteil ist, ich kann auch mit Misserfolg und sinkenden Aktienkursen gut umgehen. Natürlich ist es nicht gut, wenn Aktienkurse sinken. Aber mich ärgert es einfach nur, weil ich dann weniger Flexibilität und liquide Mittel habe.

Was ist dir bei deinen Investments wichtig?

Mir ist eine breite Diversifikation sehr wichtig. Ich würde niemals alles auf eine Karte setzen, sondern verteile meine Investments. Ich halte beispielsweise Immobilien, die auch meine Altersvorsorge sind. Über die Zeit habe ich immer, wenn ich Geld hatte, Immobilien gekauft und über Fremdkapital finanziert, da ich dadurch auch immer die Steuervorteile nutzen konnte.

Ist Geld in deiner Familie ein Thema?

Finanzplanung ist bei mir ein großes Thema und auch etwas, das ich mit meinen Kindern teile. Ich selbst bin mit dem Mindset aufgewachsen: »Man spricht nicht über Geld oder Renditen, das ist alles großspurig, das macht man nicht.« Dadurch hatte ich immer Existenzsorgen, wenn ich gelesen habe, dass die Börsen eingebrochen sind, da ich nie wusste, wie ich das einschätzen soll, und auch nicht, wie es um die finanzielle Situation meiner Eltern bestellt ist. Das versuche ich bei meinen Kindern anders zu machen. Ich spreche mit meinen Kindern über meine Pläne, und sie freuen sich auch mit mir, wenn ich eine neue Investition tätige. Das ist so ein schöner Moment, wenn die Kinder mitfiebern, wenn ich in ein neues Start-up investiere.

Was war dein größter finanzieller Fehler?

Mein größter finanzieller Fehler war wahrscheinlich, zu spät in Kryptowährungen zu investieren. Da habe ich die spannende Anfangsphase verpasst und dann zu spät angefangen, ohne mir vorher fundiertes Wissen anzueignen. Trotzdem dachte ich, ich muss dabei sein, habe sehr früh investiert und war somit verunsichert, als es zu den Crashs kam. Besser wäre es gewesen, mich von Anfang an besser zu informieren.

Was sind deine wichtigsten Prinzipien beim Investieren?

Breit diversifizieren, es auch mal wagen, ein Risiko einzugehen, und nur in Dinge investieren, die man versteht. Und wie man sieht, breche ich auch manchmal mit dem dritten Prinzip. *(lacht)*

Welche Tipps möchtest du Frauen in Bezug auf ihre Finanzplanung geben?

Erster Tipp: Früh starten, auch wenn es erst einmal wenig Geld ist. Hauptsache, man hat eine Strategie. Und zweiter Tipp: Wirklich machen. Wenn ich mich mit Freundinnen treffe, erzählen sie oft, dass sie etwas machen wollen, aber machen es einfach nicht, weil sie in der Theorie hängen geblieben sind. Frauen sind Weltmeisterinnen im Theoretischen, aber die Praxis ist das, was zählt. «

Strategie #7

Hab keine Angst vor Fehlern

Verena Pausder lacht, als sie mir erzählt, wie sie ihren Bausparvertrag an ihren Vater verpfändete, um ihr erstes Unternehmen zu gründen. Der hatte ihr bereits in jungen Jahren beigebracht, dass Geld nicht nur gespart werden sollte, sondern sich bei der Bank durch die Zinsen auch noch vermehren konnte. Verena entschied sich für einen Bausparvertrag und brachte ihr gesamtes Erspartes immer zur Bank – ob nun Geld von der Konfirmation oder welches, das mit Anfang zwanzig von ihrem ersten Gehalt übrig blieb. Als sie schließlich ihr erstes Unternehmen gründen wollte, war klar, dass sie auch eigenes Geld investieren musste. Viel Geld hatte sie damals nicht, aber einen Bausparvertrag, in dem sie mittlerweile eine Summe von 30 000 Euro angespart hatte. Also handelte sie mit ihrem Vater einen Deal aus: Er bekam den Bausparvertrag als Sicherheit und sie die 30 000 Euro von ihm als Kredit. Ein Jahr später scheiterte die Gründung einer Salatbar – und der Bausparvertrag war tatsächlich weg: Die Geschäftsidee war geplatzt, sie hatte echtes Geld verbrannt, und ihre Ersparnisse waren nun auch dahin.

»Hat er dein Geld denn wirklich behalten?«, frage ich sie.

»Ja«, lacht sie noch einmal laut auf, »er hat tatsächlich einfach alles behalten! Ich war wirklich pleite danach.« Eine weitere Gründung stand dadurch erst einmal nicht in Aussicht. »Ich musste danach erst einmal wieder Geld verdienen.«

Was erfolgreiche Frauen wie Verena Pausder ausmacht, ist, dass sie sich von Fehlern – auch teuren – nicht unterkriegen lassen, sondern ihre Learnings daraus ziehen und wieder aufstehen. Die nächsten Jahre war sie als Freelancerin tätig und bei Unternehmen angestellt, bevor sie sich wieder an die nächste eigene Gründung wagte. Sie gründete das international tätige Unternehmen *Fox & Sheep*, das Kinder-Apps entwickelt, danach die *Haba Digitalwerkstatt*, die *Initiative Startup Teens* und veranstaltete während der Coronakrise den bundesweit größten Hackathon #wirfürschule. Ach ja, Aufsichtsrätin, Business Angel und Bestsellerautorin ist sie auch noch.

Verenas Geschichte zeigt, dass Erfolg auch mit Fehlern verbunden ist. Doch wenn es ums Geld geht, versuchen viele, möglichst gar keine Fehler zu machen und auf hundertprozentige Sicherheit zu setzen. Wer Angst vor Fehlern hat und deswegen immer auf Nummer sicher geht, hat in der Regel aber auch keinen Erfolg. Denn meistens kommen Risikobereitschaft und Erfolg im Doppelpack.

Um auch mit deinen Finanzen erfolgreich zu sein, musst du die Angst vor Fehlern überwinden. Denn diese Angst führt nur dazu, dass du das Schlimmste machst, was du nur machen kannst: nichts. Angst ist manchmal lähmend, schon klar. Statt dich aber mit Selbstvorwürfen zu quälen, solltest du bereit sein, aus deinen Fehlern zu lernen. Ich habe schon unzählige Fehler beim Umgang mit Geld gemacht: Ich habe nicht breit genug diversifiziert und zunächst nur in einen DAX-ETF investiert, ich habe für 60 Euro Aktien gekauft und allein für den Kauf 5 Euro Gebühren bezahlt, und ich habe Geld in Wirecard-Aktien investiert und meine gesamte Investition verloren. Dabei tat der 5-Euro-Fehler irgendwie genauso weh wie der 2000-Euro-Fehler, denn beides hätte ich vermeiden können, wenn ich mich vorab besser informiert hätte. Ich selbst war schuld. Habe ich draus gelernt? Definitiv! Bereue ich es? Auf keinen Fall. Wirecard war mir eine Lehre, und am Ende des

Tages war auch der Totalverlust mit Wirecard für mich finanziell verkraftbar, weil ich auch in viele andere Aktien und einige ETFs investiert hatte.

Um die Angst vor Fehlern zu lindern oder gleich ganz loszuwerden, ist es wichtig, Fehler nicht als Niederlage zu betrachten. Nur wer nichts versucht, macht keine Fehler. In einem TV-Interview erzählte *Spanx*-Gründerin und Selfmade-Milliardärin Sara Blakely davon, wie ihr Vater sie und ihren Bruder sogar dazu ermutigte, Fehler zu machen. Jede Woche fragte er seine Kinder: »Wobei seid ihr diese Woche gescheitert?« Wenn die Kinder ihm keine Geschichte dazu erzählen konnten, war er enttäuscht. Gab es hingegen Dinge, die Sara und ihr Bruder versucht hatten und bei denen sie gescheitert waren, munterte der Vater sie mit einem High Five auf. Was er damit tat, war, seinen Kindern zu zeigen, dass Scheitern nicht schlimm ist. Mehr noch: Es ist viel besser, Dinge auszuprobieren und daran zu scheitern, als es gar nicht erst zu versuchen.

»Aber sollte man das auch bei Geld machen?«, fragst du dich jetzt vielleicht. Wenn es ums Geld geht, tun Fehler natürlich weh. Aber mit Risikoaffinität bei der Geldanlage ist nicht gemeint, dass du deine gesamte Altersvorsorge aufs Spiel setzen sollst. Eine Fehlinvestition von vielen ist ärgerlich; wenn du dich jedoch an gewisse Regeln hältst und beispielsweise breit diversifizierst, kannst du auch einen vereinzelten Totalverlust verkraften.

Auf zwei große Fehler, die viele beim Thema Geldanlage machen und die du unbedingt vermeiden solltest, möchte ich in diesem Kapitel noch einmal genauer eingehen: das Aufschieben wichtiger finanzieller Entscheidungen und das Abgeben der eigenen Finanzplanung.

1. Finanzielle Entscheidungen aufschieben

Finanzielle Entscheidungen aufzuschieben ist ein grob fahrlässiger Fehler. In Kapitel 2 hast du erfahren, was passiert, wenn du nicht mit deiner Geldanlage startest. Jedes Jahr, das du verstreichen lässt, büßt du auch eine mögliche Rendite ein. Jedes Jahr, das du nicht investiert bist, ist ein Jahr weniger, in dem der Zinseszinseffekt für dich arbeiten kann. Und jedes Jahr, in dem du nicht aktiv investiert bist, ist auch ein Jahr weniger, in dem du lernen kannst. Der Faktor Zeit ist also überaus wichtig, er entscheidet über deine gesamte Vermögensentwicklung. Deshalb werde ich auch nicht müde zu betonen: Es ist besser, in jungen Jahren mit wenig Geld anzufangen, als zu warten, bis man mehr Geld zur Verfügung hat. Denn die Renditen, die dir dann bereits entgangen sind, kannst du nicht mehr aufholen.

Viele orientieren sich an den aktuellen Börsenkursen, wenn sie sich Gedanken um den richtigen Zeitpunkt machen: »Soll ich lieber warten, bis die Kurse wieder eingebrochen sind? Der Markt ist doch gerade eh überbewertet.« Ein Einwand, den ich wirklich oft zu hören bekomme. Zunächst einmal investierst du bei Aktien in zukünftige Entwicklungen. Daher ist es im Prinzip egal, ob eine Aktie gerade ihr Allzeithoch hatte oder vollkommen abgestürzt ist. In der Regel sagt so etwas nur wenig über die Zukunftsaussichten einer Aktie aus. Apple-Aktien erleben immer wieder ein neues Allzeithoch. Und jedes Mal fragen sich die Leute: »War's das nun? Bin ich zu spät dran? Soll ich wirklich jetzt noch einsteigen?«

Dazu muss man sagen: Niemand – wirklich niemand – kann die Zukunft vorhersehen und prognostizieren, wie sich ein Aktienkurs oder ein gesamter Markt entwickeln wird. Denn schließlich geht es hier um Daten, die auch an das Weltgeschehen geknüpft sind. Wer hätte voraussehen können, dass es eine weltweite Pandemie gibt und Pharmaunternehmen, die einen speziellen Impfstoff erstellen, die Börsengewinner der Pandemie sind? Oder wer hätte erahnen können, dass Russland plötzlich einen Krieg beginnt und russische Aktien vorübergehend aus dem Handel genommen werden? Das sind alles Ereignisse, die niemand vorhersehen konnte, und somit kann auch niemand vorhersehen, wie sich Aktien zukünftig entwickeln werden.

Was wir allerdings tun können, ist, anhand der vielen Daten, die es zur Börse gibt, in die Historie blicken und uns fragen: »Was können wir aus der Geschichte lernen? Gibt es Dinge, die sich wiederholen, oder Regeln, nach denen wir investieren können?« Und ja, die gibt es. Kluge Menschen und große Banken ziehen immer wieder Rückschlüsse aus der Historie, um absehbare Fehler in Zukunft möglichst nicht zu wiederholen.

Die Sutor Bank, eine Privatbank aus Hamburg, hat sich in einer großen Studie die Aktienkurse aus dreißig Jahren angeschaut: Wer in der Zeit von 1988 bis 2018 in den DAX investiert hatte, konnte sich über eine durchschnittliche Jahresrendite von 7,2 Prozent freuen.[58] Das heißt, wenn du einmalig im Jahr 1988 insgesamt 1000 Euro investiert hättest, hättest du 31 Jahre später über 8360 Euro im Depot gehabt. Aber nur, wenn du wirklich alle der rund 8000 Handelstage investiert geblieben wärst. In Krisenzeiten verkaufen viele Menschen aus Angst ihre Aktien. Doch die Studie zeigt auch, dass vor allem diejenigen belohnt wurden, die nach ihrer Investition einfach gar nichts mehr taten. Nur noch einmal zur Erinnerung: Während dieser dreißig Jahre ist erst die Dotcom-Blase geplatzt, und die Börsen haben insgesamt zwei Jahre gebraucht, um sich wieder zu erholen, dann hat die Finanzkrise für starke Verluste gesorgt, genauso wie die Fukushima-Panik oder die Griechenland-Krise. Und trotzdem: All diese Crashs und Krisen sind nicht so gravierend wie das Aufschieben, denn wenn du zu lange wartest, verpasst du auch die besten Börsentage. So fand die Studie nämlich auch heraus, dass selbst diejenigen, die versuchten, den besten Zeitpunkt zu finden, und durch ihr Abwarten gerade einmal die zehn besten Handelstage verpassten, nur noch eine Rendite von 4,3 Prozent pro Jahr erzielten. Anstatt dich über 8360 Euro freuen zu können, hättest du nur noch 4016 Euro im Aktiendepot. Immer noch gut, aber vergleichsweise halt doch enttäuschend.

Hättest du in all dieser Zeit die besten 13 Tage versäumt, wäre deine Rendite nur noch halb so hoch. Und wenn du in diesen ganzen dreißig Jahren die besten 33 Tage versäumt hättest, weil du zu lange gewartet hast, wärst du sogar in die Miesen gerutscht. Ähnliches gilt übrigens für den MSCI World. Dieser Index ist bei vielen PrivatanlegerInnen beliebt, da er die größten Unternehmen aus insgesamt 23 Industrieländern vereint. Auch hier hättest du bei nur zwölf Fehltagen an der Börse deine Rendite halbiert – und bei dreißig Tagen stündest du sogar ganz ohne Gewinn da.

Es geht beim Investieren also nicht darum, den besten Zeitpunkt zu finden, es geht darum, dass du dabei bist. Auch wenn das heißt, dass du nicht nur die guten, sondern auch die schlechten Börsentage mitnimmst. »In guten wie in schlechten Zeiten«, könnte man also sagen. Zumal in sechs von zehn Fällen die besten Börsentage innerhalb von zwei Wochen auf den schlechtesten folgten. Stürzten die Aktienkurse stark ein, erholten sie sich innerhalb von zwei Wochen erneut und machten große Sprünge.

Natürlich gibt es trotzdem ein paar Menschen, die meinen, sie könnten genau diese Talsohle nutzen, um zum perfekten Zeitpunkt zu investieren. Du musst dir dabei allerdings die Umgebung vorstellen, wenn Aktienkurse einbrechen oder ganze Indizes crashen: Es ist eine Zeit, in der du umgeben bist von schlechten Nachrichten, Pessimismus, der Sorge nach einer weltweiten Wirtschaftskrise, der Sorge nach Massenarbeitslosigkeit und Hyperinflation. Es ist eine Umgebung, in der die Medien darüber berichten, wie du jetzt dein Geld mit

Gold sichern kannst oder Crash-Propheten vor dem finanziellen Weltuntergang warnen und dir vielleicht dazu raten, einfach ein Stück Wald zu kaufen, falls die Welt untergeht. Denn dann kannst du dir dort eine Hütte bauen, hast Brennholz zum Feuermachen, und vielleicht findest du ein paar Beeren oder bist in der Lage, ein Wildkaninchen zu fangen und zu essen. Je nachdem, wie stark die Kurseinbrüche und was die Ursachen sind, dreht die Welt mal mehr mal weniger durch. Wenn du nun als antizyklische Anlegerin beschließt, den perfekten Einstiegszeitpunkt abzuwarten, ist dies die Situation, in der du dich befindest. Es gehört auf jeden Fall viel Mut und Optimismus dazu, unter genau diesen Umständen zu sagen: »Klasse, ich steige ein und investiere mein Geld!« Die Wahrscheinlichkeit ist sehr hoch, dass du es doch nicht tust, zu lange zögerst oder vielleicht immer noch zu früh einsteigst und erst einmal den nächsten Absturz mitnimmst. Im schlimmsten Fall macht dir das am Anfang so viel Angst, dass du direkt wieder alles verkaufst und mit Verlust aussteigst.

Warte also nicht zu lange, sondern investiere dann, wenn du das nötige Wissen gesammelt hast und bereit bist, auch eine unvorhersehbare Achterbahnfahrt auf lange Sicht auszusitzen.

2. Anderen deine Geldanlage überlassen

Es ist so verlockend: Anstatt sich selbst mit den eigenen Finanzen auseinandersetzen zu müssen, lässt man das leidige Thema eine/n BeraterIn oder eine/n Fonds-ManagerIn erledigen. Geht schnell, man muss selbst nicht so viel nachdenken und kann einen Haken hinter die Altersvorsorge machen. Doch genau das kann sich hinterher als teurer Fehler erweisen. Berater, die auf Provision arbeiten, haben eher ihre eigenen Interessen im Blick als die Rendite ihrer KundInnen – natürlich gibt es auch Ausnahmen!

Viele glauben, dass ein/e erfahrene/r Fonds-ManagerIn die besseren Entscheidungen trifft, und entscheiden sich für einen aktiven Aktienfonds. Darin enthalten ist bereits eine gute Diversifikation, der Fonds wird immer wieder überwacht und optimiert, und neben den mächtigen Tools der Fondsgesellschaften wacht zudem ein/e ExpertIn darüber und trifft Entscheidungen, wie man die Rendite erhöht. Klingt doch gut, und viele lassen sich das gerne auch mal etwas kosten. Ist doch egal, wenn ich ein bisschen was zahle und mir dadurch viel Zeit erspare und womöglich sogar eine bessere Rendite erziele, oder?

Du weißt natürlich längst, dass das nur die halbe Wahrheit ist. Schauen wir also mal genauer hin. Bei einem aktiven Aktienfonds kommen zunächst einmal folgende Kosten auf dich zu:

- **Verwaltungsgebühr:** Die Verwaltung des Fonds übernimmt ein/e ManagerIn, der/die dafür zuständig ist, alles zu überwachen und die bestmögliche Rendite zu erzielen. Die Gebühr hierfür liegt bei jährlich ca. 1,5 Prozent bis hin zu 2,5 Prozent des angelegten Kapitals.
- **Depotbankgebühren:** Damit die Wertpapiere gehandelt werden können, braucht es ein Wertpapierdepot. Dabei handelt es sich nicht um die Gebühr, die du an deine Bank für dein eigenes Aktiendepot zahlst, sondern die Gebühr, die die Fondsgesellschaft bezahlt. Oft liegt diese bei bis zu 0,3 Prozent des Fondsvolumens jährlich.
- **Ausgabeaufschlag:** Dies ist eine Gebühr, die einmalig auf deine Einzahlungen anfällt. Dabei spielt es keine Rolle, ob du eine Einmalinvestition tätigst oder regelmäßig einen kleineren Beitrag investierst. Dieser kann bis zu 5 Prozent deiner Investitionssumme betragen.
- **Performance-Fee:** Während du die oben genannten Gebühren immer zahlen musst, egal ob du gerade Gewinn oder Verlust machst, zahlst du die Performance-Fee immerhin

nur auf die Gewinne. Je nach Vertrag können hierfür bis zu 5 Prozent des Gewinns anfallen. Dieses Stück vom Kuchen musst du also zusätzlich abgeben.

Machen wir es mal konkret und gehen davon aus, du möchtest 10 000 Euro investieren und hast dich nicht für den allerschlechtesten Fonds entschieden, sondern konntest noch einen recht guten Deal aushandeln. Bei diesem bezahlst du einen Ausgabeaufschlag von 0,5 Prozent und hast eine Verwaltungsgebühr von 1,5 Prozent. Weil du so nett und freundlich warst, wurden dir sogar die anderen Gebühren vollkommen erlassen. Die jährliche Rendite bei deinem Fonds liegt bei 6 Prozent, und du bleibst volle dreißig Jahre investiert. In dem Fall beträgt dein Endkapital knapp 15 350 Euro (vor Steuern und Inflation). Insgesamt hast du in der Zeit jedoch auch etwa 1915 Euro an Gebühren an die Fondsgesellschaft gezahlt. Genau diese Gebühren sind jedoch auch schuld daran, dass sich deine Rendite geschmälert hat.

Angenommen, du würdest statt in diesen Aktienfonds in einen ETF mit der gleichen Rendite investieren, aber mit einer Jahresgebühr von nur noch 0,2 Prozent – einem sehr durchschnittlichen Wert bei einem breit diversifizierten ETF –, dann liegt dein Endkapital bei 17 555 Euro, und die Gebühren betragen über einen Zeitraum von dreißig Jahren gerade einmal 268 Euro. Es macht also einen großen Unterschied, wie hoch deine Gebühren sind und wen du an deinen Gewinnen beteiligst.

Nun stellt sich die Frage, ob es sich nicht vielleicht dennoch lohnt, in aktive Aktienfonds zu investieren, denn schließlich sind da Profis am Werk, die den ganzen Tag nichts anderes machen, als die besten und erfolgversprechendsten Aktien zu finden. Zum Glück gibt es auch dazu Vergleiche, Studien und Zahlen. Am bekanntesten ist die SPIVA Scorecard, die dazu regelmäßig die Renditen von Indizes mit denen von ähnlich diversifizierten aktiven Aktienfonds vergleicht. Das Ergebnis ist immer sehr eindeutig: Während aktive Fonds im ersten Jahr oft noch besser abschneiden als ihre Benchmark, ändert sich dies extrem mit der Dauer des Betrachtungszeitraums: Bei einer Investitionszeit von zehn Jahren performen bereits die allermeisten Fonds schlechter als ihr Vergleichsindex. Teilweise sind 97 Prozent aller Aktienfonds schlechter als der Index selbst. Da zahlt man also hohe Gebühren auf das investierte Geld, und dann ist die Performance sogar schlechter, als wenn man es selbst einfach in einen ähnlichen ETF steckt, dort liegen lässt und sich einfach gar nicht mehr drum kümmert.

Anstatt das Thema an einen Profi abzugeben, in der Hoffnung, eigene Fehler zu vermeiden, kann ich dir also nur empfehlen, es selbst in die Hand zu nehmen. Dann bist du natürlich selbst dafür verantwortlich, wenn es einmal nicht so läuft, wie du es dir wünschst, aber dafür hast du Wissen und Erfahrungen gesammelt, die dir in Zukunft von Nutzen sein können. Wichtig ist nicht nur, keine Angst vor Fehlern zu haben, sondern auch in der Lage zu sein, Fehler zu reflektieren und daraus zu lernen.

Die Unternehmerin Laura Lewandowski geht ganz bewusst mit ihren Fehlern um und analysiert auch, wie sie zu einer bestimmten Entscheidung gelangt ist: »Zunächst einmal nehme ich den Fehler zur Kenntnis, und dann versuche ich, ihn zu analysieren. In der Retrospektive überlege ich: Wie bin ich zu der Fehlentscheidung gekommen? Wie bin ich damals vorgegangen? Was muss ich beim nächsten Mal anders machen?«

Jeder dieser Schritte ist wichtig: den Fehler annehmen, seine Entstehung reflektieren und schließlich überlegen, wie sich solche Fehler in Zukunft vermeiden lassen. Tatsache ist, dass man aus Fehlern am besten lernt. Je schmerzvoller die Erfahrung zunächst ist, desto größer ist auch das Learning. Das sieht auch Laura so: »Wenn man so einen Stromschlag bekommen hat, dann schaut man beim nächsten Mal wirklich genauer hin. Das brennt sich ins Unterbewusstsein ein, und man will sich nicht noch einmal die Finger verbrennen. Es ist vielleicht eine Plattitüde, zu sagen ›Scheitern ist toll!‹, aber man lernt wirklich am besten daraus.«

Auch Verena Pausder hat aus dem Scheitern ihrer ersten großen Investition gelernt und kann Jahre später darüber lachen. Wer zuletzt lacht – hat vorher keine Angst vor Fehlern gehabt!

Interview mit Laura Lewandowski

» *Laura Lewandowski ist »Top 30 bis 30«-Journalistin, Unternehmerin, Kolumnistin und Podcast-Moderatorin. Ihr Ziel ist es, neue Denk- und Arbeitsweisen zu fördern. 2020 wurde sie mit dem Publikumspreis vom Digital Female Leader Award ausgezeichnet.*

Wie bist du zum Investieren gekommen?
Ich habe tatsächlich im März angefangen, direkt zum Start der Coronakrise und des Crashs. Damals habe ich einfach 10 000 Euro genommen und das Geld in Aktien gesteckt, die eine hohe Gewinnausschüttung haben, also auch eine Dividende zahlen. Das habe ich die Bruno-Lewandoswki-Strategie genannt – nach meinem Papa.

Wie bist du dabei vorgegangen?
Ich habe das Thema für mich priorisiert und mir feste Termine im Kalender gesetzt, um mir Wissen anzueignen. Dann habe ich mir Listen erstellt mit Büchern und Podcasts, die ich in der Zeit lesen beziehungsweise hören wollte. Ich habe wirklich jeden Tag versucht dranzubleiben und auch beim Spazierengehen Finanz-Podcasts gehört. Aber als ich gemerkt habe, dass ich nicht die Zeit habe, jeden Tag Aktien zu analysieren, bin ich dann auch auf ETFs umgestiegen.

Hast du noch andere Investitionen?
Ich beschäftige mich aktuell noch mit dem Thema Immobilien und habe etwas Geld in Kryptowährungen investiert und in ein Start-up. Allerdings habe ich auch hochschwanger begonnen, mein eigenes Start-up zu gründen, somit hat das gerade Priorität.

Wie gehst du mit dem Thema Risiko um?
Es gibt im Leben immer ein Risiko, somit habe ich gelernt, damit umzugehen und diese Unsicherheit als etwas Positives zu

sehen. Ich überlege mir dabei immer: Was ist das Schlimmstmögliche, das passieren kann? Was ist, wenn ich den Betrag x verliere? Kann ich es mir leisten? Ich überlege lange, bevor ich mich entscheide. Aber es gibt auch immer eine 10-prozentige Lücke der Ungewissheit. Wenn ich mich zu 90 Prozent informiert fühle, treffe ich eine Entscheidung. Der Rest ist oft Glückssache. Angst sorgt oft dafür, dass wir uns auf die Sorgen konzentrieren und nicht auf die Aufgabe, und dann verharren viele im Nichtstun.

Was war deine mutigste Entscheidung?

Meine mutigste Entscheidung war, dass ich damals einfach bei der Deutschen Presse-Agentur gekündigt habe, ohne einen Plan B, was danach kommt. Ich habe mir dann eine Strategie on the go erarbeitet, verschiedene freiberufliche Jobs angenommen und mir währenddessen überlegt: Was will ich eigentlich machen? Eine andere mutige Entscheidung war vermutlich, mein Start-up zu gründen, nur einen Monat nachdem ich herausgefunden habe, dass ich schwanger bin. Ich sehe viele Menschen in meinem Umfeld, die zu sehr auf Sicherheit setzen und dadurch ihre Träume nicht ausleben – wobei Sicherheit in meinen Augen sowieso immer relativ ist.

Wie wichtig ist deiner Meinung nach ein Mindset für Finanzen und Erfolg?

Extrem wichtig. Vor allem ist es wichtig, kleine Erfolgserlebnisse zu haben. Erfolg ist der Katalysator für mehr Erfolg, und die Voraussetzung ist es, zu lernen, wie man auch mit Misserfolg umgeht. Wenn etwas mal nicht so funktioniert, wie ich es mir vorstelle, empfinde ich es nicht direkt als schlimm, sondern verbuche es als Lernerfahrung. Meist habe ich etwas daraus gelernt. Die Angst vor Misserfolg hält viele davon ab, überhaupt etwas auszuprobieren.

Arbeitest du aktiv an deinem Mindset?
Ja, ehrlich gesagt, arbeite ich schon sehr viel daran und hinterfrage auch oft meine Entscheidungen. Dabei überlege ich, woher manche Problemstellungen kommen und wie ich damit umgehen kann. Positive Glaubenssätze helfen mir auch dabei, und dass ich diese aufschreibe und abends durchlese. Wichtig ist, dass man wirklich glaubt, was man aufschreibt. Positive Glaubenssätze, an die ich selbst nicht glaube, bringen nichts.

Sprichst du mit deinem Partner offen über Geld?
Ja, wir reden sehr viel darüber. Wir lesen manchmal die gleichen Finanzbücher und hören die gleichen Podcasts. Wir versuchen, unser Wissen wirklich miteinander zu teilen. Vor der Geburt unseres Kindes haben wir auch darüber gesprochen, wie wir für unser Kind investieren möchten.

Strategie #8

Konsumiere bewusst

Ich mag mein Geld am liebsten dort, wo ich es sehen kann – hängend in meinem Kleiderschrank!«, sagt Carrie Bradshaw alias Sarah Jessica Parker. Als *Sex and the City* zwischen 2001 und 2004 in Deutschland gesendet wurde, habe ich mich gerade aufs Abi und mein Leben nach der Schule vorbereitet. Und irgendwo tief im Innern habe ich mir genau so ein Leben gewünscht: Viele freie Tage, unter der Woche Mittagessen mit meinen Freundinnen, danach lange Shopping-Touren und am Abend abhängen in den coolsten Restaurants der Stadt. Namen wie Manolo Blahnik, Jimmy Choo oder Fendi habe ich damals zum ersten Mal gehört. Aber auch wenn ich all das nicht richtig einordnen konnte, war für mich klar: Das ist die Definition des Erwachsen- und Erfolgreichseins.

Der erste harte Reality-Check kam mit der ersten Gehaltsabrechnung. Mein Agenturjob brachte mir ein Monatsgehalt ein, mit dem Samantha Jones alias Kim Cattrall nicht einmal ihre Ohrringe hätte bezahlen können. Das hielt mich aber nicht davon ab, mir immerhin ein Dior-Halstuch im Sale zu kaufen. So macht man das doch, wenn man arbeitet, oder?

Viele von uns werden in solchen fiktiven Blasen groß, in denen sich eine Kolumnistin statt eines WG-Zimmers ein Apartment mitten in Manhattan leisten kann, statt H&M und ZARA die neuesten Designerklamotten, statt der stickigen

U-Bahn immer ein Taxi und statt Weinschorle am Abend ein bis drei Cosmopolitans. Und wenn wir das Geld dafür nicht haben, denken wir, etwas läuft falsch. Serienfiguren mit miserabel schlecht bezahlten Jobs bei gleichzeitigem Glamour-Life gibt es übrigens immer noch. In *Emily in Paris* begleiten wir zum Beispiel eine US-amerikanische Mittzwanzigerin, die nicht einmal in die Nähe einer ZARA-Filiale gehen würde, in ihrem Job als Angestellte einer Pariser PR-Agentur. Wir schauen uns diese Serien an und bewegen uns irgendwo zwischen Eskapismus und der ernüchternden Realität, dass ein Job als Kolumnistin oder Social-Media-Managerin kein Luxusleben finanzieren kann.

Gleiches gilt für Instagram. Eine Plattform, der gegenüber ich sehr ambivalent bin. Ich mag sie, um über *Fortunalista* regelmäßig Finanztipps zu teilen, mit der Community in den Austausch zu kommen und zu erfahren, was die Onlinewelt gerade so beschäftigt. Gleichzeitig mag ich sie nicht, weil ich mich schon so oft nach dem Blick auf ein schönes Kleid, ein exklusives Hotel oder eine Designervase plötzlich auf einer Shopping-Seite befand oder kurz davor war, ein Hotel zu buchen – obwohl ich fünf Minuten zuvor noch nicht einmal den Drang nach einer Auszeit verspürt hatte. Instagram weckt in uns Sehnsüchte – bloß leider nicht die, sich beispielsweise am Abend einfach mal mit einem Buch aufs Sofa zu legen oder endlich mal wieder einen ausgiebigen Spaziergang zu machen. Instagram triggert Sehnsüchte, bei denen wir weiterhin auf einen Bildschirm starren, während wir hektisch unsere Kreditkarte suchen. Noch nie zuvor gab es ein Medium, das uns ununterbrochen versucht hat Geld aus der Tasche zu ziehen.

Influenced von Social Media war ich vor einigen Jahren in einer Münchner Boutique und der felsenfesten Überzeugung, ich brauchte Pumps. Hohe, spitze Pumps. Und zwar nicht irgendwelche, sondern die mit der roten Sohle. Also nahm ich meinen Freund mit und ging in einen Laden, der Schuhe von

Christian Louboutin hatte. Mein Freund fragte schon auf dem Weg: »Aber trägst du die dann auch wirklich?« Bisher bestand meine Schuhsammlung größtenteils aus Turnschuhen, aber warum sollte ich das nicht ändern? Mein großes Glück war, dass diese Schuhe unglaublich unbequem sind. Ich hatte das Gefühl, meinen Fuß in eine kleine Tupperdose zu quetschen. Denn ja: Ein Christian-Louboutin-Schuh besteht nicht aus butterweichem Leder, wie ich es für 525 Euro das Paar angenommen hätte. Die Schuhe sind hart und für zierliche Modelfüße gemacht. Ich mit meinem Fuß »Modell Ente« hatte eh keine Chance, auch nur fünf Minuten in den Schuhen auszuhalten. Sonst hätte das Gefühl, etwas zu brauchen, um sich etwas Gutes zu tun, wohl auch mich dazu gebracht, mein Konto zu schröpfen.

Selbst wenn wir wissen, dass vieles von dem, was wir online in den Social Media oder auf Netflix sehen, Fiktion ist, versuchen wir mitzuhalten. Wir werden dann zu Opfern der sogenannten Lifestyle-Inflation.

Lifestyle-Inflation

Meistens beginnt es schon direkt nach der Uni oder der Ausbildung. Während man zuvor noch wenige Hundert Euro pro Monat zum Leben hatte, bekommt man plötzlich ein richtiges Gehalt. Mit dem größeren Gehaltsscheck kommt aber plötzlich noch etwas anderes kostenfrei dazu: der Wunsch nach mehr! Raus aus der Studentenbude und der H&M-Hose, rein ins eigene Apartment, die Agolde-Jeans, und als i-Tüpfelchen gibt es zur Belohnung eine Louis-Vuitton-Tasche. Jede von uns kennt das: Mit steigenden Einnahmen steigen leider auch oft die Bedürfnisse. Was früher etwas Besonderes war, gehört plötzlich wie selbstverständlich zum Alltag dazu, und etwas Neues muss her, das uns das Gefühl gibt, wir belohnen uns. Genauso wie die echte Inflation beginnt die Lifestyle-Inflation schleichend. Erst gönnen wir uns mal einen teureren Restaurantbesuch, dann finden wir unser Stammlokal von Mal zu Mal langweiliger, und plötzlich hängen wir nur noch im Szene-Restaurant ab. Der Lebensstandard steigt, und es ist sehr schwierig, einen bestimmten Komfort wieder herunterzudrehen. Die meisten hinterfragen jedoch erst gar nicht diese Veränderungen, sondern sehen es als vollkommen normal an.

> Ich habe die ersten zwanzig Jahre meiner Karriere immer unter meinem Lebensstandard gelebt, weil mir wichtig war, etwas auf die Seite zu legen. Dies gab mir ein Gefühl der Freiheit und Sicherheit. Dafür habe ich manchmal auch auf zusätzliche schöne Restaurantbesuche verzichtet, weil es sich für mich besser anfühlte, zu wissen, ich habe finanzielle Sicherheit und dadurch auch mehr innere Freiheit. Ich wusste: Wenn mir etwas nicht gefällt oder ich etwas nicht mag, kann ich jederzeit aufhören und mir in Ruhe etwas anderes suchen.
>
> Heidi Stopper – Unternehmerin, Honorarprofessorin, Topmanagement-Coachin

Lifestyle-Inflation kann vor allem dann gefährlich werden, wenn man seine tatsächliche Situation falsch einschätzt. Ein klassisches Beispiel ist, wenn ein Ehepartner so gut verdient, dass der zweite zu Hause bei den Kindern bleiben kann. Trotz nur eines Gehalts kann man sich zwei schicke Autos leisten, ein großes Eigenheim, das noch abbezahlt wird, und die Schulferien werden je nach Jahreszeit auf Madeira, in Berchtesgaden oder auf Bali verbracht. Die Ausgaben sind groß, aber so ist eben auch das Haushaltseinkommen. Problematisch wird es spätestens dann, wenn ein unerwartetes Ereignis der Familie einen dicken Strich durch die Rechnung macht: ein Unfall, durch den der oder die AlleinversorgerIn berufsunfähig wird, Arbeitslosigkeit durch eine Firmeninsolvenz oder Kurzarbeit, bedingt durch eine weltweite Pandemie. Während Letzteres vor wenigen Jahren noch fiktiver geklungen hätte als Carrie Bradshaws Shopping-Budget, hat diese Situation tatsächlich viele Familien getroffen. Plötzlich merkt man, dass man sich all die Jahre zuvor in falscher Sicherheit gewogen hat.

Wenn das gesamte Geld, das am Monatsanfang auf dem Konto landet, bis zum Monatsende nur für Konsum, Fixkosten und Kreditkartenschulden draufgeht, lebt man finanziell extrem gefährlich. Dabei spielt die Höhe des Einkommens keine Rolle. Die Lifestyle-Inflation zieht sich durch alle Einkommensgruppen. Ein Zurück zu einem Standard, von dem man sich bereits gelöst hat, fällt den meisten jedoch schwer.

Die Wochenzeitung *Die Zeit* bringt regelmäßig ein anonymes Gehaltsprotokoll heraus, in dem Personen angeben, wie viel sie monatlich verdienen und was sie mit ihrem Geld tun. Hier kann man die Lifestyle-Inflation immer wieder schwarz auf weiß nachvollziehen. Oft sind gut verdienende Menschen dabei, die trotz ihres hohen Gehalts keine Rücklagen bilden, sondern alles für ihren Lebensunterhalt und Lifestyle ausgeben. Zum Beispiel gab es dort die Geschichte von Mark, einem 42-jährigen Radiomoderator.[59] Vor der Pandemie verdiente er 6000 Euro brutto, durch Corona ist sein Gehalt auf 4500 Euro Brutto gesunken. Eine Gehaltskürzung um 25 Prozent! Damit verdient er netto 3200 Euro – immer noch ein überdurchschnittlicher Verdienst. Trotz der finanziellen Einbußen gibt Mark monatlich 150 Euro für Bücher und 500 Euro für Lebensmittel aus. Ausgaben, die ich vollkommen nachvollziehen kann, denn Bildung und Lebensmittel sind nun einmal wichtig und können auch mal höher zu Buche schlagen. Was ich jedoch kritisiere: Laut dem Artikel legt er nichts für seine Altersvorsorge zurück. Gerade in einem Job als Radiomoderator sollte man sich darüber Gedanken machen, ich kenne jedenfalls nicht viele Moderatoren, die bis ins Rentenalter noch arbeiten. Es ist leider ein Job, in dem junge Menschen gefragt sind und niemand die Stimme eines älteren Herrn hören will. So hart es klingt, das ist nun mal die Realität. Wenn das Gehalt gekürzt wird, müssen auch die Ausgaben gekürzt werden – und zwar nicht an der falschen Stelle.

Zum Thema Konsum habe ich auch mit Diana zur Löwen gesprochen. Als Creatorin wurde sie bereits während ihres Studiums bekannt, heute zählt sie zu den reichweitenstärksten Frauen auf Instagram. Entgegen allen Vorurteilen, die man bezüglich Influencerinnen oft hat, entwickelte sie schon früh ein bewusstes Konsumverhalten:

> In meiner Studienzeit habe ich nie viel gebraucht. Ich hatte weder eine krasse Wohnung noch ein Auto. Ich war höchstens mal schön essen oder habe eine Reise gemacht. Auch Designersachen hatte ich nicht. Zu meinem Bachelorabschluss habe ich mir selbst eine Designerhandtasche gekauft. Insgesamt gehe ich heute sehr bewusst damit um, wie ich mein Geld investiere. Im Studium habe ich bereits in mein erstes Start-up investiert. Solche Investitionen finde ich viel spannender als eine Chanel-Tasche.
>
> Wir fallen oft dem Konsum zum Opfer. Social Media trägt auch viel dazu bei. Auch ich muss immer wieder einen Schritt zurücktreten und reflektieren. Anstatt Kleidung zu kaufen, finde ich es mittlerweile viel spannender, sie zu leihen. Ich habe für mich gemerkt, dass große Anschaffungen mich nicht glücklicher machen. All das hat für mich keinen hohen Stellenwert. So geht es mir auch mit Klamotten und den ganzen Labels oder ähnlichen Dingen. Was braucht man denn wirklich im Leben? Und worin wird man eher von anderen beeinflusst – auch ich? Das ist etwas, was ich permanent hinterfrage.

Wenn ich mir etwas Neues kaufen möchte, schaue ich auch oft, ob ich etwas secondhand finde. Bei hohen Ausgaben mache ich mir mindestens drei Wochen lang Gedanken darüber, damit ich keine Fehlkäufe mache. Und ich empfehle, dabei auch immer aufs Konto zu schauen und die Ausgabe realistisch einzuschätzen: Kann ich mir das jetzt wirklich leisten? Wichtig ist, dass der Cashflow stimmt und die Ausgaben nicht höher werden als die Einnahmen. Dann darf ich mir natürlich auch mal etwas gönnen.

Diana zur Löwen

Deine Altersvorsorge und deine Finanzplanung dürfen niemals hinter deinen Konsum- und Lifestyle-Ausgaben stehen, sondern müssen immer Vorrang haben. Was bringt dir später die Erinnerung an schöne Restaurantabende, wenn du dir nur noch Toastbrot mit Käse leisten kannst? Ich hatte in meinem Leben schon eine Toastbrot-mit-Käse-Phase. Damals machte ich in München eine Ausbildung mit einem lächerlichen Gehalt von 320 Euro und lebte in einem WG-Zimmer für 250 Euro. Trotz Nebenjob gehörte Toastbrot mit Käse zu einer meiner Hauptnahrungsquellen. Und die regelmäßigen Besuche bei meiner Schwester zum Abendessen, die mich die Toastbrot-mit-Käse-Phase haben durchhalten lassen. Mit zwanzig Jahren macht einem das nichts aus, da sind andere Dinge im Leben wichtiger. Aber möchtest du dich mit 67 Jahren wieder so ernähren wie zu deiner Studienzeit? Ich definitiv nicht.

Bei 30 Prozent hört der Spaß auf

Bewusster Konsum, passend zu deinem Einkommen, ist also wichtig, damit du nicht nur jetzt, sondern auch später gut leben kannst. Laut Faustformel sollten maximal 30 Prozent deines

Einkommens für Lifestyle-Ausgaben draufgehen. 50 Prozent für Miete, Lebensmittel und alles Lebensnotwendige, und idealerweise schaffst du es, 20 Prozent zu sparen und zu investieren.

Ja, ich weiß, was du jetzt gerade denkst: Wie soll ich 50 Prozent für Miete und Lebensmittel aufwenden, wenn allein schon meine Wohnung mehr als die Hälfte des Einkommens verschlingt, ganz zu schweigen von explodierenden Energiekosten? Versuch aber in die Zukunft zu denken: Was du jetzt nicht sparst, wird dir später fehlen. Was du jetzt mehr an Komfort hast, wirst du irgendwann zurücklassen müssen. Das ist die Seite, die niemand hören möchte. Für viele Rentnerinnen ist sie aber bereits heute Realität. Dabei geht es nicht nur um den Komfort – dann geht es auch um Probleme wie die zunehmende Vereinsamung. Denn Armut macht einsam.

Wenn Menschen in Armut geraten, verändern sich ihre sozialen Kontakte, und sie nehmen weniger am gesellschaftlichen Leben teil. Das ist das Ergebnis einer Studie der Universität Hamburg.[60] Viele ziehen sich aus Scham zurück, oder weil sie sich das Treffen zum Kaffee und Kuchen im ehemaligen Lieblingscafé einfach nicht mehr leisten können. Falls du also nicht genug Geld zum Sparen und Investieren übrig hast, überlege dir, wo du Sparpotenziale nutzen kannst. Dabei geht es nicht darum, dass du dir Dinge vom Mund absparst, die dich glücklich machen und deinen Tag verschönern – es geht darum, dein grundsätzliches Konsumverhalten auf den Prüfstand zu stellen.

Valentina Dapunt ist ein Beispiel dafür, wie sehr sich das eigene Konsumverhalten verändern kann, wenn wir die Dinge, die wir tun oder die uns normal erscheinen, auch mal hinterfragen. Früher hat die 25-jährige Österreicherin ihre Freizeit so verbracht, wie es die meisten tun: mit ausgedehnten Shopping-Touren. Die Tirolerin hat sogar lange Bahnfahrten dafür auf sich genommen, um in München oder Wien eine noch größere Auswahl zu haben und sich längere Zeit ihrem Hobby widmen zu können. Das, was sie mir in unserem Gespräch erzählt, hat mich an meine eigene Schul- und Studienzeit erinnert, als Shopping auch für mich zur Freizeitgestaltung gehörte. »Ich habe zwar nicht Unmengen an Geld ausgegeben, weil ich damals auch nicht viel Geld hatte«, erzählt Valentina, »aber ich habe in Massen gekauft. Statt einen Pullover für 50 Euro zu kaufen, ging ich lieber mit fünf Pullovern zu je 10 Euro nach Hause. Insbesondere Sales haben mich sehr angezogen. Die Folge war, dass ich sehr viel Glump gekauft habe, das total unnötig war.«

Als der erste H&M in meiner Heimatstadt Rheine eröffnet wurde, war ich etwa zwölf Jahre alt. Genau die Zeit, in der man nicht mehr mit den Eltern einkaufen geht, sondern sich seine Kleidung selbst aussucht. Die Folge davon war: Meine Schwester und ich plünderten beide heimlich unsere KNAX-Sparbücher und gingen shoppen. Mal waren es 10 Mark, die wir abhoben, mal 50 Mark. Irgendwann war das Sparbuch leer. Komplett leer gefegt. Spätestens nach einem Jahr mussten die Klamotten sowieso aussortiert werden, weil wir schon wieder rausgewachsen waren. Also musste neuer Stoff her.

Bei Valentina fand schon in recht jungen Jahren ein Umdenken statt. Geholfen hat die Einführung eines neuen Bahntickets, mit dem sie für wenig Geld das ganze Bundesland Tirol bereisen konnte. Aus einem gelegentlichen Ausflug in die Berge wurde plötzlich ein Hobby. Statt mit ihren Freundinnen den ganzen Samstag in den Fußgängerzonen der umliegenden Städte zu verbringen, fand sich die Gruppe junger Frauen plötzlich in den Bergen wieder – und fand Gefallen daran. Mehr als beim regelmäßigen Shoppen und Geldausgeben! Kein Wunder, denn Erlebnisse haben eine nachhaltigere Wirkung auf uns als ein kurzer Kick beim Konsum. Der Moment, der uns beim Einkaufen am glücklichsten macht, ist genau der, wenn wir unsere Kreditkarte zücken und den Kauf tätigen: Genau jetzt haben wir unser Ziel erreicht und unseren Wunsch nach einem schicken Paar Schuhe oder einer neuen Jeans erfüllt. Bei einer Wanderung in den Bergen ist das vielleicht der Moment, in dem wir oben an der Bergspitze ankommen, aber im Vergleich zur Wanderung folgt beim Shoppen jetzt nicht der Moment, in dem wir auf den mühsamen Aufstieg zurückblicken, voller Stolz den Ausblick genießen und uns mit einem kühlen Radler in der Almhütte belohnen. Was folgt, ist, dass wir die neue Jeans erst in die Tüte stecken und dann im Schrank verstauen. Doch eigentlich ist sowieso egal, was wir danach tun, unser Happiness-High-Level haben wir in diesem Augenblick schon erreicht – ab jetzt geht es nur noch bergab.

Natürlich erfreut man sich noch die ersten Male, wenn man die neue Hose anzieht. Aber die wenigsten von uns schmeißen sich umarmend in ihre Kleidung und begrüßen ihre Schuhe wie Carrie Bradshaw mit einem »Hello Lovers!«. Die Luft ist in der Beziehung zu unserer Kleidung schnell wieder raus, und was früher oder später folgt, ist das Herumschlagen mit eBay, um für die einstiege Lieblingshose, die mittlerweile an den Knien ausgebeult ist, noch ein paar Euro zu bekommen. Oder es geht direkt zur Kleiderspende. Fakt ist: Unbedachter Konsum macht langfristig nicht glücklich – das hatte auch Valentina erkannt und ihr Geld lieber für Erlebnisse ausgegeben.

Was Valentina selbst gemerkt und direkt geändert hat, ist auch wissenschaftlich belegt. Elizabeth Dunn, die Psychologie an der University of British Columbia lehrt, hat zusammen mit zwei weiteren Kollegen aus Harvard und Virginia herausgefunden, wann Geldausgeben uns doch glücklich macht, und dazu acht Prinzipien formuliert.[61]

Acht Prinzipien, um mehr Glück für dein Geld zu bekommen

1. Gönne dir mehr Erlebnisse und weniger materielle Güter

Ob es sich um eine neue Jeans, einen neuen Couchtisch oder ein neues Auto handelt – wir gewöhnen uns selbst bei großen Investitionen schnell an das Gekaufte, und die Glückskurve sinkt. Es hat für uns keinen Neuigkeitswert mehr. Anders ist es bei Erlebnissen. Wir sind nicht nur glücklich, wenn wir unser Geld für eine Erfahrung ausgeben – wir haben auch länger etwas davon. Die Wissenschaftler fanden heraus, dass auch die Erinnerung an ein vergangenes Ereignis noch Glücksgefühle herbeirufen kann. Dabei muss das ursprüngliche Erlebnis nicht zwingend mit hohen Ausgaben verbunden sein. Gerade Erlebnisse wie das Erklimmen eines Berges oder der Sex mit einem neuen Liebhaber können in der Erinnerung sogar größere Glücksgefühle wecken als während der Sache selbst. Höhepunkte mit Nachhaltigkeitsfaktor also.

Ein weiterer Grund ist, dass wir uns eher über unsere Erlebnisse definieren als über unsere materiellen Güter. Ja, eine Louis-Vuitton-Handtasche ist vielleicht auch eine Art der Eigendefinition und Zugehörigkeit zu einer Gruppe. Aber während jede Abiturientin aus gut situiertem Hause mittlerweile eine Designer-Handtasche zum Abi geschenkt bekommt, ist das Erlebnis einer Alpenüberquerung mit dem Fahrrad etwas absolut Einzigartiges. Die Gefahr, dass wir frustriert sind, wenn jemand anders plötzlich mit einer noch teureren Louis-Vuitton-Handtasche um die Ecke kommt, ist ebenfalls geringer.

Manche Käufe können jedoch auch als Erlebnisausgaben betrachtet werden, und zwar dann, wenn wir das Auto nicht als etwas betrachten, das wir einfach nur materiell besitzen, sondern uns vorstellen, welche Erlebnisse und Ausflüge es uns nun ermöglicht. Das Schöne dabei ist: Erlebnisse können wir mit anderen Menschen teilen! Und auch das macht uns laut den Experten glücklich.

2. Hilf anderen

Auch wenn es auf den ersten Blick nicht so aussieht: Nacktmulle und Menschen haben viel gemeinsam. Damit meine ich nicht die faltige Haut mit ihrer feinen Behaarung. Neben sogenannten eusozialen Insekten wie Termiten, Ameisen oder Bienen zählen Nacktmulle zu den wenigen Lebewesen, die in sozialen Mehrgenerationengruppen leben und zum Wohle – und vor allem zum Erhalt – der Gesellschaft handeln. Auch wenn manche Individuen nicht den Eindruck erwecken: Wir Menschen helfen gerne anderen Menschen und erfahren dadurch auch eigenes Glück.

So wurden in einer Studie an der University of British Columbia 5-Dollar-Noten sowie 20-Dollar-Noten verteilt. Dieses Geld mussten die Versuchspersonen entweder für sich selbst ausgeben oder für andere. Am Abend wurden alle Beteiligten telefonisch kontaktiert und nach ihrem Glücksgefühl befragt. Das Ergebnis war eindeutig: Wer Geld für andere ausgegeben hatte, war wesentlich glücklicher als diejenigen, die es für sich selbst genutzt hatten.

Ich weiß nicht, wann der Moment kam, als ich selbst wirklich nicht mehr wusste, was ich mir zu Weihnachten wünschen sollte. »Ich brauche nichts.« Den Spruch kannte ich immer nur von meinen Eltern, wenn ich sie nach ihren Wünschen fragte. Damals dachte ich, sie wollen einfach nicht, dass wir Kinder Geld für sie ausgeben. Irgendwann erwischte ich mich selbst dabei, wie ich diese Antwort meiner Mutter und meiner Schwester regelmäßig vor Weihnachten und Geburtstagen gab. Es war also gar kein Trick – meine Eltern wünschten sich damals wirklich nichts. Das ist auch der Moment, in dem sich das Blatt plötzlich wendet und das Geschenkekaufen und -verpacken für andere viel mehr Spaß macht als das

Geschenkeerhalten und -auspacken. Und im Grunde ist auch hier das Ereignis des Zusammenkommens viel erfüllender als das Geschenk an sich.

Es ist übrigens egal, ob wir das Geld für soziale Zwecke ausgeben oder für unsere beste Freundin: Schenken erfüllt uns mit mehr Glück als Geldausgeben für uns selbst.

3. Kaufe mehrere kleinere Dinge statt ein großes

Der Gewöhnungseffekt setzt früher oder später immer ein – und meist eher früher als später. Anstatt also auf wenige teure Ausgaben zu setzen, schafft man durch viele kleine Ausgaben mehr Glücksgefühle. Statt des einen teuren Urlaubs auf Hawaii machen uns mehrere kleinere Reisen, Städtetrips oder Wellness-Wochenenden in der Summe glücklicher. Die Unsicherheit, Überraschung und Veränderung zwischen den kleinen Erlebnissen bringt jedes Mal aufs Neue Vorfreude: Wie wird es wohl sein? Was werden wir Schönes unternehmen und erleben? Wo werden wir essen gehen?

Für mich beginnt der Urlaub auch immer schon bei der Planung. Das Hotel auszusuchen und mir vorzustellen, wie ich dort morgens meinen Kaffee trinke, den Ausblick genieße und abends mit vollem Bauch in das frisch bezogene Bett falle, ist für mich schon voller Aufregung.

4. Verzichte auf zusätzliche Garantien und teure Versicherungen

Wenn du bei Amazon ein technisches Gerät kaufst, hast du mittlerweile immer auch die Möglichkeit, eine Versicherung mit abzuschließen. Egal ob es sich dabei um einen 20-Euro-Föhn handelt oder einen 2000-Euro-Premium-Kühlschrank. Garantieversicherungen sind ein lukratives Geschäft und funktionieren folgendermaßen: Mit einer vergleichsweise niedrigen Summe von ein paar Euro im Monat kannst du dein neues Gerät gegen Schäden absichern und dich vor hohen Reparaturkosten schützen. Besonders beliebt sind Garantieversicherungen bei Laptops und Handys: Wer sich für 1000 Euro ein neues Gerät kauft, ist schnell geneigt, seine neue Errungenschaft zu schützen. 5 Euro monatlich erscheint ja auch nicht viel, aber wenn nach vier Jahren mein Laptop tatsächlich kaputtgeht, habe ich bereits 240 Euro an die Versicherung bezahlt und bekomme nur noch den Zeitwert ersetzt, der dann vielleicht nur noch 200 Euro beträgt. Zudem muss ich der Versicherung gegenüber beweisen, dass ich keine Schuld am Schaden habe. Viel Spaß dabei!

Anstatt jedes Gerät zu versichern, ist es besser, regelmäßig Geld beiseitezulegen, um kaputte Geräte direkt austauschen oder reparieren lassen zu können. Man spart sich dadurch auch den oft lästigen Briefverkehr mit der Versicherung. Wir überschätzen häufig den Ärger, den ein kaputtes Gerät auslösen könnte. Wenn wir es kaufen, erscheint es uns noch äußerst wertvoll, sobald jedoch etwas daran kaputtgeht, sind wir schnell gewillt, es gegen ein neues, moderneres Gerät auszutauschen, und verspüren viel weniger Ärger als befürchtet.

5. Zahle jetzt und konsumiere später

Der Trend geht mittlerweile in die entgegengesetzte Richtung: »Shop till you drop«, und die Rechnung wird einfach per Kredit beglichen. Statt alles jetzt zu bezahlen, kann man die fette ZARA-Rechnung auch auf die nächsten sechs Monate ausdehnen. Bloß ist uns halt in einem halben Jahr das neue Kleid total egal, weil Winter ist und es seit Wochen im Schrank liegt – es abbezahlen muss man in der Zeit aber trotzdem. Wer dagegen etwas für den späteren Konsum kauft und direkt bezahlt, trifft im Normalfall die besseren Kaufentscheidungen. Eine Studie, bei der Personen wählen konnten, was sie direkt und was sie später essen möchten, machte dies deutlich: Für den direkten Konsum wählten die Versuchspersonen eher Junkfood, für den späteren Verzehr die besseren und gesünderen Optionen.[62]

Warum? In der Gegenwart, im Hier und Jetzt, handeln wir oft emotionaler und geben der kurzfristigen Belohnung schneller nach.

Richtig problematisch wird es übrigens, wenn sich die Schulden so sehr anhäufen, dass man nicht mehr herauskommt. Eine junge Frau bat mich erst kürzlich um Rat: Sie hatte in verschiedenen Onlineshops eingekauft und dafür einen Bezahlanbieter genutzt, mit dem sie alle Einkäufe in einen Kredit umwandeln und diesen über sechs Monate hinweg abbezahlen konnte. Sie schrieb mir, weil sie in meinem Buch *Easy Money* gelesen hatte, dass man Konsumkredite schnellstmöglich zurückzahlen sollte. Genau das wollte sie tun und ihre Schulden schneller abbauen. Leider war dies aber nicht möglich. Ihre Ratenzahlung war auf die drei unterschiedlichen Einkäufe zu je einem Drittel aufgeteilt worden, wodurch sie den Gesamtüberblick verloren hatte. Eine Teilrückzahlung war auch nicht möglich. Sie konnte den Kredit nur beenden, indem sie alles direkt zurückzahlte. So viel Geld hatte sie aber nicht.

Genau das ist der Punkt, an dem es für viele gefährlich wird und die Schuldenfalle zuschlägt. Kreditinstitute wittern ein Geschäft darin, gerade junge Leute anzusprechen, die große Wünsche haben, aber kleine Portemonnaies. Auf TikTok ist dazu bereits ein Trend entstanden, bei dem Schülerinnen ihre Konsumschulden öffentlich machen. Ein trauriger Trend.

6. Denk auch an das Unangenehme

Wer träumt nicht von einem großen Haus mit Garten, in dem man den Kindern beim Spielen zusehen oder die Freundinnen zum Brunch einladen oder mit einem Buch entspannt in der Sonne liegen kann? Bei unseren Wünschen denken wir immer nur an das Angenehme, die Schokoladenseite des Lebens. Doch alles hat auch eine Schattenseite: Wer putzt das 180-Quadratmeter große Haus? Wer kümmert sich um den Garten, jätet Unkraut und mäht den Rasen? Wie lange wird es dauern, bis die ersten großen Renovierungsarbeiten anstehen? Und was tun wir, wenn die Nachbarn nicht unsere besten Freunde werden, sondern uns in den Wahnsinn treiben? An all diese Dinge denken wir lieber nicht.

Elizabeth Dunn und ihre Kollegen schlagen daher vor, bei unserem Konsumverhalten viel mehr an die Auswirkungen auf unseren Alltag zu denken als auf besondere Sequenzen des Glücks. Werden wir wirklich so viel Zeit mit einem Buch im Garten verbringen, oder werden wir nicht mehr Zeit mit dem Putzen, Herrichten und Pflegen des Hauses verbringen? Wir sollten also darüber nachdenken, wie sich Käufe auf die Art und Weise auswirken, wie wir unsere Zeit verbringen – etwas, das auch viel mehr Menschen tun sollten, die sich ein Haustier zulegen. Ein Hund bringt viel Freude. Aber viele vergessen, dass er ständig gefüttert werden muss, mehrmals am Tag Gassi gehen muss, seine Hinterlassenschaften dabei nicht selbst entfernen kann und im ganzen Haus so viele Haare verliert, dass es sich gar nicht lohnt, den Staubsauger überhaupt wieder wegzustellen.

Mit welcher Anschaffung auch immer du also liebäugelst, ob materiell, auf vier Pfoten oder ganz anderer Art: Bedenke dabei auch immer die Kehrseite und überlege dir, was diese Anschaffung für deinen Alltag und deine allgemeine Lebensqualität bedeutet.

7. Meide Vergleichsseiten

Dieses Prinzip mag ein wenig überraschen. Sollen doch Vergleichsseiten dafür sorgen, dass wir das beste Produkt zum günstigsten Preis bekommen, oder? Das Problem dabei ist, dass wir auf Attribute achten, die uns langfristig nicht glücklich machen, und auch dazu neigen, mehr Geld auszugeben, als wir eigentlich wollten – im Gegensatz dazu, wenn wir gezielt etwas suchen und bereits konkrete Vorstellungen haben.

Das Aufkommen von Tinder ist an mir vorbeigegangen, aber

ich verstehe, warum so viele Menschen beziehungsunfähig sind und Probleme haben, einen passenden Partner zu finden: Das Angebot ist einfach zu riesig. Bestätigt haben dies zwei kalifornische Forscher, die anhand der Marmeladenauswahl im Supermarkt herausfanden, dass Konsumenten bei einer großen Auswahl weniger kauften. Ich kenne die Studie schon lange, und jedes Mal, wenn mir jemand erzählt, dass es mit Tinder nicht so richtig funktionieren will, denke ich an die Marmeladenstudie. Wie soll man sich denn auch festlegen, wenn man so viel Auswahl hat und sich vieles davon nur minimalst unterscheidet? Wenn wir das Problem schon mit Marmelade und Tinder-Dates haben, warum sollte es beim Investieren anders sein? Überlege dir also vor jedem Supermarktgang und jedem Öffnen der Tinder-App, welche Eigenschaften dir wichtig sind – und ob du die Marmelade nur für das morgige Frühstück brauchst oder eher etwas suchst, das länger in deinem Kühlschrank wohnen darf.

Bevor du dich bei Tinder für den humorlosen Typen mit der dicken Uhr entscheidest, aber langfristig mit dem selbstständigen Designer, der dich zum Lachen bringt, glücklich wirst, hör auf, noch länger zu vergleichen, und triff die richtige Wahl.

Auch der Vergleich auf Shopping-Seiten führt dazu, dass weniger wünschenswerte Optionen den wirklich wünschenswerten vorgezogen werden. Dazu hat der Wissenschaftler Christopher Hsee Menschen zwischen einer kleinen und günstigen Schokolade in Herzform und einer größeren, teureren Schokolade in Form einer Kakerlake wählen lassen. Während viele im Vorfeld gesagt hatten, dass die kleinere Schokolade ihnen vollkommen ausreichte, wollten sie im direkten Vergleich dann doch die größere haben und waren auch bereit, mehr Geld dafür auszugeben. Mit der Folge, dass die meisten die teure und hässliche Kakerlake wählten.[63] Der Wissenschaftler schließt daraus, dass Menschen inkonsistenter in ihren Entscheidungen sind, wenn sie zu sehr vergleichen – und oft eine Entscheidung treffen, die gar nicht nötig wäre.

Überlege dir bei deiner nächsten Anschaffung also besser schon vorher, was dir wichtig ist und wie hoch dein finanzielles Limit ist, damit du keine teuren Entscheidungen triffst, die dich am Ende auch nicht glücklicher machen. Und wenn du das nächste Mal bei Tinder bist, entscheide dich auch hier lieber fürs Herz als für eine Kakerlake.

8. Folge der Herde, nicht dem Herzen

Es gibt noch ein Prinzip, das sowohl auf die Partnerwahl als auch aufs Einkaufen zutrifft: Achte auf die Meinung der Masse. Untersuchungen zeigen, dass der beste Weg, um vorherzusagen, wie sehr wir eine Erfahrung genießen werden, darin besteht, sich vorher anzusehen, wie sehr jemand anders sie genossen hat. Dabei wurden Frauen beim Speeddating befragt. Und jetzt alle Single-Frauen aufgepasst: In der Studie sollten Frauen versuchen anzugeben, wie sehr sie ein Date mit einem bestimmten Mann genießen würden. Einigen der Frauen wurden dabei das Foto und die Biografie des Mannes gezeigt, während anderen nur eine Bewertung darüber gezeigt wurde, wie sehr eine frühere Frau ein Date mit demselben Mann ein paar Minuten zuvor genossen hatte. Obwohl die überwiegende Mehrheit der Teilnehmerinnen erwartete, dass diejenigen, denen das Foto und die Biografie gezeigt wurden, genauere Vorhersagen treffen würden als diejenigen, denen die Bewertung gezeigt wurde, war genau das Gegenteil der Fall.[64]

Was lässt sich also von Elizabeth Dunn und ihren Kollegen lernen? Wenn du dich an die acht Prinzipien hältst, kannst du einen positiven Effekt auf deine Zufriedenheit erzielen und langfristig von deinen Ausgaben profitieren – und zwar nicht nur im materiellen Sinne, sondern auch im emotionalen.

Interview mit Valentina Dapunt

Valentina Dapunt ist Gründerin von Minimal Frugal *und teilt auf Social Media neben Finanzwissen auch Einblicke zu Minimalismus und Frugalismus als Lebensstil. Sie inspiriert bereits über 50 000 Menschen, sich mehr mit den Themen Geld und Konsum zu beschäftigen.*

Was bedeutet für dich Minimalismus?
Minimalismus bedeutet für mich, den Fokus auf das Wesentliche zu legen und Bewusstsein für den eigenen Besitz zu schaffen. Beim Frugalismus steht mehr das Thema Geld sowie das Ziel der finanziellen Freiheit im Vordergrund.

Wie sehr muss man sich da einschränken?
Ich persönlich schränke mich gar nicht ein. Früher hatte ich eher einen Konsumdrang und habe viel darüber nachgedacht, was ich als Nächstes kaufen möchte. Irgendwann habe ich gemerkt: Ich brauche gar nicht so viel, um glücklich zu sein. Ich habe zunächst angefangen, meine Fehlkäufe zu analysieren, und danach wurde der Wunsch nach Konsum weniger, weil ich mich eben bewusst mit meinen eigenen Einkäufen auseinandergesetzt habe. Man sollte nicht das Gefühl haben, sich einzuschränken. Bei mir war es einfach so, dass meine Konsumgedanken langsam verschwanden, je mehr ich mich mit anderen Themen beschäftigt habe. Natürlich kaufe ich mir noch immer Sachen, wenn ich Lust drauf habe, aber der Fokus hat sich geändert. Mittlerweile gebe ich mein Geld lieber für Erlebnisse aus.

Wie gehst du vor, wenn du etwas Neues kaufen möchtest?
Eine Strategie ist, meine Wünsche in verschiedene Kategorien einzuteilen: Welche Eigenschaften sind mir bei einem Stuhl wichtig? Welche bei einer neuen Fotokamera? Bevor ich etwas Neues kaufe, überlege ich mir, welche Eigenschaften mir wirk-

lich wichtig sind. Dabei habe ich auch eine unterschiedlich große Zahlungsbereitschaft und überlege mir genau: Welchen Nutzen hat die Sache für mich?

Was sollte man beim Kaufen auf jeden Fall vermeiden?

Vor dem Kauf immer überlegen: Was ist gerade mein Antrieb, dass ich etwas kaufen möchte? Ist es, weil ich gestresst bin und mich ablenken oder belohnen möchte? Oder ist mein Umfeld auch sehr konsumorientiert, und ich möchte dazugehören? Solche Käufe können sehr unglücklich machen. Ich empfehle auch immer den Konsum in Zeit auszurechnen: Wie viele Stunden muss ich für den neuen Pulli oder ein neues Paar Schuhe ausgeben?

Was war dein größter Aha-Moment?

Während ich früher Geldausgeben immer nur in Form von Konsum gesehen habe, habe ich irgendwann festgestellt, dass ich, indem ich das Geld stattdessen für Investitionen nutze, mir auch mehr Freiheiten dadurch ermöglichen kann. Das war der größte Turnaround: Statt mehr Fashion kaufe ich mir mehr Freizeit. Vor dem Ziel der finanziellen Freiheit waren meine Sparziele nur materieller Art. Ein ausgegebener Euro hat nicht immer den gleichen Wert. Hier kommt es darauf an, was ich wirklich für das Geld bekomme. Eine kurzfristige Freude oder nachhaltige Freiheiten?

Wie wichtig ist für dich das Thema Nachhaltigkeit?

Durch meinen Lebensstil lebe ich automatisch ziemlich nachhaltig. Ich besitze kein Auto, kaufe gerne secondhand oder versuche, Dinge zu reparieren.

Wie hoch ist deine Spar- oder Investitionsquote?

Meine Einnahmen sind monatlich unterschiedlich, meine Ausgaben aber relativ niedrig, so schaffe ich es, eine Sparquote von

60 bis 70 Prozent zu erzielen. Ich wohne zum Beispiel ziemlich günstig in einer Ein-Zimmer-Wohnung in der Stadt, gebe ca. 200 Euro für Lebensmittel aus und habe daneben noch kleinere Ausgaben im Alltag. Den größten Teil investiere ich. Da die Ausgaben jedoch nur begrenzt reduzierbar sind, fokussiere ich mich inzwischen eher darauf, meine Einnahmen zu steigern.

Wie viele Einkommensquellen hast du denn aktuell?
Zwischenzeitlich hatte ich während des Studiums bis zu acht verschiedene Einkommensquellen. Dazu gehören Einnahmen aus meiner Selbstständigkeit durch Kooperationen, Werbeanzeigen auf Instagram oder YouTube. Aktuell konzentriere ich mich darauf, die passiven Einnahmen, etwa durch Dividenden und Zinsen, weiterhin zu steigern. Außerdem arbeite ich auch bei einem Start-up mit.

Welches Ziel verfolgst du mit deinen Investitionen?
Mein Ziel ist kein materielles, sondern ich möchte irgendwann von meinem passiven Einkommen leben können und finanziell frei sein.

Was bedeutet für dich, finanziell frei zu sein?
Es ist nicht so, dass ich dann alles hinschmeißen und nichts mehr machen möchte. Das macht mich auch nicht glücklich. Ich möchte aber entscheiden können, was ich mache und woran ich arbeite. Es gibt so viele spannende Projekte, in die ich mich einarbeiten möchte. Auch ehrenamtliche Arbeit oder Arbeit bei Start-ups gehören dazu. Ich möchte einfach das machen, worauf ich Lust habe, und meinen Interessen nachgehen. Dazu zählt auch, mehr Zeit mit meinen Liebsten zu verbringen oder zu reisen, ohne jemanden fragen zu müssen. «

Strategie #9

Bau dir mehrere Einkommensquellen auf

Egal ob Coachin und Keynote-Speakerin, Gründerin und Aufsichtsrätin, Angestellte und Aktionärin, freie Journalistin, Beamtin oder Immobilieninvestorin – alle Frauen, mit denen ich für dieses Buch gesprochen habe, haben eine Sache gemeinsam: Sie verlassen sich nicht nur auf eine Einkommensquelle. Viele haben sich ein ganzes Netz aus verschiedenen Einkünften aufgebaut, auf das sie zurückgreifen können. Die Coronakrise hat uns allen gezeigt, wie schnell sich Vollzeitstellen in Kurzarbeit umwandeln oder Aufträge einfach wegfallen können. Ohne jede Ankündigung und ohne genügend Zeit, sich nach einem Plan B umzuschauen, mussten viele Menschen zusehen, wo sie bleiben. Doch auch ohne weltweite Pandemie sind mehrere Einkommensquellen immer eine gute Strategie. Nicht nur für die finanzielle Freiheit, sondern auch für die finanzielle Sicherheit.

Noch immer ist die Vorstellung, dass eine Festanstellung Sicherheit bieten würde, in Deutschland weit verbreitet: Wer seinen Job verantwortungsvoll erfüllt, ist abgesichert, heißt es. Tatsächlich herrscht hier auch ein sehr arbeitnehmerfreundliches Umfeld, in dem es schwierig ist, ArbeitnehmerInnen zu kündigen, und in dem diese auch bei Krankheit oder Schwangerschaft sowie vor Ungleichbehandlung geschützt werden. Aber das bedeutet nicht, dass man nicht doch aus heiterem Himmel den ach so sicheren Job verlieren kann.

Ich hatte nach meinem Studium drei Festanstellungen. In allen drei Unternehmen gab es betriebsbedingte Kündigungen im großen Stil! In der ersten Agentur ging ein großer Kunde verloren. Konzerne müssen aus Compliance-Gründen alle paar Jahre Ausschreibungen machen, bei denen die bisher beauftragten Agenturen immer wieder neu um den Auftrag bangen und sich bewerben müssen. Wir gewannen den Pitch nicht, und somit wurde einigen KollegInnen gekündigt. Dabei gingen die TeamleiterInnen durch die Räume und baten die betroffenen Mitarbeitenden mitzukommen. Jedes Mal, wenn unsere Teamleiterin durch die Räume lief, sahen sie alle fragend an, ob sie nun die Nächsten wären. Es fehlte nur noch der Daumen, der nach oben oder unten zeigte wie bei den Gladiatoren.

Im zweiten Fall wurden zwei Unternehmen, die zum gleichen Konzern gehörten, zu einem fusioniert. Diesmal lief es so ab: Alle Mitarbeitenden wurden zu einem Meeting einberufen, in dem die Geschäftsführungen beider Unternehmen die anstehende Fusion verkündeten. Uns wurde der neue Firmenname vorgestellt, die Strategie erklärt und euphorisch die Zukunftsvision beschrieben, außerdem lernten wir das neue Führungsteam kennen. Eine große Veränderung mit vielen Chancen, auf die wir uns alle freuen durften. Na ja, nicht alle, denn am Ende des Meetings wurde in einem Nebensatz verkündet, dass man sich von 10 Prozent der bisherigen Mitarbeitenden trennen müsste.

»Moment, habe ich das richtig verstanden?« – »Was haben die gerade gesagt?« – »Heißt das, es gibt Kündigungen?« Wir waren alle irritiert und blickten uns an, darauf wartend, dass irgendjemand die Situation endlich aufklärt und sagt: »Ne, das habt ihr falsch verstanden. Wir dürfen alle 10 Prozent weniger arbeiten.« Oder so. Nach dem Meeting gingen alle vollkommen aufgewühlt an ihre Arbeitsplätze, denn es hieß: Bis zum Mittag würde man die betreffenden MitarbeiterInnen telefonisch kontaktieren. An Arbeiten war nicht zu denken. Büronachbarn hockten gemeinsam in einem Raum, mit offener Tür, damit man das Telefon läuten hörte. Die erste Mitarbeiterin, deren Kündigung bekannt gegeben wurde, war unsere Team-Assistentin mit über zwanzig Jahren Betriebszugehörigkeit! Eine andere hatte erst einen Tag zuvor (!) ihren neuen Job bei uns begonnen, nachdem sie zuvor abgeworben worden war. Es war das reinste Chaos. Die Stimmung war am Boden, und es herrschte wochenlange Unruhe.

In meiner dritten Anstellung wurde der Konzern von einem noch größeren Konzern gekauft. Ich wurde von diesem Unternehmen durch eine Headhunterin abgeworben und wusste von Anfang an, worauf ich mich einlasse. Ein Jahr später war es dann so weit, und auch über diesen Betrieb rauschte eine Kündigungswelle. Ich selbst war zu diesem Zeitpunkt schon fast routiniert, wartete aber natürlich dennoch gespannt, wie mein Termin verlaufen würde. Was dieses Unternehmen richtig machte, war, dass alle Mitarbeitenden einen Termin zugeteilt bekamen und niemand auf einen unheilvollen Anruf warten musste.

In allen drei Unternehmen wurden sowohl langjährige als auch engagierte MitarbeiterInnen gekündigt. Für manche gab es einfach keinen Platz mehr in der neuen Struktur, oder sie wären degradiert worden und entschieden sich selbst zu gehen. Alle drei Kündigungswellen habe ich überstanden, aber jedes Mal habe ich die Tragik miterlebt, wenn Kolleginnen gerade erst ein neues Haus gekauft hatten, bereits seit Jahrzehnten im Unternehmen beschäftigt oder alleinerziehend waren. Eine Festanstellung ist eben bei Weitem nicht so sicher, wie sich das viele vorstellen oder wünschen. Beim ersten Unternehmen war ich selbst aber relativ entspannt, da ich gerade erst von der Uni kam und wusste, ich würde zur Not schon irgendeinen Junior-Job bekommen. Und beim zweiten und dritten Mal hatte ich mir bereits andere Einkommensquellen aufgebaut und wusste, dass ich damit erst einmal gut über die Runden kommen würde.

Ein Fehler, den heute viele machen, ist, dass sie direkt nach dem großen passiven Einkommen suchen, bei dem sie nie wieder arbeiten müssen. Natürlich ist das ein großer und wichtiger Hebel. Oft gibt es aber auf dem Weg dorthin noch Arbeit, die gemacht werden muss. Ein passives Einkommen bedeutet eben nicht, dass es dir in den Schoß fällt und du gar nichts mehr machen musst. Wer sich zum Beispiel Einnahmen über bezahlte Werbe-Links aufbauen möchte, muss dafür die ansprechende Umgebung schaffen, die zudem erfolgreich ist und von vielen Menschen genutzt wird. Wer Geld investieren und von den Dividenden leben möchte, muss das Geld zum Investieren zunächst einmal verdienen und Wissen aufbauen, welche Unternehmen dafür geeignet sind. Bevor du dir passive Einkommensquellen aufbaust, musst du also zunächst selbst aktiv werden. Und dazu gehört auch die Arbeit, mit der du dir den Weg zu deiner finanziellen Freiheit ebnest. Um mehr Geld in Aktien und ETFs zu investieren, habe ich damals nebenberuflich als Texterin gearbeitet. Ich habe Werbetexte für Unternehmen geschrieben und Artikel für Magazine wie die *Vice*. Viel hat man dabei nicht verdient, aber Schreiben ging mir schon immer leicht von der Hand, und ich wusste, dass jede 100 Euro, die ich durch meine Nebenjobs mehr investieren konnte, für mich auch mehr finanzielle Freiheit bedeuten würden.

Die Minimalistin und Finanzbloggerin Valentina Dapunt hat dafür sogar eine Formel, die den Wert des investierten Geldes für die finanzielle Freiheit aufzeigt: »Für jede 300 Euro, die man investiert, kann man theoretisch 1 Euro passives Einkommen pro Monat erzielen. Das hat mich motiviert, etwas nicht zu kaufen und zu überlegen, ob ich dieses Geld nicht lieber in mein passives Einkommen investieren möchte. Das war für mich wie eine kleine Challenge und ein Gamechanger, das umzusetzen: Auch einmalige Ausgaben können langfristige Folgen haben.«

Der richtige Mix beim Einkommen

Je mehr unterschiedliche Einkommensquellen du hast und je unabhängiger diese voneinander sind, desto besser! Dabei unterscheidet man folgende Einkommensarten:

1. Festanstellung

Die meisten Menschen verdienen ihr Geld über eine Festanstellung. Eine Festanstellung bietet dir natürlich zu einem gewissen Grad Sicherheit, da du weißt, dass du jeden Monat ein festes Gehalt bekommst, mit dem du rechnen kannst. Wie du an meinen Beispielen und eigenen Erfahrungen siehst, ist eine Festanstellung aber keine hundertprozentige Garantie für ein sicheres Einkommen in der weiteren Zukunft.

2. Freiberufliche oder selbstständige Arbeit

Bei freiberuflicher oder selbstständiger Arbeit tauschst du in der Regel wie bei der Festanstellung Zeit gegen Geld, das bedeutet, du bietest dein Wissen oder deine Fähigkeiten an und erhältst dafür im Gegenzug ein Honorar. Dabei können die Verdienstmöglichkeiten auch hier sehr hoch sein. Viele der Frauen, mit denen ich gesprochen habe, sind beispielsweise auch erfolgreiche Speakerinnen. Aus meinen eigenen Engagements als Speakerin weiß ich, dass hier vierstellige Honorare ganz normal sind. Wer besonders prominent ist, kann sogar fünfstellige Gagen aufrufen. Unterschätze dabei aber nicht die Vorarbeit. Denn schließlich steckt auch immer jahrelanger Wissensaufbau dahinter.

3. Dividenden

Viele, die davon träumen, jung in Rente zu gehen, setzen auf Einnahmen aus Dividenden. Voraussetzung dafür ist, dass du ausreichende Investitionen in Aktien oder entsprechende ETFs getätigt hast. Im Schnitt sagt man, dass du für 1000 Euro passives Einkommen monatlich durch Dividenden insgesamt 300 000 Euro Investitionsvolumen benötigst. Dabei geht man davon aus, dass die ausgezahlten Dividenden im Durchschnitt 4 Prozent betragen.

4. Miete

Mieteinnahmen sind ein weiterer Klassiker für passives Einkommen. Voraussetzung dafür ist natürlich, dass du zunächst genügend Geld sparst, damit du eine Immobilie kaufen kannst. Dass man dabei aber oft weniger Vermögen braucht als weithin angenommen, beschreibe ich noch ausführlicher in Kapitel 11.

5. Zinsen

Es gab tatsächlich Zeiten, da gab es hohe Zinsen, und viele Menschen liehen Unternehmen oder Staaten Geld, um von den Zinserträgen zu profitieren. Anleihen sind aktuell zwar nicht mehr sehr renditestark, dafür gibt es mittlerweile andere Formen, beispielsweise P2P-Kredite. Im Gegensatz zu Anleihen ist diese Form der Zinserträge jedoch eher riskant, da man hierbei Unternehmen und Privatpersonen über eine Plattform Geld leiht. Und das kann eben auch mal schiefgehen.

6. Weitere Arten von passivem Einkommen

Weitere beliebte passive Einkommensquellen sind zum Beispiel Webseiten, auf denen Werbung oder Affiliate-Links eingebunden sind, E-Books, die im Selfpublishing über Amazon vertrieben werden, oder auch das Publizieren von YouTube-Videos, die Werbeeinnahmen generieren können. Doch egal um welche Art von passiven Einkommen es sich handelt: Es ist vorab immer eine ganze Menge aktive Arbeit angesagt, bis die passiven Einnahmen sprudeln können.

Du musst natürlich nicht alle Einkommensarten ausüben beziehungsweise nutzen, um deine finanziellen Ziele zu erreichen, aber ein zu dir passender Mix verschiedener Einkommensquellen kann dich schneller und zuverlässiger absichern. Es empfiehlt sich, einfach mal über den Tellerrand zu schauen und sich zu überlegen: Was mache ich gerne? Was kann ich gut? Wofür habe ich in meiner Freizeit noch Kapazitäten frei? Neue Einkommensquellen werden nicht über Nacht aufgebaut. Manchmal dauert es Monate oder sogar Jahre. Belohnt werden dabei vor allem diejenigen, die Durchhaltevermögen zeigen. Als ich vor etwa sechs Jahren anfing, Inhalte zum Thema Frauen und Finanzplanung zu veröffentlichen, fand ich immer mehr Frauen, die die gleiche Idee hatten. Der Unterschied war jedoch: Die meisten gaben schon recht schnell wieder auf, weil sie dachten, der Erfolg müsste sich sofort einstellen. Vor diesem »Erfolg über Nacht« standen aber meistens schon viele Jahre des stillen Arbeitens im Verborgenen. Umso wichtiger, dass du dir dafür etwas suchst, das dir auch wirklich Spaß macht und woran du auch nach Niederlagen dranbleibst. Denn natürlich kann und wird es auch die immer wieder geben.

> Ich diversifiziere nicht nur in meinen Investments, sondern auch bei meinen Einkommensquellen. Neben meiner Festanstellung habe ich freiberuflich gearbeitet, eine GmbH und zuletzt sogar eine Aktiengesellschaft gegründet. Es ist wichtig, sich nicht nur auf eine Einkommensquelle zu verlassen. Denn was ist, wenn diese Quelle einmal wegbricht?
>
> Patrizia Laeri, Gründerin

Interview mit Fränzi Kühne

»*Fränzi Kühne ist Unternehmerin, Aufsichtsrätin, Autorin und Vorständin bei der* edding AG. *Sie engagiert sich seit Jahren für mehr Frauen in Führungspositionen und treibt die dafür notwendige Veränderung von Organisations- und Arbeitskultur voran. In ihrem Spiegel-Bestseller* Was Männer nie gefragt werden *zeigt sie auf, was in Sachen Gleichberechtigung immer noch falsch läuft.*

Wie wichtig war Mut für deinen bisherigen Erfolg?
Die Entscheidung, zu gründen, habe ich gar nicht als mutig empfunden. Ich war erst Mitte zwanzig, und wir wollten einfach etwas machen, wofür wir eine Leidenschaft und woran wir Spaß hatten. Hätte es damals nicht funktioniert, hätte ich mein Jura-Studium einfach weitergemacht und wäre irgendwann Strafrechtlerin geworden.

Du warst Deutschlands jüngste Aufsichtsrätin: Das war aber doch eine mutige Entscheidung.
Ja, das habe ich als mutig empfunden. Als das Angebot kam, ob ich in den Aufsichtsrat von Freenet möchte, habe ich zunächst gedacht: »Ich möchte nicht raus aus meiner Komfortzone.« Aber dann dachte ich mir: Wir haben da einen großen Gender Gap in Deutschland, und ich bekomme diese Anfrage für eine Spitzenposition. Also habe ich entschieden: »Raus aus der Komfortzone, ich muss das machen.« Da habe ich mich schon als mutig empfunden. Rückblickend bin ich auch froh, dass ich es gemacht habe. Auch wenn ich in dem Moment sogar dachte: »Das war die dümmste Entscheidung überhaupt, und ich bin noch nicht bereit.«

Welche Routinen und Automatisierungen nutzt du in deinem Alltag?
Ich bin ein sehr routinierter Mensch, und ich liebe Routinen, weil es im stressigen Alltag, wenn ständig links und rechts Dinge auf einen zukommen, für Ruhe sorgt. Insbesondere wenn man Kinder hat, sind Routinen wichtig, das ist ein Gerüst, an dem man festhalten kann.

Wie gehst du an Themen heran, die dich nicht interessieren, die aber gemacht werden müssen?
Es gibt im Alltag immer Pflicht und Kür. Ich versuche immer, die richtige Balance daraus zu finden. Ich versuche, meinen Alltag so zu gestalten, dass ich auch Sachen mache, auf die ich keine Lust habe, die aber gemacht werden müssen. Aber ich überlege mir auch immer: Wie kann ich mich danach dafür belohnen? Eine einfache Regel lautet: Was du in drei Minuten machen kannst, mach sofort. Das hilft mir immer wieder, unliebsame Aufgaben zu ändern.

Was bedeutet finanzielle Unabhängigkeit für dich?
Finanzielle Unabhängigkeit war schon immer wichtig für mich. Meine Eltern haben immer gesagt: »Kind, wenn du dir was kaufen möchtest, dann mach es von deinem eigenen Geld, wenn das Taschengeld nicht reicht.« So bin ich aufgewachsen und habe schon mit fünfzehn angefangen zu arbeiten. Ich habe immer hart gearbeitet, aber es hat mir auch immer Spaß gemacht. Ich war stolz darauf, mir meinen ersten Laptop allein kaufen zu können und Verantwortung für mein Geld zu übernehmen. Deswegen ist mir finanzielle Unabhängigkeit enorm wichtig und eine Selbstverständlichkeit.

Was war dein größter finanzieller Fehler?
Hm, Fehler? Natürlich hatte ich schon Fehlgriffe in meinen Investments, aber das würde ich nicht als Fehler im Sinne von

Niederlage bezeichnen. Natürlich habe ich schon mal in Start-ups investiert, aus denen nichts geworden ist. Aber das war kein Fehler, denn daraus habe ich gelernt und weiß dadurch: In welche Start-ups will ich investieren? Worauf muss ich achten? Was sind keine guten Investments? Ich sehe es so: Fehler passieren, und aus Fehlern lernt man. Wichtig dabei: Schnell den Reset-Knopf drücken, reflektieren, was man daraus lernt, und dann weitergehen und Neues machen. So gehe ich generell mit Fehlern um.

Welchen finanziellen Rat hättest du dir schon früher gewünscht?
Ich denke, in Bezug auf Geld ist die Erziehung ein wichtiger Faktor. Deswegen ist es unglaublich wichtig, Kinder früh dafür zu sensibilisieren, dass Dinge auch Geld kosten, in welchem Verhältnis Dinge möglich sind und ein Geld-Bewusstsein zu schaffen. Meine Eltern haben mir immer gesagt: »Kind, du musst Geld in Fonds anlegen und darauf achten, dass du dein Geld zusammenhältst.« Auf der anderen Seite habe ich auch oft gehört: »Noch nie hat sich jemand reich gespart.« Das waren sehr gute Ratschläge. Aber irgendwann muss man seinen eigenen Weg finden, sich auch trauen, Dinge auszuprobieren, und sich selbst weiterbilden!

Strategie #10

Lerne, mit Risiken umzugehen

Eine meiner ersten Kindheitserinnerungen handelt von einem großen Risiko, das meine Eltern eingegangen sind. Ich erinnere mich noch sehr genau an diesen Moment, als ich mit meiner ganzen Familie im Auto saß und hinter uns die ganze Straße versammelt stand. Der Cousin meiner Mutter saß am Steuer, mein Vater auf dem Beifahrersitz und ich zwischen meiner Mutter und meiner Schwester, die beide bitterlich weinten. Ich war zu diesem Zeitpunkt vier Jahre alt und verstand die Tränen nicht. Gerade als meine Mutter sich zusammenreißen konnte, um mir zu antworten, sagte meine Schwester: »Weil wir nicht wissen, ob wir Oma und Opa jemals wiedersehen.« Als ich mich umdrehte, um noch mal einen Blick auf meine Großeltern zu werfen, die weinend und winkend hinter dem Auto standen, fuhren wir auch schon los. An den Rest der langen Fahrt kann ich mich nicht mehr erinnern, aber diese Erinnerung ist mir auch 33 Jahre später immer noch sehr präsent. Es ist eine Erinnerung und eine Erfahrung, die mir schon früh gezeigt hat: Wenn du etwas in deinem Leben verändern willst, musst du auch bereit sein, Risiken einzugehen. Als ich in späteren Jahren meine Eltern fragte, warum sie eigentlich damals mit meiner Schwester und mir ausgewandert sind, kam immer die gleiche Antwort: »Damit ihr ein besseres Leben haben könnt.«

Es gibt viele Gründe, warum die meisten Menschen Risiken meiden. Risiko bedeutet Veränderung: Wenn ich ein Risiko eingehe, verändert sich meine jetzige Situation unweigerlich. Meine Entscheidung kann zu einer Verbesserung meiner Situation führen, zu einer Verschlechterung oder zu keiner Veränderung, was jedoch zumindest eine Enttäuschung bedeutet. Zudem kann ich meinen aktuellen Status quo verlieren. Der Mensch ist ein Gewohnheitstier, und er gibt nicht gerne auf, was er hat. Wozu etwas riskieren, wenn ich mich in meiner aktuellen Lage wohlfühle? Ein Leben in der Komfortzone bedeutet weniger Angst, weniger Stress und regelmäßige kleine Glücksmomente. Das Problem dabei ist jedoch: In der Komfortzone kann kein Wachstum entstehen.

Gefahr – oder nur Risiko?

Das Problem ist, dass viele Menschen Risiko und Gefahr gleichsetzen und sich über die Unterschiede keine Gedanken machen. »Gefahr« beschreibt eine Situation, die zu einer negativen Auswirkung führen kann. Wenn ich die Komfortzone meiner Wohnung verlasse und mich auf die Straße begebe, gibt es viele Gefahren, die auf mich lauern: Mich kann ein Auto überfahren, meine Handtasche kann mir von einem Dieb geklaut werden, oder ich kann meinem Ex und seiner neuen Freundin über den Weg laufen. All diese Situationen stellen für mich potenzielle Gefahren dar. Um all diese Gefahren zu umgehen, wäre es für mich das Beste, einfach zu Hause zu bleiben. Damit nehmen wir uns allerdings auch die Möglichkeit, einen schönen Spaziergang zu machen, eine Freundin zu treffen oder auch nur den Wocheneinkauf zu erledigen. Und hier kommt das Thema Risiko ins Spiel.

Beim Risiko handelt es sich um die Wahrscheinlichkeit, mit der eine potenzielle Gefahr überhaupt eintritt. Dabei kann unser Gehirn zum Glück viele Eintrittswahrscheinlichkeiten problemlos einschätzen: Das Risiko, vom Auto überfahren zu werden, ist beim Überqueren einer Autobahn höher als beim Überqueren einer grünen Fußgängerampel. Das Risiko eines Taschendiebstahls ist in der Pariser Metro deutlich höher als in einer Dorfbäckerei. Und das Risiko, dem Ex über den Weg zu laufen, ist bei der Geburtstagsparty einer gemeinsamen Freundin wesentlich höher als im Nagelstudio.

Du siehst: Gefahr und Risiko sind nicht nur unterschiedliche Prinzipien, sondern müssen auch immer in Verbindung mit anderen Faktoren betrachtet werden. Während die Gefahr einen möglichen Schaden aufzeigt, sagt das Risiko etwas darüber aus, wie hoch die Wahrscheinlichkeit ist, dass unter den gegebenen Umständen eine bestimmte Gefahrensituation voraussichtlich eintrifft.

Während meiner Recherche habe ich mit Petra Nieken vom KIT gesprochen, wir sind ihr bereits in Kapitel 3 begegnet. In ihrer Forschung geht es viel um das Thema Risiko – und auch um genderspezifische Unterschiede. Zum Risiko allgemein sagt sie: »Vor allem Neuen haben wir oft erst einmal Angst. Und das führt manchmal auch zu seltsamen Verhaltensweisen. Während wir manche Risiken überschätzen, unterschätzen wir andere. Beispielsweise unterschätzen wir das Risiko, im Straßenverkehr einen Unfall zu erleiden. Gleichzeitig haben viele Menschen Angst davor, in ein Flugzeug zu steigen, obwohl das statistisch gesehen das sicherste Verkehrsmittel ist.«

Dabei sei es auch wichtig, sich mit unterschiedlichen Szenarien zu befassen: Wie wahrscheinlich ist es, dass dieses oder jenes Szenario eintritt? Wie könnte das Worst-Case-Szenario aussehen? Wie negativ sind die Konsequenzen für mich, wenn der schlimmste Fall tatsächlich eintritt? Denn neben der Eintrittswahrscheinlichkeit ist auch die Eintrittsschwere relevant, also die Frage: Welche Auswirkungen hat das Eintreten einer bestimmten Gefahr auf meine individuelle Situation? Ich denke, wir sind uns einig, dass vom Auto überfahren zu werden für alle sehr unangenehm wäre. Das ist eine Gefahr, deren Eintrittsschwere so hoch ist, dass wir sie um jeden Preis vermeiden müssen.

Wird mir die Handtasche geklaut, ist das natürlich sehr ärgerlich: Ich verliere Geld, muss all meine Karten sperren lassen, neue Ausweise beantragen, mein Wohnungsschloss austauschen lassen und mir ein neues Handy kaufen. Der Verlust ist also nicht nur ärgerlich, sondern auch mit finanziellem und zeitlichem Aufwand verbunden. Was uns in dem Moment und in den Wochen darauf noch viel Ärger bereitet, ist jedoch nach wenigen Monaten überstanden, und wir sind wieder zu unserer Ausgangssituation zurückgekehrt. Eine mittlere Eintrittsschwere also, die zur Folge hat, dass wir jetzt immerhin besser auf unsere Sachen aufpassen.

Kommen wir zum Ex und seiner neuen Freundin. Begegnen wir den beiden mit gebrochenem Herzen auf einer Party, ist der Abend definitiv im Eimer. Die gute Stimmung ist dahin, die Gedanken kreisen nur noch um diese eine Sache, und wir verlassen vorzeitig die Party, um uns zu Hause in den Schlaf zu weinen. Auch wenn für uns in diesem Moment innerlich eine Welt zusammenbricht und uns nichts mehr aufmuntern kann, sieht die Welt am nächsten Tag wieder besser aus. Wir verabreden uns mit einer Freundin, schütten ihr unser Herz aus und finden am Ende Genugtuung darin, über das neue Liebespaar zu lästern. Die Eintrittsschwere ist also leicht (auch wenn mit Liebeskummer nicht zu spaßen ist).

Beim Thema Geldanlage scheinen viele jedoch keinerlei Unterschiede zwischen Gefahr, Risiko und Eintrittsschwere zu machen. Klar ist: Wenn ich Geld investiere, kann ich auch Geld verlieren. Die meisten ziehen daraus aber den Schluss: »Also lasse ich meine Ersparnisse auf dem Sparbuch, wo sie sicher sind.« Sie setzen Risiko mit Gefahr gleich – und begeben sich damit erst in echte Gefahr.

Die vermeintliche Sicherheit des Sparbuchs

Dass das Sparbuch gar nicht so sicher ist, wie es scheint, sehen viele dabei nicht. Durch die Coronakrise ist in den letzten Jahren eine skurrile Situation entstanden: Einerseits ist das Gesamtvermögen deutscher Haushalte auf ein Rekordhoch von 7,7 Billionen Euro gewachsen, da die Menschen im Lockdown nicht so viel konsumieren konnten.[65] Andererseits fällt es vielen Menschen immer schwerer, ihre Ersparnisse auch zu vermehren – oder zumindest im Wert stabil zu halten.

Laut einer Postbank-Umfrage sind Sparbuch und Girokonto so beliebt wie seit zehn Jahren nicht mehr. Danach parken derzeit 62,5 Prozent der SparerInnen Geld auf dem Girokonto. Und fast jede/r zweite SparerIn nutzt auch noch ein klassisches Sparbuch. Zwei Rekorde, die eine große Gefahr für das Geld der SparerInnen bedeuten – nämlich in Form von Inflation.[66]

Im Mai 2022 war die Inflationsrate in Deutschland mit stolzen 7,9 Prozent im Vergleich zum Vorjahresmonat auf dem Höchststand. Allein die Energiepreise sind dabei um 37,3 Prozent gestiegen.[67] Angenommen, du hast 10 000 Euro auf deinem Girokonto herumliegen und die Inflationsrate beträgt in den nächsten zehn Jahren nur noch 2 Prozent, dann ist dein Geld nach heutiger Kaufkraft nur noch 8200 Euro wert. Fast ein Fünftel deiner Ersparnisse hat sich dann in zehn Jahren einfach in Luft aufgelöst.

Dieser Verlust ist jedoch ein schleichender Prozess, und natürlich siehst du auch nach zehn Jahren beim Blick aufs Girokonto immer noch die 10 000 Euro, die du einst eingezahlt hast. Dass du jetzt aber für Lebensmittel, Kleidung und Reisen immer höhere Preise bezahlen musst, siehst du dabei nicht. So verlieren die Menschen in Deutschland laut einer DZ-Bank-Studie jährlich bis zu 1400 Euro – pro Kopf![68]

Die Gefahr, Geld auf dem Sparbuch und Girokonto zu verlieren, ist also sehr real, und sogar die Eintrittswahrscheinlichkeit liegt bei 100 Prozent, denn es passiert bereits seit Jahren – das Risiko könnte also nicht höher sein. Und leider zeigt sich dabei, dass sich vor allem eine Gruppe beim Girokonto und Sparbuch in Sicherheit wiegt: Frauen. Dabei gibt es Strategien, wie du einen Totalverlust vermeiden kannst. Wichtig ist also zu verstehen, was Risiko genau bedeutet und wie du mit dem Thema umgehst, damit du dein Geld entspannt investieren und vermehren kannst. Und genau hier werden die Geschlechterunterschiede deutlich: Männer legen das ersparte Geld gewinnbringend an und investieren, Frauen lassen es lieber auf dem Girokonto oder Sparbuch herumliegen und vergeben damit selbst die Möglichkeit, mehr aus ihrem Geld zu machen. Warum? Die meisten wissen einfach nicht, was Risiko beim Investieren bedeutet, und verstehen darunter nur eins: den Totalverlust!

Risiken bei der Geldanlage

»Shootingstar ist insolvent: Absturz von Wirecard: Wie ein Rentner fast 450 000 Euro durch den Betrug verlor«, titelte *Focus Online* im Zuge des Aktienabsturzes von Wirecard und erzählte die Geschichte eines achtzigjährigen Privatiers, der seine gesamten Investitionen in das Unternehmen verloren hatte.[69] Nachrichten wie diese sind es, die im Gedächtnis bleiben und Menschen davor abschrecken, zu investieren. »Man könnte ja das ganze Ersparte verlieren«, fürchten viele. Dabei ist die Wahrscheinlichkeit eines Totalverlusts bei Aktien weitaus geringer als weithin angenommen. Setzt man auf Aktienfonds und ETFs, die viele unterschiedliche Unternehmen beinhalten, geht die Wahrscheinlichkeit der Totalpleite gegen null. Worin liegt dann aber das Risiko?

Nehmen wir an, du hast deine 10 000 Euro auf dem Sparbuch und bist in der »glücklichen« Lage, dass du sogar noch Zinsen in Höhe von 0,01 Prozent pro Jahr dafür bekommst. Diese Zinsen bleiben stabil, und du weißt immer, mit welchem Gewinn du rechnen kannst: Nach einem Jahr bekommst du exakt 1 Euro Zinsen für dein Geld und kannst diese Summe entsprechend einplanen. Anders bei Investitionen in Aktien. Aktienkurse steigen und fallen permanent, und niemand weiß, wo der Aktienkurs eines bestimmten Unternehmens in einem Jahr stehen wird. Das heißt, du hast zunächst das Risiko der Volatilität: Durch die Bewegungen an der Börse kann der Wert deiner Investitionen zwischenzeitlich steigen oder fallen, es ist also keine gerade, konstante Entwicklung, sondern eine flexible, unregelmäßige. Übersetzt heißt das: Du hast keine verlässliche Planbarkeit. Das bedeutet, dass du bei 10 000 Euro, die du investierst, niemals weißt, ob du in einem Jahr 12 000 Euro oder 8000 Euro im Depot haben wirst. Oder einen ganz anderen Betrag. Ein gewisses Risiko bei Investitionsentscheidungen ist jedoch notwendig, um eine gute Rendite zu erzielen – denn sicher ist nur der Tod.

Das Zusammenspiel von Risiko und Rendite

Als meine Eltern Polen verließen, gingen sie ein immens hohes Risiko ein: Sie mussten ihr gesamtes Hab und Gut zurücklassen, wussten nicht, was auf sie zukommen würde, und auch nicht, ob sie ihre Familien jemals wiedersehen würden. Das Risiko war hoch – so aber auch die erhoffte Rendite. Würden sie es schaffen, sich ein neues Leben in Deutschland aufzubauen, hätten meine Schwester und ich die Chance auf eine bessere Zukunft. Es lohnt sich also nur dann, ein Risiko einzugehen, wenn die Belohnung am Ende hoch genug ist. Dafür muss man erst einmal wissen, wo man aktuell steht. Wir wohnten damals in einer Wohnung ohne Bad, der nächste Arzt war dreißig Kilometer entfernt, und wenn man Lebensmittel kaufen wollte, durfte man nicht zu spät sein, sonst war die wenige Ware schon verkauft. Das war Polen Ende der Achtzigerjahre.

Jede Veränderung stellt auch ein Risiko dar. Egal ob Jobwechsel, Trennung oder die Entscheidung für ein Kind, du weißt nicht mit hundertprozentiger Sicherheit, was auf dich zukommen und ob sich deine Situation wirklich zum Besseren wenden wird. Wenn du das Risiko eingehst, findest du dich aber vielleicht in deinem Traumjob wieder und machst Karriere, bist der glücklichste Single, der freiwillig auf alle Dating-Apps verzichtet, oder erlebst intensive Muttergefühle und schwindelerregende Glücksmomente.

In der Finanzwelt ist es wie im echten Leben: Du musst bereit sein, Risiken einzugehen, um am Ende die Früchte zu ernten. Denn Risiko und Rendite sind untrennbar miteinander verknüpft. Je höher die mögliche Rendite deine Investments ist, desto größer ist in der Regel auch das Risiko. Das Gleiche gilt andersherum: Je geringer das Risiko, desto niedriger die Rendite. Geld ist auf deinem Sparbuch und Girokonto vor Volatilität und Verlusten sicher – zumindest, wenn wir die Inflation ausklammern. Du bekommst hier aber (fast) keinen müden Cent für dein Erspartes. Wenn du jedoch bereit bist, einen Teil deines Geldes in Aktien oder ETFs zu investieren, dann hast du die Möglichkeit, dein Geld zu vermehren. Der amerikanische Technologie-Index NASDAQ-100 hat sich zwischen 2017 und 2022 fast verdreifacht. Das bedeutet, wenn du 2017 in diesen Index investiert hättest, hätten sich deine Investitionen (vor Steuern) ebenfalls verdreifacht!

Doch vergessen wir hierbei nicht die Volatilität: Zwischen November 2021 und Februar 2022 hat der NASDAQ-100 zwischenzeitlich über 10 Prozent Verlust gemacht. Das zeigt anschaulich: Nur wer Risiken eingeht und Schwankungen aushält, wird am Ende belohnt. Doch auch dies ist keine Garantie. Wer in Einzelaktien investiert, kann auch Totalverluste erleiden. Du kennst eben nie den garantierten Ausgang. Wer Anfang 2017 etwa 1000 Euro in Tesla-Aktien investiert hatte, konnte sich Anfang 2022 über 16 000 Euro im Depot freuen. Wer zum selben Zeitpunkt die gleiche Summe in Wirecard investiert hatte, besaß fünf Jahre später noch etwa 4 Euro.

Es gibt an der Börse eben keine sichere Rendite. Denn Rendite beschreibt immer nur den erwarteten Gewinn auf das eingesetzte Kapital. Und dies ist nun einmal ungewiss. Risiko muss sich nicht immer auszahlen. Doch es gibt Möglichkeiten, dein Risiko zu minimieren, ohne die Erfolgsaussichten in gleichem Maße zu schmälern.

So bekommst du das Risiko in den Griff

Das beste Mittel, dein Risiko zu senken, aber dennoch renditereich zu investieren, heißt Diversifikation. Das bedeutet, dass du dein Risiko streust. Du investierst also nicht nur in eine einzelne Aktie, sondern in viele verschiedene. Am besten nicht nur in verschiedene Unternehmen, sondern auch gleich in unterschiedliche Branchen. Wenn du sechs verschiedene Aktien im Depot hast, diese aber von Tesla, BMW, Daimler, VW, Porsche und Ferrari sind, ist das noch keine echte Diversifikation. Denn was passiert, wenn es der gesamten Automobilbranche schlecht geht? Wenn plötzlich alle nur noch Flugtaxis nutzen oder die Menschen durch eine weltweite Rezession kein Geld mehr für neue Autos haben? Dann leiden natürlich auch die Aktien der betroffenen Unternehmen, und dein Aktiendepot schreibt rote Zahlen.

Du musst also auch in verschiedene Branchen investieren. Dann besteht dein Aktiendepot beispielsweise aus BMW (Automobil), Allianz (Versicherung), Beiersdorf (Konsumgüter), SAP (Technologie), Siemens Energy (Energie) und Zalando (Kleidung/e-Commerce). Geht es der Wirtschaft gerade schlecht und die Leute haben kein Geld für ein neues Auto oder neue Kleidung, brauchen sie trotzdem noch Shampoo und Strom. Hier ist dein Aktiendepot also schon viel besser diversifiziert, und die Krise einer ganzen Branche trifft dich nicht mehr so hart.

Trotzdem hast du noch immer ein hohes Risiko im Portfolio, denn du investierst nur in eine einzige Region. Zwar ist Deutschland aktuell eines der wirtschaftsstärksten Länder, trotzdem solltest du niemals nur in ein einziges Land oder eine Region investieren. Auch hierzulande kann es wieder eine Zeit der Massenarbeitslosigkeit und sinkender Wirtschaftskraft geben. Daher solltest du auch immer in mehrere Regionen investieren – idealerweise weltweit.

Das bedeutet bis hierher: Um dein Risiko zu senken, solltest du in unterschiedliche Unternehmen aus voneinander unabhängigen Branchen in verschiedenen Regionen investieren.

Wie bereits erwähnt hatte ich vor ein paar Jahren auch in Wirecard investiert – und mein gesamtes Geld verloren. Natürlich hat es mich geärgert, dass sich mein Geld in Luft auflöste und ich für mein Risiko diesmal nicht belohnt wurde, aber trotzdem hat mich dieser Totalverlust finanziell nicht ruiniert oder in eine bedrohliche Situation gebracht, denn ich hatte mein Risiko breit gestreut und viele verschiedene Unternehmen im Depot. Diese hatten mittlerweile so eine hohe Rendite erzielt, dass ich den Verlust durch meine anderen Investitionen aufwiegen konnte und unterm Strich noch immer eine gesunde Rendite hatte.

Möchtest du dein Risiko noch stärker senken, empfiehlt es sich, nicht nur in Aktien oder ETFs zu investieren, sondern auch in Immobilien, Rohstoffe, Edelmetalle oder Kryptowährungen. Dabei gibt es Anlageklassen, die als risikoreicher gelten, wie Aktien und Kryptowährungen, und solche, die als sicher gelten, wie Immobilien und Gold. Die Kunst ist es oft, die passende Mischung für dein persönliches Risikoprofil und deinen Renditewunsch zu finden.

Im Finanzwesen gibt es eben nicht die Eier legende Wollmilchsau: Wenn du dein Geld vermehren willst, musst du bereit sein, Risiken einzugehen. Du musst bereit sein, deine Komfortzone zu verlassen, und etwas wagen. Und obwohl es viele Möglichkeiten gibt, das Risiko zu minimieren, wie wir gesehen haben, schrecken vor allem viele Frauen immer noch davor zurück.

Warum viele Frauen risikoscheu sind

Dass Frauen grundsätzlich eher Risiken scheuen, haben schon viele sozialpsychologische Experimente zeigen können. So sind Frauen beispielsweise vorsichtiger im Profi-Sport,[70] verhandeln aus Angst ihr Gehalt schlechter oder wählen statt des Aktiendepots lieber das Sparbuch für ihr Erspartes. Dies bestätigt sich auch laut einer Umfrage von JPMorgan: Fast jede zweite Frau schätzt sich als »sehr sicherheitsorientiert« ein und ist sogar bereit, auf Ertrag zu verzichten, wenn ihre Ersparnisse möglichst wenigen Schwankungen ausgesetzt sind. Im Vergleich dazu sagen es nur 35,4 Prozent der Männer. Was dabei auch auffällt: Doppelt so viele Männer (15,6 Prozent) wie Frauen (7,6 Prozent) bezeichnen sich als »etwas risikofreudig« und sind damit bereit, Schwankungen für mehr Rendite in Kauf zu nehmen.

Warum sind wir Frauen so oft risikoscheuer als Männer? Dazu gibt es unterschiedliche Ansätze. Vertreter der genetischen Disposition nehmen die Evolution als Ursache: Bereits in der Vorzeit haben wir genetisch angelegte Verhaltensweisen entwickelt, die eines zum Ziel hatten: den Nachwuchs zu schützen. Der Grund für die unterschiedliche Risikoneigung ist, dass Männer damals für Frau und Kind auch mal gegen einen Rivalen kämpfen mussten. In der Steinzeit war dies überlebensnotwendig, im 20. Jahrhundert romantisch, und heute würde man es als toxische Männlichkeit bezeichnen. Frauen mussten sich hierbei aus evolutionstheoretischer Perspektive ganz anders verhalten: Um den Nachwuchs gesund zu gebären und aufzuziehen, war Vorsicht geboten.

Daneben gibt es den Ansatz der Sozialisation: Echte Jungs klettern auf Bäume, schlagen sich auch mal die Knie auf und weinen nie. Mädchen hingegen sind zart, vorsichtig und immer freundlich. Auch wenn diese Klischees langsam aufgebrochen werden, sind sie in uns allen verankert, da die Gesellschaft auch noch in den Nullerjahren eine andere war und Klischees bis heute in vielen Familien tief verwurzelt sind. Eine Teilnehmerin im *Fortunalista Bootcamp* erzählte mir, dass ihre Schwiegermutter aus allen Wolken fiel, als sie sich für den Kurs angemeldet hatte: »Du kannst doch nicht einfach euer Geld nehmen und es aufs Spiel setzen! Denk doch an die Kinder! Was ist, wenn du alles verlierst?« Der Mann übrigens besaß ein Aktiendepot und investierte bereits. Das wäre aber etwas völlig anderes – so seine Mutter. Das Unglaubliche daran war: Während die Frau sich vor dem Investieren zunächst einmal informieren und lernen wollte, wie die Börse funktioniert und wie sie passende Wertpapiere auswählt, hatte der Mann eine ganz andere Strategie: gar keine! Im Gespräch erzählte sie mir, dass ihr Mann keine konkrete Strategie verfolgte, sondern immer schaute, welche Aktie gerade stieg. Ein typischer Anfängerfehler. Nichtsdestotrotz schien die Schwiegermutter mehr Vertrauen in das Bauchgefühl des Sohnes zu legen als in das neu erworbene Wissen der Schwiegertochter.

Die Anekdote zeigt erneut: Frauen, die investieren wollen, müssen oft gleich an mehreren Fronten kämpfen. Zum inneren Kampf hinsichtlich des Umgangs mit dem Risiko und der Überlegung, wie hoch die eigene Risikotoleranz ist, kommt der äußere Kampf, sich gegen Klischees, Vorurteile und die Meinung anderer durchzusetzen.

Spannend wird es jedoch, wenn man das gewohnte Umfeld für einen Moment verlässt. Studien zeigen zum Beispiel, dass

Frauen in gemischten Gruppen eine niedrigere Risikotoleranz haben als Frauen in einem gleichgeschlechtlichen Umfeld.[71] Ein Forscherteam machte dazu ein Experiment unter College-StudentInnen, bei denen die Testpersonen an einer Lotterie mit realen Einsätzen teilnahmen. Nach acht Wochen in einer gleichgeschlechtlichen Umgebung entschieden sich Frauen jedoch signifikant häufiger für die Lotterie - und damit auch für ein höheres Risiko. Damit möchte ich nicht sagen, dass du dich jetzt nur noch mit Frauen umgeben sollst. Das Ergebnis der Studie zeigt vielmehr, dass bestehende Geschlechterunterschiede beim Risiko keine Frage der Gene sind, sondern eine Frage der Sozialisation. So wird bereits in jungen Jahren das Verhalten von Kindern durch ihre Eltern, Erzieher und gleichaltrige Freunde beeinflusst und zu vorhandenen gesellschaftlichen Verhaltensnormen gelenkt.

Doch während wir unsere DNA und möglicherweise damit verbundene Veranlagungen nicht verändern können, können wir solche Rollenmuster durchbrechen, aktiv gegen alte Glaubenssätze und Klischees vorgehen und lernen, mehr Risiken einzugehen.

Lerne, mit Risiken umzugehen

Eng verbunden mit der Sozialisation sind natürlich psychologische Aspekte wie die persönliche Risikotoleranz. Wenn du dein Geld für dich arbeiten lassen willst, damit es sich »von selbst« vermehrt, musst du lernen, mit Risiken umzugehen. Denn es gibt keine Rendite ohne ein gewisses Risiko. Die Alternative wäre, zuzusehen, wie dein hart verdientes und mühsam zusammengespartes Geld in der Inflation dahinschmilzt.

Beim Investieren unterscheidet man zwischen der psychologischen Risikotoleranz und der finanziellen Risikokapazität. Risikotoleranz ist sehr subjektiv und unterscheidet sich von

Mensch zu Mensch. Wir haben schon gesehen, dass bei Frauen in den meisten Fällen eine niedrigere Risikotoleranz als bei Männer gemessen wurde. Aber natürlich gibt es hier auch individuelle Ausnahmen und Unterschiede. Und selbst die individuelle Risikotoleranz einer einzelnen Person verändert sich im Laufe ihres Lebens, bleibt also nicht konstant. Was eine gute Botschaft für alle ist!

2013 habe ich eine Wanderung durch das Himalaja-Gebirge in Nepal gemacht. Wir waren eine Gruppe von dreizehn Personen, die sich alle vorher nicht kannten. Eine aus unserer Gruppe war Jules. Bevor sie zu unserer Gruppe kam, war sie alleine durch Libyen und Ägypten gereist, inklusive mehrtägiger Sahara-Tour. Das allein fand ich schon recht beeindruckend. Aber Jules setzte noch einen drauf: Ihre größte Leidenschaft war das Fallschirmspringen. Ich bekomme schon Höhenangst, wenn ich im siebten Stock aus dem Fenster schaue. Meine subjektive Risikotoleranz ist hier also eine ganz andere als bei Jules – und zwar im wahrsten Sinne des Wortes eine viel niedrigere.

Während manche Menschen einmal im Leben Fallschirm springen, um danach stolz ihren Freunden davon berichten zu können, war es für Jules ein regelmäßiges Hobby, das sie pflegte wie andere Menschen ihre wöchentlichen Yoga-Sessions. Doch irgendwann war Fallschirmspringen nicht mehr genug. Es wurde zur Gewohnheit, und die Aufregung blieb aus. Also probierte sie etwas Neues aus: Wingsuit-Fliegen. Dabei stürzen sich Menschen in einem Ganzkörperanzug mit Flächen aus Stoff zwischen den Armen und Beinen aus einem Flugzeug oder von einer Klippe. Breitet man nach dem Sprung ins Leere Arme und Beine weit aus, gleitet der Körper ähnlich wie ein Segelflugzeug in einem Höllentempo über das Tal. Gelenkt wird dabei mit den Armflügeln, indem man Hände und Schultern bewegt, um während des Flugs die Richtung und die anströmende Luft zu kontrollieren. Falls du dich jetzt fragst, wie hoch das Risiko dabei ist? Auf der »BASE Fatality List«, der seit 1981 geführten Todesliste der Wingsuit-Springer, waren bis Ende 2021 insgesamt 383 Todesfälle dokumentiert. Nachdem Fallschirmspringen also zu langweilig geworden war, entschloss sich Jules für eine noch riskantere Variante. Ein Verhalten, das übrigens ganz normal ist, solange es nicht in Suchtverhalten ausartet: Wir gewöhnen uns eben auch an Risiken und suchen dann den nächsten Kick.

Je länger und je intensiver du dich also mit einem Risiko beschäftigst, desto eher gewöhnst du dich daran. Und dann wagst du auch mal den Sprung – natürlich nur metaphorisch. Falls du dich bisher davor zurückgehalten hast, dein Geld zu investieren, weil du Angst vor dem Totalverlust hattest, dann fang mit einer so geringen Summe an, dass dich der Verlust nicht schmerzt. Das Paradoxe dabei ist: Viele Frauen haben Angst zu investieren, aus Furcht, dieses Geld möglicherweise zu verlieren. Deswegen lassen sie es gleich sein und verzichten auf einen möglichen Gewinn in Form einer Rendite. Was ist aber mit all den Fehlkäufen, die jede von uns schon mal beim Shoppen gemacht hat? Teilweise mit einem höheren Betrag, als eine einzelne BMW-Aktie überhaupt kosten würde. Ich habe in meinem Leben schon wesentlich mehr Geld durch Fehlkäufe verloren als durch schlecht laufende Investments. Würde ich hier mit derselben Risikotoleranz handeln, dürfte ich gar nicht mehr shoppen gehen. Schließlich wissen wir auch nicht, ob sich das neue Kleid am Ende als Fehlkauf herausstellt oder nicht.

Jules und ich unterschieden uns extrem in unserer Risikotoleranz, was die Freizeitgestaltung betrifft. Anders im Berufsleben: Während ich in den letzten Jahren mehrfach meinen Job gewechselt hatte und am Ende ein eigenes Unternehmen gründete, blieb Jules beim selben Bürojob, wo sie im Marketing einer Immobilienagentur arbeitete. Denn auch das ist typisch für Risiko: Menschen sind in unterschiedlichen Lebensbereichen auch unterschiedlich risikotolerant. Wer sich in seiner Freizeit in einem fledermausähnlichen Ganzkörperanzug ganz entspannt von einer schwindelerregenden Klippe stürzt, bekommt vielleicht schlaflose Nächte beim Gedanken an einen Jobwechsel oder die Investition in einen Aktienfonds.

Du musst also das richtige Level für deine psychologische Risikotoleranz finden. Überlege dir also, welches Risiko du mental ertragen kannst. Mit welcher Volatilität kannst du nachts noch gut schlafen, ohne Angst haben zu müssen, dass du bei einem längeren Kurseinbruch finanziell ernsthaft leidest?

Neben der psychologischen Risikotoleranz gibt es auch die finanzmathematische Risikotoleranz oder auch die Risikokapazität. Diese lässt sich ganz objektiv berechnen, indem man die gesamte finanzielle Situation betrachtet. Hierbei stehen folgende Fragen im Zentrum:

Welches Risiko kannst du finanziell tragen?

Beim Investieren darfst du nur Geld einsetzen, auf das du vorübergehend auch verzichten kannst. Aktienkurse steigen und fallen – du weißt nie, welche Phase als nächste kommt. Wenn du kurzfristig auf das Geld in deinem Aktiendepot angewiesen bist, die gesamte Börse aber gerade einen Bärenmarkt durchlebt, kannst du deine Aktien nur mit Verlust verkaufen. Solange deine Aktien oder ETFs »nur« an Wert verloren haben, hast du Buchverluste. Sobald du aber diese Buchverluste realisierst, indem du deine Aktien oder ETFs verkaufst, gibt es kein Zurück mehr: Dann hast du wirklich Geld verloren, und du profitierst nicht mehr von einer möglichen anschließenden Erholung, das heißt, du verlierst im Grunde doppelt. Als Faustformel gilt: Je größer deine Rücklagen sind und je höher dein Einkommen ist, desto höher kann auch das finanzielle Risiko sein, das du eingehst.

Ach so: Du fragst dich gerade noch, was ein Bärenmarkt ist? Als Bärenmarkt bezeichnet man an der Börse anhaltend sinkende Kurse. Das bedeutet, die AktionärInnen sind eher pessimistisch eingestellt und glauben nicht an wachsende Aktienkurse. In diesem Fall bleiben die Aktienkurse über einen längeren Zeitraum im Abwärtstrend. Das Gegenteil vom Bärenmarkt ist ein Bullenmarkt. Hier steigen die Aktienkurse über einen längeren Zeitraum, und an der Börse herrschen Kauflaune und Euphorie.

Analysten haben in einer Studie alle Bullen- und Bärenmärkte seit 1988 untersucht und festgestellt, dass ein Bullenmarkt im Durchschnitt 22 Monate dauert, ein Bärenmarkt hingegen nur sechs Monate. Auch wenn Anlegerinnen der Bärenmarkt unendlich lang erscheint, da hier der Leidensdruck viel größer ist, sind die meisten Monate an der Börse gute Monate, in denen sich dein Geld vermehren kann. Durchschnittlich stiegen in diesem Zeitraum die Aktienkurse während eines Bullenmarktes sogar dreieinhalbmal höher: Der Durchschnittsertrag eines Bullenmarkts lag bei 113 Prozent, während Bärenmärkte durchschnittlich 32 Prozent verloren.[72] Abschließend noch eine kleine Info zum Angeben: Man sagt bei einer pessimistischen Stimmung und sinkenden Kursen, dass die Märkte »bearish« sind. Bei einer optimistischen Stimmung mit steigenden Kursen sind sie »bullish«. Und nach dieser kleinen »Werbeunterbrechung« geht es nun zurück zum Hauptprogramm: Thema Risikokapazität, Frage 2.

Welches Risiko <u>musst</u> du finanziell tragen?

Da Risiko und Rendite zusammenhängen, gibt es auch ein gewisses Maß an Risiko, das du tragen *musst*, damit du ein finanzielles Ziel überhaupt erreichen kannst. Um noch einmal das Thema Altersvorsorge zu nehmen: Je größer deine Rentenlücke, desto größer das Risiko, das du eingehen musst.

Während die erste Frage deine Ist-Situation betrachtet, dreht sich in dieser Frage alles um deine Soll-Situation. Du musst also auch bereit sein, ein kalkuliertes Risiko einzugehen, um finanziell das zu erreichen, was du dir zum Ziel gesetzt hast. Oder zumindest das zu erreichen, was du später brauchst, um die Rentenlücke zu füllen und nicht von Altersarmut gefährdet zu sein. Und sollten deine Ist- und deine Soll-Situation identisch sein – herzlichen Glückwunsch, dann bist du bereits finanziell frei!

Interview mit Antje Erhard

» *Antje Erhard ist Journalistin und Moderatorin und hat jahrelang live vom Börsenparkett der Frankfurter Börse berichtet. Sie selbst ist auch Aktionärin und setzt sich dafür ein, dass mehr Frauen den Zugang zur Börse finden.*

Wie bist du zum Thema Finanzen gekommen?
Ich bin von Haus aus Geisteswissenschaftlerin, aber ich habe schon im Studium Vorlesungen zu Betriebswirtschaft besucht und fand das Thema irre spannend. Und habe prompt Praktika in Wirtschaftsredaktionen gemacht. Aus einem davon ergab sich direkt nach meinem Examen mein erster Job. Ich war von Anfang an vom Thema Börse fasziniert und begeistert. Und habe mir eigenständig viel Wissen erarbeiten müssen. Und schließlich habe ich in kleinen Schritten angefangen zu investieren.

Wie hast du zu Beginn investiert?
Meine liebe Omi hat mir – ohne es zu wissen – dabei geholfen. Sie hatte Geld geschenkt, und ich war clever genug, es nicht direkt auf den Kopf zu hauen, sondern es an der Börse zu investieren. Weniger clever war, dass ich ohne Plan und Strategie angefangen habe und mich auch nicht intensiv genug mit den zwei Unternehmen, in die ich investiert habe, auseinandergesetzt habe. Ich wusste nichts über ihre Geschäftsentwicklung, über die Konkurrenz, den Markt, das Marktumfeld. Wie blauäugig und naiv. Ich kann nur davor warnen, wirklich! Aber es war die Zeit des Neuen Marktes – und ich hatte Glück: Beide Aktien konnte ich mit Gewinn verkaufen und habe mir davon eine Reise nach New York – meiner Lieblingsstadt – gegönnt. Und schon war der zweite Fehler passiert: Zumindest einen Teil des Kapitals hätte ich reinvestieren sollen. Mit Plan …

Wie ging es dann weiter mit deiner Börsenkarriere?

Danach ging es nicht mehr so erfolgreich an der Börse weiter für mich. Die Dotcom-Blase war geplatzt, viele Menschen hatten viel Geld an der Börse verloren. Das hätte mich vorsichtig stimmen sollen. Aber ich habe damals Aktien eines Computerspielunternehmens gekauft. Es hatte viel und schnell investiert und expandiert. Und ging daran insolvent, somit musste ich viel Lehrgeld bezahlen. Ich habe dann erst einmal für lange Zeit die Finger von der Börse gelassen.

Welche Learnings hast du daraus gezogen?

Börse ist keine Zockerei, sondern eine Möglichkeit, langfristig Kapital aufzubauen. Man braucht dafür eine Strategie, ein bisschen Wissen (allerdings weniger, als die meisten Menschen denken), Zeit und Geduld. Vor allem ist es wichtig, sich mit den Unternehmen und dem Marktumfeld auseinanderzusetzen. Und ebenso mit der Tatsache, dass es an der Börse auch abwärtsgeht. Wir haben es gerade in den Jahren 2020 und 2022 wieder erlebt. Ich habe zwei Möglichkeiten gefunden, mit Verlusten umzugehen. Wenn eine Aktie einstürzt, ich aber von dem Unternehmen überzeugt bin, lasse ich die Aktie im Depot und kaufe vielleicht sogar nach. Aber wenn sich eine Aktie als Fehlinvestment herausstellt, dann trenne ich mich von ihr.

Wie gehst du mit Crashs und Krisen um?

Die Historie ist kein Garant für zukünftige Entwicklungen. Was man aber aus der Vergangenheit lernen kann, ist, dass sich ein Aktieninvestment innerhalb von fünfzehn Jahren meist lohnt, egal zu welchem Zeitpunkt man kauft. Bin ich von einer Aktie weiter überzeugt, behalte ich sie und sitze die Krise aus. Aber ich verkaufe auch, wenn ich merke, dass ich komplett danebenliege. Ein paar Aktien allerdings behalte ich: Nicht um zu schauen, ob sie doch noch steigen – das passiert nie. Sondern als Warnung, beim nächsten Mal noch sorgfältiger auszuwählen.

Bist du eher risikoavers oder chancenorientiert?
Im richtigen Leben ist bei mir das Glas tendenziell eher halb leer als halb voll, aber an der Börse sehe ich eher die Chancen. Meine persönliche Risikoneigung ist eher hoch. Ich investiere in ETFs, Einzelaktien und auch in Kryptos. Hin und wieder handele ich Optionsscheine – das setzt schon recht viel Wissen voraus. Das Schöne an der Börse ist, dass man sich dort ganz individuell ausrichten kann. Aber es braucht eine Strategie. Das ist das Wichtigste. Aber wer sich bewusst macht, welche Risiken er bzw. sie für welche Erträge bereit ist einzugehen, ist auf einem guten Weg. Man muss den Mut haben, anzufangen, und dann die Geduld, die Strategie durchzuhalten. Mein Tipp: Fang klein an, dann lernst du jeden Tag dazu. Selbst wer schon viel Anfangskapital mitbringt, sollte nicht alles auf einmal investieren, sondern breit streuen und über mehrere Wochen anlegen. Eine gute Idee ist ein Musterdepot. Da kann man sich ausprobieren. Ganz risikolos ist das auch nicht, weil man ja kein echtes Geld einsetzt und so eher bereit ist, Risiken einzugehen. Aber es ist trotzdem eine gute Übung.

Finanzwissen wird an der Schule nicht vermittelt. Wie gehst du als Mutter damit um?
Ich denke, es ist wichtig, dass Eltern dahingehend Vorbilder sind und auch für die Kinder investieren. Mein Mann und ich investieren regelmäßig das Kindergeld unseres Sohnes. Als der Kleine eines Tages zum ersten Mal in sein Depot schauen durfte, war er beeindruckt. Mein Sohn hat außerdem gemeinsam mit seiner Patentante, die Bankerin ist, ETF-Sparpläne ausgewählt. Seine Argumente Mobilität der Zukunft, saubere Umwelt haben die beiden dann in zwei entsprechende ETFs umgesetzt. Und er hat inzwischen auch eigene Ideen, wie er investieren möchte: Eines Tages kam er aber zu mir und fragte: »Mama, habe ich eigentlich Apple-Aktien in meinem Depot? Wir haben doch alle ein iPhone und Macbooks und nutzen

das.« Ich musste eingestehen: Er hatte zu dem Zeitpunkt keine Apple-Aktien im Depot. Was soll ich sagen: Mein Sohn war richtig entsetzt darüber. Das haben wir dann geändert, und seitdem investiert er auch in eines seiner Lieblingsunternehmen. Ganz intuitiv in das, was er kennt und versteht. Übrigens eine alte Warren-Buffett-Regel: Investiere in das, was du versteht. Man kann Kinder also auch direkt über Alltagsprodukte an das Thema heranführen.

Gerade Mütter erleiden in Deutschland finanzielle Rückschläge. Was rätst du ihnen als Mutter und Börsenprofi?

Wir sehen ja, dass wir nach wie vor weniger verdienen als Männer. Faktoren, die dies beeinflussen, sind vor allem die langen Auszeiten und die anschließende Teilzeitarbeit. Kritisch wird es, wenn Frauen sich dadurch auch finanziell abhängig machen. Denn dies hat auch Auswirkungen auf die Altersvorsorge. Heute wünschte ich mir, ich hätte selbst noch früher angefangen und wäre an der Börse noch früher aktiv gewesen. Ich finde es sehr naiv und gefährlich, sich auf die Rente bzw. den Partner zu verlassen. Insbesondere Frauen müssen dafür sorgen, finanziell frei und unabhängig zu sein. Wer lange nicht oder nur wenig arbeiten möchte, muss es sich leisten können. Daher rate ich jeder Frau dringend, sich so früh wie möglich um ihr Geld zu kümmern und im nächsten Schritt auch an der Börse zu investieren.

Wie hast du für dich Muttersein und finanzielle Unabhängigkeit unter einen Hut gebracht?

Unser Sohn war ein absolutes Wunschkind. Zu dem Zeitpunkt war ich erst seit Kurzem selbstständig, hatte dafür eine sehr gute Stelle als TV-Redakteurin beim ZDF aufgegeben. Für mich war somit klar, dass ich trotz Kind weiterarbeiten möchte. Mein Mann war zunächst wenig begeistert. Wir haben darüber geredet, und er hat schließlich verstanden, dass meine Arbeit mir wirklich wichtig ist, weil ich mir etwas aufgebaut hatte. Also haben wir gemeinsam einen Weg gefunden, der für uns beide gut ist. Ich hatte tolle Vorbilder wie meine Mutter. Sie ist Lehrerin aus Leidenschaft und hat ihren Beruf wirklich geliebt.

Auch sie hat gesagt: Ich bleibe ein paar Monate zu Hause, und danach arbeite ich wieder. Und hat es geschafft, Familie und Beruf in Einklang zu bringen.

Und wie hast du Muttersein und Beruf für dich organisiert?
Bis zum Tag vor der Geburt meines Sohnes habe ich gearbeitet und es geschafft, alle Projekte in Ruhe abzuschließen. Die Geburt verlief leider kompliziert, aber zwei Tage später habe ich mit Laptop auf dem Schoß und Kind auf dem Arm weitergearbeitet. Das funktionierte wunderbar. Ich hatte von Anfang an auch sehr viel Unterstützung durch meinen Mann und habe mir ein ganzes Netzwerk aufgebaut. Die Großeltern haben geholfen und vor allem die Patentante und ihr Mann. Das war klasse. Nein, es *ist* klasse. Denn es funktioniert bis heute. Letztendlich war es für mich alles eine Frage der Organisation. Ich habe meinen Sohn sogar auf Produktionen mitgenommen, er hat also schon früh Fernsehstudios von innen kennengelernt.

Was war dabei die größte Hürde?
Die größte Hürde war die Suche nach einer Kita. Das ist in Deutschland sehr schwierig und war für uns nahezu aussichtslos. Wir sind auf eine private Einrichtung ausgewichen, was teuer war. Aber wir wussten auch: Unser Sohn braucht auch andere Kinder. Es reicht nicht, wenn nur Mama und Papa beziehungsweise die Großeltern da sind. Die ersten Jahre waren hart, aber es hat gut funktioniert. Mit einem Baby oder Kleinkind in Teilzeit zu arbeiten, erfordert ein hohes Maß an Flexibilität, Willen und Motivation. Natürlich gab es auch Tage, an denen ich sehr erschöpft war. Aber heute bin ich stolz darauf, dass ich es so geschafft habe. Ich glaube, es tut allen gut, wenn Mütter

früh wieder in den Job zurückkehren. In meinem Fall war es so, dass ich zwei Wochen nach der Geburt meines Sohnes wieder vor der Kamera stehen musste. Ich möchte allen Frauen Mut machen, trotz Kind weiterzuarbeiten. Auch wenn es am Anfang schwer ist. Rückblickend war es für mich die beste Entscheidung. «

Strategie # 11

Nutze Fremdkapital für deinen Vermögensaufbau

Mit gerade einmal 25 Jahren entschied sich Monique, eine Immobilie als Kapitalanlage zu kaufen. Sie hatte vorher fleißig einen Großteil ihres Einkommens gespart und sich über verschiedene Investitionsmöglichkeiten informiert. Über eine Anzeige fand sie schließlich eine Immobilie in ihrem Heimatort Amberg und konnte sich in jungen Jahren sogar gegen etwa 40 andere Mitbewerber durchsetzen! Die Wohnung hatte zwei Zimmer und eine Größe von 55 Quadratmetern, ideal also für Singles oder ältere Menschen, die vielleicht noch in einem großen Haus lebten und sich nun verkleinern wollten. Und davon gibt es insbesondere in ländlichen Regionen viele. Noch dazu lag der Kaufpreis unter dem Marktwert. Das bedeutet, vergleichbar große Immobilien in ähnlicher Lage und mit einer ähnlichen Ausstattung waren wesentlich teurer. Gleich Moniques erste Wohnungsbesichtigung schien ein Glücksgriff zu sein.

»Bist du dir sicher, dass du die Wohnung kaufen willst? Schau dir mal die Fenster an, die sind schon sehr alt! Und das Bad ist auch sehr klein! Mir gefällt die Wohnung nicht, such dir doch lieber etwas Schöneres«, sagte ihr Vater. Eigentlich war die Wohnung als Kapitalanlage zur Miete ideal, und es würde sich sicherlich schnell jemand finden, der hier einziehen wollte. Aber vielleicht hatte er ja doch recht. Also gab sie die Kaufoption frei. Dass sie damals diese Investitionsmöglichkeit fallen ließ, hat sie lange bereut, daraus aber auch ihre erste Lektion über Immobilien gelernt. Heute empfiehlt Monique anderen: Die Wohnung muss sich rentieren und nicht dir, sondern deinen potenziellen MieterInnen gefallen.

Mittlerweile hat sich die 27-Jährige ein kleines Immobilienimperium aufgebaut. Und das nicht als Tochter eines Immobilienmoguls, sondern als Beamtin, die noch wenige Jahre zuvor keine Ahnung von Geldanlage und Immobilien hatte. Angefangen hat alles wie bei Amazon, Apple & Co. mit einer Garage. Ihre Eltern hatten eine ungenutzte Garage in Amberg. Statt jedoch viele Wochenenden darin zu verbringen, um Computer zu programmieren, beschloss sie 2017, die Garage, die bis dahin mit alten Autoreifen vollgestellt war, aufzuwerten – und zu vermieten. Dazu machte sie den ersten Immobiliendeal direkt mit ihrem Vater: Sie würde sich um die Reparatur des alten Garagentors kümmern, und dafür dürfte sie die Mieteinnahmen behalten.

Für Monique war die Rechnung einfach: Sie investierte 1500 Euro in ein neues Garagentor und berechnete, dass bei einem Mietpreis von 70 Euro ihre Anschaffungskosten sich bereits nach zwei Jahren amortisiert hätten. Das heißt, ihre Investition hätte sie dann wieder drin, und alles, was danach käme, wäre ihr Gewinn. Der erste Mieter war schnell gefunden, und Monique hatte eine passive Einkommensquelle aus Vermietungen. Mit nur 22 Jahren konnte sie so jährlich 840 Euro Einnahmen generieren – ohne zusätzlich etwas dafür zu tun.

Überzeugt von der Möglichkeit, mit Vermietungen einen positiven Cashflow zu generieren, entschied sie sich, größer zu denken und in eine Immobilie zu investieren. Nach dem Rückschlag nahm sie sich vor, das nächste Mal besser informiert zu sein, um sich von niemandem mehr bei ihren eigenen Entscheidungen beirren zu lassen. Sie informierte sich über Kaufpreise, Wohnlagen, Quadratmeterpreise und Fremdfinanzierung und suchte immer wieder auf verschiedenen Portalen nach vielversprechenden Immobilien.

Als im März 2020 der bundesweite Lockdown kam, nutzte sie die Zeit und startete erneut mit der Suche. Nur einen Monat später hatte sie schließlich zwei Besichtigungstermine. Die Wohnungen fand sie *off-market*. Als Off-Market-Immobilien werden solche bezeichnet, die nicht öffentlich angeboten werden; in der Regel erfahren potenzielle Käuferinnen von einem Immobilienverkauf durch Mundpropaganda, durch eine Maklerin oder ihr Netzwerk. Denn auch das hatte sie mittlerweile gelernt: gezielt und strategisch nach den passenden Kaufobjekten zu suchen – und sich dabei mehr Mühe zu geben, als es vielleicht andere tun. Zu dem Besichtigungstermin nahm sie erneut ihren Vater mit. Doch diesmal wusste sie genau, worauf sie achten wollte, und ließ sich in ihrer Meinung nicht beirren.

Als sie im Juni beim Notar saß und dort die Unterschrift für ihre erste Eigentumswohnung tätigte, wusste sie bereits, dass dies nicht die letzte Wohnung sein würde. Mittlerweile besitzt sie insgesamt sechs Immobilien, die sie alle vermietet. Sie hat früh erkannt, dass sie sich mit Fremdkapital von der Bank und regelmäßigen Mieteinnahmen nicht nur eine, sondern gleich mehrere Immobilien leisten kann.

Vermögensaufbau durch Fremdkapital

Wer in Aktien investiert, sollte dies niemals mit geliehenem Geld tun. Denn wenn die Aktien einmal fallen und ich sie verkaufen muss, habe ich nicht nur finanzielle Verluste erlitten – zudem bin ich verschuldet. Bei Immobilien ist genau das Gegenteil der Fall: In Zeiten von Niedrigzinsen lohnt es sich, möglichst viel Fremdkapital aufzunehmen, sofern dieses durch die Mieteinnahmen gedeckt werden kann. Bei steigenden Zinsen ist es wichtig, diese im Blick zu behalten. Andernfalls kann auch ein Kredit für eine Mietimmobilie riskant werden und im schlimmsten Fall (bei Zahlungsausfall) an die Bank übergehen.

Fremdkapital bezeichnet dabei also die Summe, die ich nicht selbst gespart habe, sondern mir durch einen Kredit beschaffe. Einen Teil des Kaufpreises bringt in der Regel die Käuferin auf, den anderen Teil beschafft sie sich bei einer Bank. So vervielfacht sich die Rendite immer dann, wenn die Mieteinnahmen über den Kreditkosten liegen. Dieses Prinzip bezeichnet man auch als Hebelwirkung oder Leverage-Effekt. Ich baue mir somit mit fremdem Geld Vermögen auf. Die Rückzahlung von diesem fremden Geld erfolgt im Prinzip nicht durch mich, sondern durch meine Mieter. Dies ist natürlich nur dann möglich, wenn die Miete die Kosten für die Kreditrückzahlung, die Zinsen und die laufenden Kosten deckt.

Monique hat genau dies für sich genutzt und empfiehlt, bereits mit 10 000 Euro Eigenkapital zu starten und die erste Immobilie für bis zu 100 000 Euro zu suchen. Steht der Eigenanteil, kann man bereits eine passende Bank aufsuchen, um sich über eine mögliche Finanzierung zu informieren. Passen Bonität und Schufa-Auskunft, steht der Finanzierung nichts mehr im Wege. Zu klären ist dann, inwieweit die Bank eine Immobilie finanzieren möchte. Eine 100-prozentige Finanzierung bedeutet, dass die Bank den Kredit in Höhe des gesamten Kaufpreises zur Verfügung stellt. Es gibt jedoch auch eine Finanzierung von 110 Prozent. In diesem Fall gewährt die Bank einen Kredit, der sogar die Kaufnebenkosten, wie Makler- und Notargebühren, sowie die Grunderwerbssteuer abdeckt. Immobilienkauf zum Nulltarif! Doch auch hier gilt: Immer auf die Zinsen und die Laufzeit achten!

Fremdkapital ist ein sehr großer Hebel, den viele nicht kennen. Auch Monique hatte früher den Glaubenssatz, dass sie viel Geld brauche, damit sie einen Kredit bekomme, und diesen dann sofort abbezahlen müsse. Sie hat Immobilieninvestments als schlechte Schulden betrachtet – bis sie den Leverage-Effekt verstanden und für sich angewandt hat.

Die Frage ist also: Wie werden sich die Zinsen weiterhin entwickeln? Bleiben Mieteinnahmen nämlich aus, wenn die Wohnung beispielsweise lange Zeit leer steht, und können die Rückzahlungsraten nicht mehr getilgt werden, hat die Bank das Recht, die Immobilie zu verkaufen. Im schlimmsten Fall zu einem niedrigeren Preis. Dann wäre nicht nur das eingezahlte Geld weg – hinzu kämen noch Schulden, die gegenüber der Bank bleiben. Doch während Aktien über Nacht an Wert verlieren können, gelten Immobilien je nach Standort und Bausubstanz als krisensicher.

Ein weiteres Risiko besteht in der Anschlussfinanzierung: Nach Ablauf der Zinsbindung, die für fünf, zehn oder fünfzehn Jahre gilt, kann sich der Zinssatz verändern. Die wenigsten schaffen es, eine Immobilie in dieser Zeit abzubezahlen und den Kredit zu tilgen. An dieser Stelle musst du dich erneut mit deiner Bank zusammensetzen und eine neue Finanzierung vereinbaren. Ist in der Zwischenzeit das Zinsniveau gestiegen, steigt auch der Zinssatz für den neuen Kredit.

Stilvoll sanieren, Steuern sparen – und dabei Gutes tun

Neben dem Kauf einer intakten Immobilie gibt es auch Möglichkeiten, den Wert einer Immobilie aktiv zu erhöhen, indem man eine vorhandene Wohnung saniert. Das hat Dorothea Metasch von *26 HOMES* gemacht. Sie hat zunächst eine Wohnung in Berlin gekauft und dann ganz nach ihrem Geschmack saniert und damit aufgewertet. Wer ein Faible für Interieurs hat, kann also obendrein noch seine Leidenschaft ausleben – so verbindet man Hobby mit Vermögensaufbau. Spätestens seitdem beliebte Fix-and-Flip-Formate im TV und auf Netflix aus den USA nach Deutschland übergeschwappt sind, erfreut sich diese Art der Immobilieninvestition immer größerer Beliebtheit.

Eine Kernsanierung bedeutet, dass hier wirklich wesentliche Elemente der Immobilie erneuert werden. Dazu zählen Böden oder auch die Elektro-, Wasser- und Heizungsinstallation. Dabei muss man laut Dorothea Metasch mit Kosten in Höhe ca. 500 Euro pro Quadratmeter rechnen. Für eine hochwertige Sanierung mit Küche und Bad sollte man eher mit Kosten bis zu 750 Euro pro Quadratmeter rechnen. Luxussanierungen starten bei etwa 1000 Euro pro Quadratmeter. Das bedeutet: Für eine durchschnittliche Zwei-Zimmer-Wohnung mit 60 Quadratmetern kommen noch einmal Kosten in Höhe von 30 000 bis 45 000 Euro hinzu. Diese kann man jedoch bei der Steuererklärung geltend machen. Und: Nicht nur steigt die Wohnung im Wert, man kann auch einen höheren Mietpreis erzielen.

Bei Sanierungen denken viele an Luxussanierungen und böse Immobilienhaie. Man kann dies aber auch unter folgendem Gesichtspunkt sehen: Durch die Sanierung einer alten, unschönen Immobilie schaffe ich auch einen Mehrwert und kann zudem auf eine nachhaltige Umsetzung und Energiesparmaßnahmen achten. Wer nicht gleich auf Luxusimmobilien setzt, schafft dringend benötigten, attraktiven Wohnraum. Die wenigsten Menschen möchten schließlich in einer Wohnung mit Sechzigerjahre-Bad mit gelben Blumenfliesen und einer teuren Nachtspeicherheizung leben. Indem ich eine Bestandsimmobilie saniere, schaffe ich also auch Wohnraum, in dem sich Mieter wohlfühlen können und zudem Heizkosten sparen.

Anais Cosneau hat internationale Erfahrung in der Immobilienbranche – unter anderem auch als Bauherrin. Mit dem *Happy Immo Club* begleitet sie Frauen beim Immobilienkauf: »Bei uns im Club sind viele Frauen, die das Thema Nachhaltigkeit oder soziale Gerechtigkeit auf jeden Fall in Betracht ziehen. Vermietung an selbstständige, alleinerziehende Mütter, Nutzung von nachhaltigen Baustoffen stehen auf der Tagesordnung, auch wenn es mehr Arbeit erfordert. Dass Geld in Frauenhänden sehr gut aufgehoben ist, davon bin ich überzeugt. Allerdings ist der typische Immobilienkäufer noch immer männlich: Gemäß Immoscout24 sind 50 Prozent ihrer NutzerInnen weiblich. Laut Interhyp werden zwei Drittel ihrer Single-Finanzierungen von Männern abgeschlossen.[73] Schlussfolgern kann man daraus, dass Frauen und Männer gleich losmarschieren, Frauen aber weniger zum Abschluss kommen und sich weniger trauen, tatsächlich eine Wohnung zu erwerben«, sagt Anais.

DOROTHEAS DEAL-BREAKER BEI EINER IMMOBILIE:

1. Gastronomie oder Supermarkt in unmittelbarer Nähe

Eine Imbissbude, ein Restaurant oder ein Supermarkt in direkter Nachbarschaft wirken auf den ersten Blick attraktiv. Man vergisst dabei jedoch zwei wichtige Nachteile: Gerüche und Lärm. Der Supermarkt wird täglich schon frühmorgens von lauten Lieferwagen angefahren. Supermarktabfälle, die im Hinterhof lagern, können sich vor allem im Sommer zu einer wahren Geruchsbelästigung ausbreiten. Gleiches gilt für Lüftungsanlagen von Restaurants und Kneipen, aus denen zudem auch gerne mal des Nachts laute Gäste torkeln. Um sich hier abzusichern, lohnt ein Blick in die nähere Umgebung und in die sogenannte Teilungserklärung. Dort erfährt man, ob und welche Art von Gewerbe im Gebäude erlaubt ist.

2. Niedrige Instandhaltungsrücklagen

Wer eine Eigentumswohnung besitzt, ist verpflichtet, sich an den Kosten für Reparaturen, Sanierungen oder Instandsetzungen des Gemeinschaftseigentums zu beteiligen. Um Zahlungsausfälle zu vermeiden, wird ein Finanzpolster gebildet. Dabei zahlt jede/r EigentümerIn zusammen mit dem Hausgeld eine Instandhaltungsrücklage. Wenn mir eine Wohnung jedoch sehr gut gefällt, würde ich hier Kosten und Risiken gegenrechnen.

3. Unpassende Nachbarschaft

Gerade Corona hat gezeigt, wie wichtig eine passende Nachbarschaft sein kann. In Zeiten von Homeoffice sollte man darauf achten, wie hellhörig ein Haus ist und wer die unmittelbaren Nachbarn sind. Natürlich ist Kinderlärm positiver Lärm, aber auch dieser kann bei einem Acht-Stunden-Tag im Homeoffice und vielen Calls anstrengend sein. Hier kann man die Vermieterin oder Maklerin einfach ganz konkret nach den anderen Mietern und der Zusammensetzung der Hausgemeinschaft fragen.

Tipp von Dorothea: Immobilie bei Schlechtwetter anschauen

»Oft versuchen Makler, eine Immobilie an eher ruhigeren Tagen bei gutem Wetter zu zeigen. Es empfiehlt sich aber, möglichst auch auf die Lichtverhältnisse in der Winterzeit zu achten und sich die Immobilie mal bei schlechtem Wetter und bei normaler Lautstärke tagsüber anzuschauen. Man sollte sich auch die Nachbarschaft ansehen. Gibt es eine Straße weiter eine Feuerwehrwache oder eine Polizeistation? Also die Mikrolage betrachten: Was passiert im Umkreis von 500 Metern?

Auch wenn ich die Immobilie als Anlage kaufe, muss ich mir anschauen, was passiert um mich herum.«

> If you don't have to – never sell! Wenn du nicht verkaufen musst, verkauf auch nie.
>
> Dorothea Metasch

Wohnraum wird auch weiterhin stark nachgefragt sein. Die Bundesregierung hat daher beschlossen: 400 000 Wohnungen sollen jährlich dazukommen. Für alle Immobilienbesitzer bedeutet dies: Wenn es nicht sein muss, dann sollte man auch nicht verkaufen, wenn ein Makler dies empfiehlt, denn dieser möchte am Ende eben auch sein Geld verdienen.

Ein weiterer Tipp für alle, die sich mit Immobilien beschäftigen, lautet: Warte nicht auf die perfekte Lebenssituation, bis du bereit bist, eine Immobilie zu kaufen. Lieber den Spieß umdrehen: Passe die Immobilie deinen Lebensumständen an!

Interview mit Dorothea Metasch

Dorothea Metasch ist Gründerin von 26 HOMES. Mit ihrem Unternehmen hilft sie ImmobilienkäuferInnen bei der Wohnungssuche, indem sie diese statt in langweiligen Exposés digital und persönlich präsentiert.

Wie kamst du auf die Idee, 26 Homes zu gründen?
Von der Gründung einer Firma war am Anfang keine Rede. Ich bin mit einer Idee gestartet, die so gut funktioniert hat, dass ich im fünften Monat einen großen Pitch gewonnen habe. Nach der Zusage habe ich beim Notar angerufen und meinte: »Ich brauche eine GmbH. Am besten morgen!«

Immobilienverkauf über Instagram – wie funktioniert das?
Sehr gut, denn es hat in Deutschland so wirklich noch niemand gemacht. Also mit Persönlichkeit, Content, Design und dem richtigen Netzwerk an Immobilien und Followern. Die meisten Immobilienfirmen schalten Werbung auf Facebook und nennen sich deshalb »digitale Plattform« oder beauftragen teure Marketing-Agenturen für Hochglanz-Videos, wo Exposés vorgelesen werden. Am Ende zahlt es der Kunde, und es ist immer unpersönlich und oft unsympathisch. Das wollte ich ändern.

Wer sind deine Kunden und Kundinnen?
In erster Linie folgen mir Frauen zwischen 25 und 45, die sich für das Thema Wohneigentum interessieren. Egal ob als Selbstnutzung oder zur Kapitalanlage als passives Einkommen zur Altersvorsorge.

Wann hast du deine erste Immobilie gekauft, und wie bist du dabei vorgegangen?
Das ist sieben Jahre her, ich war 32, und es war die beste finanzielle Entscheidung, die ich je getroffen habe, da die Wohnung

mittlerweile doppelt so viel wert ist und ich sie durch die Eigennutzung steuerfrei verkaufen könnte. Es hat ca. zwölf Monate gedauert, bis ich beim Notar war. Zuerst habe ich meinen finanziellen Rahmen abgesteckt und mir dann ca. dreißig Wohnungen angeschaut, um zu vergleichen. Als ich dann finally in »meine« Wohnung kam, habe ich es gespürt und sofort zugeschlagen. Das war eher eine Bauchentscheidung.

Hast du eine Strategie für deine Immobilieninvestments?
Bei meinen zwei Anlageimmobilien bin ich auf sehr kleine Einheiten in sehr guten Lagen gegangen, um sie immer gut zu vermieten. Eine Wohnung habe ich zudem unsaniert gekauft und komplett selbst saniert. Das ist viel Arbeit, aber diese Kosten konnte ich steuerlich geltend machen, und schon nach der Sanierung war die Wohnung mehr wert und ist durch ihren besonderen Interior-Stil sehr gut vermietet. Zudem frage ich mich immer: Würde ich selbst in diese Wohnung in dieser Lage ziehen? Also eher emotional, anstatt die letzte Nachkommastelle vor dem Kauf in der Rendite zu berechnen.

Hast du schon mal ein Fehlinvestment getätigt?
Fehlinvestment würde ich es nicht nennen, aber zumindest würde ich kein zweites Mal eine vermietete Immobilie kaufen. Altmietverträge gilt es genau zu prüfen, und so gut wie nie bringen sie Vorteile für den/die KäuferIn.

Wann merke ich, ob ich bereit bin, in eine Immobilie zu investieren?
Grundvoraussetzung sind natürlichen die eigenen finanziellen Mittel. Beim ersten Mal sollte man aus meiner Sicht mindestens 20 Prozent hartes Eigenkapital haben, um die Kaufnebenkosten (Grunderwerbsteuer, Notarkosten, ggf. Maklergebühr) und 10 Prozent vom Kaufpreis der Immobilie zu bezahlen.

Was sollten die ersten Schritte sein, und wie viel Zeit muss ich investieren?
Vor jeder Suche sollte die Finanzierung stehen, denn sie ist aus meiner Sicht genauso wichtig wie die Lage oder die Bausubstanz der Immobilie. Am besten über eine/n unabhängige FinanzierungsberaterIn, die/der in der Regel nach einem längeren persönlichen Gespräch und anschließender Unterlagenprüfung einen Kreditrahmen definieren kann. Danach startet die Suche. Online (z. B. Social Media, Immo-Portale, Newsletter), offline (z. B. eigenes Netzwerk, Printmedien, Messen), über Vertriebsunternehmen und direkt über Bauträger. Dafür sollte man viel Zeit einplanen und auch viel besichtigen und vergleichen. Sechs bis zwölf Monate kann es dauern, bis man beim Notar sitzt.

Immobilie zur Selbstnutzung oder Kapitalanlage – was ist wann besser?
Das kann man leider nicht pauschal sagen, denn es kommt immer auf die individuellen Vermögens-, Steuer- und Lebensverhältnisse an. Selbst genutzte Wohnungen können nach zwei Jahren steuerfrei verkauft werden, während es bei Kapitalanlagen zur Vermietung zehn Jahre sind. Zudem plant die Ampel-Regierung Steuererleichterungen bei selbst genutzten Wohnungen, um die Kaufnebenkosten zu senken und so mehr Eigentum zu ermöglichen. Das wäre doch mal was!

Stichwort Leveraging: Worauf muss ich achten, wenn ich eine Immobilie mit Fremdkapital finanzieren will?
Persönlich achte ich auf die Höhe der Sondertilgung, mit der ich einen Kredit zusätzlich zurückzahlen kann, und bespreche mit dem Finanzierungsberater vorab auch mögliche Breakup-Szenarien, wenn ich zum Beispiel eher aus dem Kredit raus oder den Kredit auf eine neue Wohnung übertragen möchte, weil ich womöglich verkaufen will oder muss. Es ist wichtig,

dass man in einem sich immer wieder verändernden Zinsumfeld gut informiert bleibt.

Wann ist eine Immobilie nicht als Kapitalanlage für mich geeignet?

Vorsicht ist, wie gesagt, immer bei vermieteten Wohnungen geboten. Das ist aus meiner Sicht eher etwas für Profis und nicht für Anfänger. Bei der ersten Kapitalanlage würde ich zudem darauf achten, dass die Wohnung nicht Hunderte Kilometer von meinem Wohnsitz entfernt ist, um Kontakt zum Mieter halten und bei Themen schnell vor Ort sein zu können, denn: Eigentum verpflichtet. «

Strategie # 12

Bau dir Finanzroutinen auf

Routinen sind wichtig, weil sie dafür sorgen, dass wir uns nicht jedes Mal aufs Neue Gedanken über etwas machen müssen, und weil sie mehr Stabilität in unseren Alltag bringen. Außerdem sorgen Routinen dafür, dass wir vieles automatisiert machen, was das Leben unglaublich erleichtern kann. Jede von uns hat bereits Routinen im Alltag. Auch Kaffeetrinken und Zähneputzen am Morgen sind Routinen – egal für welche Reihenfolge du dich dabei entscheidest. Es ist ziemlich sicher, dass du diese Abläufe immer in der gleichen Weise machst.

Viele Routinen sind klein und laufen ab, ohne dass wir uns großartig darüber Gedanken machen. Andere hingegen füllen ganze Bücher und YouTube-Videos, wie zum Beispiel die Skincare-Routine. »Was ist deine Skincare-Routine?«, hat mich mal eine Freundin gefragt.

»Ach, du, ich hab da gar keine feste Routine. Waschgel und Creme, fertig.«

»Das ist alles? Benutzt du denn kein Niacinamid, Retinol, Vitamin C oder einen Exfoliant mit AHA und BHA?«

Ich wusste gar nicht, dass sie einen Doktor in Chemie hatte. Sie erklärte mir noch all diese Wirkstoffe und wusste sogar, welche davon sich vertragen und welche Mischung die Haut stark irritieren kann. Ich blickte sie beeindruckt an: »Wow, das sind echt viele Fachbegriffe, die ich noch nie gehört habe.

Woher weißt du das alles?« Sie erzählte mir, dass sie sich YouTube-Videos zu den Themen angeschaut hatte, auf Internetseiten alles Wichtige rund um die Inhaltsstoffe und deren Wirkung gelesen und dann eine Skincare-Routine aufgesetzt hatte, die zu ihren individuellen Bedürfnissen passt. Dabei sei wichtig, dass die Routine morgens und abends unterschiedlich ist, da die Haut bei manchen Wirkstoffen anschließend keine Sonne verträgt. Montags, mittwochs und freitags machte sie zudem abends ein chemisches Peeling. Meine Freundin, die eigentlich im Marketing arbeitet, hatte sich also nebenbei zum Hautpflegeprofi weitergebildet und verfolgte akribisch ihre Skincare-Routine. Als ich sie bei unserer Verabschiedung fragte, ob sie nun endlich ihre ETF-Sparpläne aufgesetzt hatte, sagte sie mir: »Das ist so kompliziert, ich hatte einfach noch keine Zeit, mich damit zu beschäftigen.«

Diese Frau hatte mir eben eine gefühlte Stunde lang einen Crashkurs in Chemie gegeben und angeblich über Monate hinweg keine Zeit, sich mit ihren Finanzen zu beschäftigen und ihre ETFs aufzusetzen? Ich war sprachlos. Wenn auch du dich darin wiederfindest, kann ich dir nur eins dazu sagen: Wenn du bereits eine Skincare-Routine hast, aber noch keine Finanzroutine, dann hast du die falschen Prioritäten gesetzt. Denn egal wie glatt deine Haut auch sein wird: Die Miete kannst du mit einem ebenmäßigen Teint später nicht bezahlen.

Habe ich nach unserem Gespräch Exfoliant, Seren und sonstige Tinkturen bestellt? Ja, klar! Denn auch ich mag schöne Haut. Aber du musst dir über deine Prioritäten im Klaren sein. Und ganz ehrlich: Mich hat die Recherche nach der passenden Gesichtspflege für meinen Hauttyp genauso viel Zeit gekostet, wie ich für die Recherche nach einem ETF brauche.

Erfolgsgeheimnis statt Langeweile

Prof. Heidi Stopper, der wir bereits ein paarmal in diesem Buch begegnet sind, ist eine viel beschäftigte, erfolgreiche Frau, die weiß, wie wichtig es ist, Routinen in den Alltag einzubauen. Egal wie stressig dieser sein kann. Im Gespräch hat sie mir sehr genau ihre Alltagsroutine beschrieben, die sie als Vorständin hatte:

»Man muss auf sich selbst hören, wie viele Routinen man braucht. Das war bei mir ein Lernprozess. Zuletzt habe ich meine Tage auch sehr genau durchstrukturiert und darauf geachtet, dass ich mehrere kleine Pausen habe – um auch etwas Distanz zu meinen Aufgaben zu bekommen.

Für mich ist morgens im Bett die Zeitung lesen und einen Kaffee trinken ein Ritual. Danach bin ich oft eine Stunde früher ins Büro gegangen, weil ich da Ruhe hatte und überlegen konnte: Was ist heute wichtig? Was sollte heute passieren? Dabei sollte man nicht nur die Sachebene betrachten, sondern auch die Beziehungsebene: Mit wem muss ich heute sprechen? In dieser Stunde habe ich auch viel Socializing gemacht. Eigentlich müsste man eher Social Bonding dazu sagen. Da ging es also nicht nur ums Geschäft, sondern um die zwischenmenschliche Komponente.

Eine weitere Routine in meinem Alltag war am Vormittag eine kleine Atemübung, um aus dem Rennen rauszukommen. Außerdem bin ich niemals alleine essen gegangen, getreu dem Motto: Never lunch alone! Ich bin immer mit Stakeholdern Essen gegangen. So hatte ich tollen informellen Austausch, konnte erfahren, was die anderen umtreibt, und die Welt mit ihren Augen sehen. Das hat mich von meinen eigenen Problemen weggeführt und Distanz und eine andere Perspektive gegeben. Oft verschwinden Probleme wie von allein, wenn wir auf Distanz gehen – oder sehen zumindest nicht mehr so riesig aus.

Häufig entdecken wir dadurch ganz neue Ansätze, um vorhandene Probleme besser lösen zu können.

Mein schönstes Ritual war nachmittags um 16 Uhr. Da bin ich immer spazieren gegangen, da war also mein Spaziergang-Slot. Jeder, der einen Termin mit mir ausmachte, wusste, dass wir uns keine Präsentation anschauen, sondern laufen werden. Und viele Leute wollten unbedingt den 16-Uhr-Termin haben. Entweder weil sie es grundsätzlich gut fanden oder weil sie etwas sehr Schwieriges zu besprechen hatten. Wir Menschen besprechen schwierige Themen viel leichter, wenn unsere Körper in Bewegung sind und wir entspannt nebeneinander herlaufen.

So habe ich meinen Tag durchstrukturiert und mir dadurch auch Routinen eingebaut. Der ganze Rest meines Tages war immer sehr unruhig. So hatte ich am Ende eine gute Balance zwischen Action und Routine.«

Deine individuellen Routinen müssen auch zu deinem persönlichen Leben passen. Was nicht funktionieren wird, ist, dir einfach von anderen Routinen abzuschauen und sie nachzumachen. Ganz ohne Routinen wird es aber für dich schwierig sein, langfristige Ziele zu erreichen. Manche kennen es vielleicht von Diäten: Man nimmt sich zwei Wochen lang vor, eisern zu bleiben und diszipliniert zu sein. Aber wenn aus einer kurzen Erkenntnis kein Lebenswandel wird, bringt die beste Diät nichts. Auch der beste Finanzplan bringt dich nicht weiter, wenn du ihn nicht leicht in deinen Alltag einbauen kannst. Altersvorsorge und Vermögensaufbau sind ein Marathon und kein Sprint. Du musst gewillt sein, für diesen Marathon regelmäßig etwas zu tun. Und das funktioniert am besten mit Routinen – oder einem kleinen Stupser in die richtige Richtung.

Nudging: Der Stupser für deine Finanzplanung

Ein beliebtes Konzept zum Etablieren neuer Routinen ist das *Nudging*. Dabei geht es darum, dass man andere Menschen, wie auch sich selbst, in eine Richtung »stupst«, um eine bestimmte Handlung auszulösen. Klassische Beispiele sind kostenloses Obst in der Schulkantine, das zu einer gesünderen Ernährung führen soll, oder beim Ausfüllen eines Onlineformulars ein grünes Häkchen, das dich motivieren soll, weiterzumachen und deine Daten einzugeben. Solch kleine Änderungen, Angebote oder Bestätigungen sorgen dafür, dass du dein Verhalten in eine gewünschte Richtung änderst. Und was in der Pädagogik oder im Marketing funktioniert, funktioniert auch hervorragend für deine Finanzen. Dabei muss man lediglich vier Grundprinzipien beachten:

1. Make it easy: Unser Gehirn ist faul. Sorge also dafür, dass deine neue Finanzroutine einfach und leicht umzusetzen ist.
2. Make it attractive: Setz dir Anreize für deine Routine. Das funktioniert gut, wenn du zum Beispiel eine schöne Tätigkeit damit kombinierst oder dich mit kleinen Belohnungen motivierst.
3. Make it social: Sozialer Druck ist manchmal gut – tausch dich mit anderen regelmäßig aus, poste auf Social Media, dass du jetzt mit deiner Finanzplanung startest, oder such dir Unterstützung.
4. Make it timely: Handle direkt und unmittelbar. Wenn du heute anfängst, bist du morgen schon wieder einen Schritt weiter. Mach also schon nach diesem Buch den nächsten Schritt.

Finanz-Routinen für den Start

Egal ob Job, Privatleben oder deine Finanzplanung: Routinen sind eine echte Geheimformel für das Erreichen deiner Ziele! Wenn du noch keine Routinen für deine Finanzplanung hast, dann kommen hier ein paar Ideen, was du tun kannst.

- Budgetieren: Dabei geht es darum, dass du dir am Monatsanfang ein festes Budget für unterschiedliche Lebensbereiche setzt: Wie viel Geld brauchst du für deine Fixkosten? Wie viel möchtest du maximal für Kleidung ausgeben? Wie viel möchtest du sparen? Das alles kannst du einfach in eine Excel-Tabelle eintragen oder handschriftlich in ein Journal.
- Haushaltsbuch führen: Im Vergleich zum Budgetieren, wo du feste Budgets für verschiedene Töpfe hast, geht es beim Haushaltsbuch darum, deine Ausgaben genau im Auge zu behalten. Das bedeutet, dass du wirklich jede Ausgabe notierst und festhältst. Anschließend kannst du analysieren, wie du dein Geld ausgegeben hast. Der Vorteil bei dieser Routineübung ist, dass du auch bewusster mit deinem Geld umgehst.
- Automatisiert sparen: Überweise am Monatsanfang einen festgesetzten Betrag von deinem Girokonto auf dein Tagesgeldkonto. Dadurch musst du nicht immer ans Sparen denken, sondern machst es automatisch und kannst das restliche Geld nach Belieben ausgeben – denn du hast ja bereits gespart.
- Aktiensparpläne und ETF-Sparpläne: Nach dem gleichen Prinzip, wie du Geld sparst, kannst du dein Geld auch investieren. Die Automatisierung sorgt dafür, dass du dein Vermögen aufbaust, ohne dir jedes Mal aufs Neue Gedanken darüber zu machen, worin du investierst.
- Finanzbildung: Du kannst auch Finanzbildung als Routine aufbauen, ganz einfach indem du dir jeden Tag vornimmst,

morgens zwanzig Seiten aus einem Buch dazu zu lesen. In nur zehn Tagen oder vielleicht zwei Wochen kannst du so ein ganzes Buch lesen. In einem Monat bereits zwei bis drei Bücher.

- Reinvermögen tracken: Behalte deine Vermögenssituation im Blick, indem du monatlich alle deine Vermögenswerte und deine Verbindlichkeiten gegenüberstellst: Bist du diesen Monat vermögender als im letzten Monat? Wenn ja, dann bist du auf dem richtigen Weg.

Routine kommt nicht von heute auf morgen

Überlege dir vorher, welches Ziel du mit deiner Routine erreichen möchtest, und im nächsten Schritt, was du dafür tun musst. Zwei Schritte, und du bist bereit, eine neue Routine in deinen Alltag einzubauen. Das Schwierige an Routinen ist jedoch, dass es lange dauert, bis sie wirklich etabliert sind und wir sie automatisch vollführen. Bevor sie automatisiert ablaufen, sind sie erst einmal anstrengend. Wer eine Couch-Potato ist und plötzlich mit Joggen anfängt, wird feststellen, wie anstrengend es ist, weil man sich jedes Mal aufs Neue davon überzeugen und dazu überwinden muss. Wenn man jedoch Menschen fragt, die seit Jahren täglich joggen, werden sie dir sagen, dass es überhaupt nicht anstrengend ist und sie sich ein Leben ohne ihren täglichen Zehn-Kilometer-Lauf gar nicht mehr vorstellen können.

Was dir dabei helfen kann, neue Routinen aufzubauen, ist, sie mit bestehenden Tätigkeiten zu verknüpfen. Du gehst gerne allein spazieren? Dann höre unterwegs einen Finanz-Podcast. Oder nutze die Zeit, die du im Fitnessstudio verbringst. Ich habe sogar das Gefühl, dass ich mir vieles besser merken kann, wenn mein Körper dabei in Bewegung ist.

Mach es dir auch einfach. Psychologen sagen, wer sich zum

Joggen animieren möchte, sollte schon am Vorabend die Sportbekleidung rauslegen und die Joggingschuhe direkt neben das Bett stellen. Die Hemmschwelle ist dann geringer, es wirklich zu tun, weil du nicht noch etwas heraussuchen musst. Und vielleicht ist es am Ende auch nur das schlechte Gewissen, das dich überzeugt. Was es auch ist: Solange es für dich funktioniert, ist es gut. Leg dir also ein Finanzmagazin auf den Nachttisch oder folge entsprechenden Accounts auf Instagram.

Das Wichtigste dabei ist: Deine Routine muss in deinen Alltag passen, und sie muss auch stressigen Phasen standhalten können. Denn nur dann kann sie auf Dauer funktionieren. Wie umfangreich du deine Routine gestaltest, liegt dabei vollkommen an dir. Es gibt kein Richtig oder Falsch, solange du damit am Ende dein Ziel erreichst und in deinem Vermögensaufbau ein Stück weiterkommst.

Interview mit Diana zur Löwen

» *Diana zur Löwen ist Unternehmerin und Content Creator. Auf ihren Social-Media-Kanälen macht sie sich für die Themen Politik, Gleichberechtigung, Start-up-Investments und Geldanlage stark. Daneben ist sie auch als Speakerin und Investorin aktiv und gibt online regelmäßig Einblicke in ihre aktuellen Investments.*

Wann hast du gemerkt, dass dein Einkommen als Mode-Bloggerin zum Leben reicht?
Ich glaube, mit achtzehn Jahren. Ich komme aus einem kleinen Dorf, wollte studieren und habe schon früh mit Social Media angefangen. Noch vor meinem Abi hatte ich 100 000 Follower auf YouTube. Da dachte ich mir: »Wenn ich es jetzt so weiterverfolge, könnte es funktionieren, dass ich damit mein Studium finanzieren kann.« In Köln, wo ich studiert habe, konnte ich eine kleine Wohnung finden, die nur 360 Euro Miete kostete. Das haben meine Eltern finanziert – alles andere habe ich selbst bezahlt. Seitdem musste ich meine Eltern nie um Geld fragen und konnte mir alles selbst leisten. Als ich mit achtzehn merkte, dass das gut funktioniert, habe ich mich voll reingehängt. Mittlerweile bin ich wirklich dankbar dafür.

Hast du dich da schon für das Thema Finanzen interessiert?
Nicht wirklich. Ich habe BWL studiert, aber dachte immer, ich gehe irgendwo ins Marketing. Das Thema Finanzen kam erst später, als meine Einnahmen stiegen und ich mir überlegen musste, wie ich damit sinnvoll umgehen sollte. Mit etwa 22 Jahren habe ich schließlich mein erstes Aktiendepot eröffnet.

Im Vergleich zu den meisten StudentInnen ging es dir dann finanziell sehr gut. Wie war das für dich?
Ja, ich hatte da echt Glück, denn ich hatte den coolsten Studentenjob der Welt. Ich durfte auf tollen Events sein und wurde

zu Reisen auf die Malediven, nach Tokio oder San Francisco eingeladen. Damals habe ich auch alles im Alleingang gemacht: Ich bin mit meinem Stativ unterm Arm rausgegangen und habe draußen Outfit-Videos gefilmt. Ganz allein, mitten in Köln in einem Park. Die Leute, die vorbeiliefen, haben natürlich komisch geguckt. Damals gab es noch keine Influencer, und es muss sehr absurd gewirkt haben.

Wie verlief die Entwicklung von der Mode-Bloggerin zur Unternehmerin?

Das hat mich auf jeden Fall sehr viel Mut gekostet. Ich dachte damals, dass ich als junges Mädchen nur über Mode und Beauty reden kann, da mir auch die Vorbilder für etwas anderes fehlten. Ein guter Freund, der Unternehmer ist, hat mich dann dazu ermuntert, meine Follower auch bei anderen Themen mitzunehmen. Die Kehrtwende waren dann schließlich meine Erklärvideos für die Europawahlen 2019. Damit habe ich angefangen, auch redaktioneller zu arbeiten und verschiedene Themen zu beleuchten. Ich musste auch Wachstumsschmerzen überwinden, da nicht alle die neuen Themen gut fanden. 2020 bin ich nach Berlin gezogen, weil das Umfeld hier noch viel politischer ist und hier spannende junge Unternehmen angesiedelt sind. Das tut mir gut und inspiriert mich.

Was waren deine anfänglichen Fehler als Investorin?

Meine Familie ist eher risikoavers und hat mir immer dazu geraten, mein Geld lieber nur zu sparen. Dadurch hatte ich zunächst Angst, mein Geld an der Börse zu investieren und es nicht auf dem Konto herumliegen zu lassen. Später kam hinzu, dass ich als Privatperson in ein Start-up investierte und somit später meine Gewinne nicht sofort nutzen konnte, um damit weiterhin zu investieren. Mein dritter Fehler war, dass ich anfangs bei Start-up-Investitionen schlecht verhandelt habe. Heute gehe ich ganz anders an das Thema heran. Damals wurde leider nicht öffentlich über solche Investments geredet, alle haben immer so ein großes Geheimnis drum gemacht.

Was bedeutet für dich finanzielle Freiheit?
Für mich bedeutet es, dass ich mir keine finanziellen Sorgen machen muss – das ist mir das Wichtigste. Investieren macht mir Spaß, und ich möchte hierbei auch vorankommen. Finanzielle Freiheit kann auch bedeuten, dass ich einen sicheren Job habe, in dem ich gut verdiene.

Wie investierst du?
Ich investiere in Aktien, ETFs, Kryptowährungen, Start-ups und Immobilien. Bei Aktien investiere ich in die Branchen, die ich verstehe. Unternehmen, die auf Forschung spezialisiert sind, kann ich nur schwer greifen, also lasse ich die Finger davon. Ich betreibe auch immer viel Recherche zu den jeweiligen Unternehmen. Bei meiner Immobilie in Berlin Mitte habe ich darauf geachtet, dass sie mir gefällt, da ich hier auch selbst einziehen möchte. Aber auch die Lage und der mögliche Mietpreis haben dabei eine Rolle gespielt, da ich mir vorstellen kann, sie später auch zu vermieten. Als alle Rahmenbedingungen gepasst haben, habe ich dann auch nach Bauchgefühl gekauft. Ich bin sehr dankbar, dass ich ein gutes Netzwerk habe und mich zu Investitionsthemen austauschen kann. Seien es Investments in Immobilien oder auch Pitch-Decks von Start-ups, über die ich mit erfahrenen FreundInnen oder Bekannten spreche. Ich tausche mich regelmäßig viel aus, und das ist mir auch sehr wichtig. Je mehr man sich mit dem Thema befasst, desto mehr Spaß macht es auch. Man versteht wirtschaftliche Zusammenhänge besser und das, was in der Welt passiert. Wichtig ist, sich wirklich die Zeit zu nehmen. Denn schließlich geht es auch um langfristige Investments.

Was ist dein Tipp für Frauen, die Berührungsängste mit Finanzthemen haben?
Du musst es nicht allein machen. Such dir Unterstützung, einen Berater oder einen Coach. Wenn man etwas nicht versteht, kann man immer um Hilfe fragen! Aufpassen würde ich dabei, meine Finanzen von anderen machen zu lassen – sei es der Partner oder ein Berater. Wichtig ist, selbst zu verstehen, was man tut und was mit dem eigenen Geld geschieht! Ansonsten rate ich dazu, ganz kleine Summen zu nehmen, diese anzulegen und damit die ersten Erfahrungen zu sammeln. «

Strategie #13

Such dir Unterstützung

Von Frauen wird in unserer Gesellschaft mehr erwartet als von Männern – äußerlich und innerlich. Ständig stehen wir in der Kritik, sowohl von Männern als auch von Frauen, und glauben auch noch, dass wir alles alleine schaffen (müssen). Das ist der Anspruch, den viele Frauen an sich selbst haben. Erst wenn der Leidensdruck wirklich groß ist, suchen wir uns Hilfe. Bei Frauen ist es dann oft bereits sehr spät, was die Altersvorsorge betrifft. Die Forscher der Studie »Mitten im Leben«, die ich bereits im Intro erwähnt habe, beobachten in Deutschland folgende Situation: »Bei Frauen steigt die Aufmerksamkeit für die eigene Alterssicherung dann sprunghaft im Alter ab etwa 50 Jahren (für die meisten Ende der aktiven Familienzeit und Beginn der Empty-Nest-Phase mit zeitlich mehr Ressourcen) auf 64 Prozent, im Alter ab 60 Jahren sogar auf 67 Prozent. Offenbar schiebt ein erheblicher Teil der Frauen das Thema ›Rente‹ in der Mitte des Lebens mental zurück.«[74]

Wenn ich Frauen in meinen Vorträgen frage, warum sie sich bisher noch nicht mit ihren Finanzen beschäftigt haben, kommt als Antwort auch häufig, dass sie bisher keine Zeit hatten oder einfach nicht wissen, wie es geht. Das Thema wird dann so lange vor sich hergeschoben, bis man merkt, dass die Zeit bis zur Rente immer knapper wird und die Angaben auf dem Rentenbescheid nur sehr langsam wachsen. Zu langsam. Ich habe in diesem Buch schon ausführlich beschrieben, warum Zeit so ein wichtiger Faktor für die eigene Altersvorsorge ist, möchte es aber noch einmal ausdrücklichen betonen: Du musst das Thema bereits dann priorisieren, wenn es dir finanziell gut geht und du eigentlich noch keinen Gedanken an deine Rente verschwendest. Genau das ist der richtige Zeitpunkt. Es ist genauso wie beim Sport: Du solltest schon in jungen Jahren anfangen, dich zu bewegen, damit du in späteren Jahren nicht darunter leidest, nichts für deinen Körper getan zu haben.

Ein Problem, auf das viele Frauen dann aber noch immer stoßen, ist, dass sie nicht ernst genommen werden. Banken haben es jahrzehntelang verschlafen, Frauen anzusprechen und als potenzielle Kundinnen zu sehen. Mir wurden schon so viele Fälle berichtet, in denen Sätze fielen wie »Besprechen Sie das doch mal zu Hause mit Ihrem Mann« oder Frauen auf Nachfrage die Antwort bekamen: »Das müssen Sie jetzt alles gar nicht so detailliert verstehen, zerbrechen Sie sich doch darüber nicht den Kopf.« Manchmal wurden sie aber auch einfach ignoriert, und es wurde sich nur mit dem Mann unterhalten.

Das ist übrigens kein rein deutsches Problem, sondern ein internationales. Auch die Schweizer Journalistin und Gründerin Patrizia Laeri kennt es: »Frauen werden oft nicht ernst genommen und von männlichen KundInnenberaterInnen bei der Bank bevormundet. Ihnen wird nicht einmal zugetraut, dass sie unabhängig finanzielle Entscheidungen treffen können. Daher brauchen Frauen auch ein finanzielles Netzwerk oder einen geschützten Raum, wo sie sich auf Augenhöhe austauschen können.«

Oft werde ich gefragt, warum es denn spezielle Angebote zur Finanzbildung für Frauen geben muss. Verstehen Frauen es sonst nicht? Muss man ihnen die Dinge anders erklären? Nein, das ist es nicht. Frauen haben einfach keinen Bock mehr, bevormundet, in Gesprächen übergangen und nicht als gleichwertige Gesprächspartnerin gesehen zu werden. Die Finanzwelt ist noch immer eine sehr patriarchale, mit einem Frauenbild, wie wir es vor sechzig Jahren hatten. Ich habe die Werbung einer Bank gesehen, auf der eine Frau abgebildet ist, die einen Sparstrumpf mit Augen und lustigem Gesicht um den Arm gezogen hatte und diesen anlacht. Eine erwachsene Frau mit einem Spielzeug, von dem sich selbst Dreijährige gelangweilt abwenden würden, soll damit als Neukundin für ein Tagesgeldkonto geworben werden. Kein Wunder, dass Frauen jahrelang Finanzprodukte gemieden haben. Wir sind keine kleinen Kinder, die nach dem Beratungsgespräch in der Bank noch auf einen Lolli für den Nachhauseweg hoffen. Wir wollen ernst genommen werden!

Männer hingegen werden wieder und wieder als Gewinnertypen dargestellt: Zwei Typen sitzen sich am Tisch gegenüber und reichen sich die Hand. Am Bildrand oder im Hintergrund ist noch eine attraktive Frau zu sehen, die entweder Notizen macht (die Praktikantin) oder selig strahlt (die unmündige Ehefrau). Wir dürfen nicht darauf warten, dass die Marketingabteilungen von Banken sich dazu entschließen, Frauen auf Augenhöhe zu begegnen. Wir haben es selbst in der Hand, indem wir auch im Kleinen zeigen, dass wir selbstbestimmt sind und dementsprechend handeln können.

Sich gegenseitig zu helfen und Tipps zu geben ist ein großes Geschenk, denn wir können nur lernen, wenn wir Wissen und Erfahrungen teilen.

Dorothea Metasch

Tausch dich mit anderen Frauen aus

Bei all dem, was Frauen erleben, ist es nicht verwunderlich, wenn sie frustriert sind und das Thema beiseiteschieben. Wichtig dabei ist jedoch: Du bist nicht allein! Du kannst dir Hilfe suchen, eine »Partnerin in Crime«, dich einem Netzwerk anschließen oder dich auch professionell coachen lassen. Viele der Frauen, mit denen ich für dieses Buch gesprochen habe, haben mir berichtet, dass sie sich Unterstützung suchen, wenn sie merken, sie kommen allein nicht weiter – oder wenn sie über sich hinauswachsen und sich verbessern möchten.

Patrizia Laeri ist eine beeindruckende Frau, die insbesondere in der Schweiz dafür sorgen möchte, dass Frauen finanziell unabhängiger werden. Auch sie sagt: »Für Männer ist es ganz normal, sich mit anderen Männern über Geld auszutauschen. Wir Frauen sprechen lieber über den eigenen Tod oder Sex als über Geld. Dabei können wir so viel voneinander lernen, wenn wir uns mit anderen Frauen austauschen und Geld nicht mehr als Tabuthema betrachten. Wir müssen über Geld sprechen, über Löhne und über Investitionen. Dann können wir gemeinsam wachsen und unabhängiger werden.«

Neulich erst habe ich eine WhatsApp von einer alten Freundin bekommen. Wir haben uns vor fünfzehn Jahren kennengelernt und, wie es so ist, nach einigen Jahren etwas aus den Augen verloren und nur noch sporadisch Kontakt. Plötzlich schrieb sie mir wie aus heiterem Himmel: »Ich bin so dankbar, dass du mich damals so beeinflusst hast. Habe eben in mein Aktiendepot geschaut und bereits die 100k geknackt!« Ich habe mich unglaublich gefreut. Wir haben uns ein paar Tage später auf ein Glas Wein verabredet und es gemeinsam gefeiert.

Es ist so schön und wichtig, dass wir Frauen nicht nur unsere Verlobungen, Hochzeiten und Schwangerschaften feiern, sondern auch Meilensteine, die wir für uns ganz persönlich erreichen: den erfolgreichen Aufbau des Notgroschens, der uns Sicherheit bietet, den ersten Kauf im Aktiendepot, der uns jetzt offiziell zur Aktionärin macht, oder eben das Erreichen eines finanziellen Zieles, das uns hilft, Altersarmut endlich abzuhaken!

Bau dein Netzwerk aus

Netzwerkpflege kennen wir aus dem Berufsleben. Auch hier weiß man längst, dass Männer es durch ihre gegenseitige Unterstützung geschafft haben, Karriereleitern schneller hochzuklettern, während Frauen oft untereinander konkurrieren. Ein Netzwerk kannst du dir aber nicht nur beruflich aufbauen, sondern auch in finanzieller Hinsicht. Es gibt Onlinegruppen wie die Facebook-Gruppe von *Madame Moneypenny* oder *Frau Verhandelt*, in denen sich ganz offen über Geld, Gehalt und Finanzen ausgetauscht wird. Oder mein eigenes Netzwerk, die *Fortunalistas Community*, bei der du andere Frauen triffst, die die gleichen Interessen haben wie du, und in der du dich durch regelmäßige Events weiterbilden kannst. Es hilft, wenn man sieht, dass man mit dem Thema nicht allein auf weiter Flur ist. Und es hilft uns, auch mal neue Themen zu entdecken und neue Sichtweisen kennenzulernen. Prof. Heidi Stopper sagt dazu: »Nur wer einen Rundumblick auf gewisse Fragestellungen hat, kann auch komplexe Themen erfassen. Daher ist es wichtig, das eigene Netzwerk breit aufzustellen und zu pflegen.«

Falls du kein vorhandenes Netzwerk nutzen möchtest, um dich mit noch unbekannten Menschen auszutauschen, bau dir eben dein eigenes auf. Animiere Freundinnen, Arbeitskolleginnen oder Verwandte, sich gegenseitig auszutauschen und gemeinsam zu wachsen. Viele haben Angst, mit dem Thema Geld und Finanzen auf andere zuzugehen, weil sie denken, niemand will über das Thema sprechen. Doch das stimmt nicht. Als ich bereits mit *Fortunalista* aktiv war, aber noch immer angestellt, kamen sehr viele ArbeitskollegInnen auf mich zu, um mich um Rat zu fragen oder sich einfach mal auszutauschen. Manchmal wusste ich mehr über die finanziellen Verhältnisse einer Person als über die familiären. Menschen möchten über Geld sprechen, sie brennen darauf, sich über dieses vermeintliche Tabuthema zu unterhalten. Aber sie haben Angst vor der Reaktion. »Wie wirkt das denn jetzt, wenn ich plötzlich über Geld sprechen möchte? Findet mich die andere Person dann oberflächlich und blöd?« Bei mir wussten alle, dass sie offene Türen einrennen, sobald sie das Thema Finanzen ansprechen, und dass ich auch gerne meine Meinung zu einem Thema anbiete. Aus Erfahrung weiß ich daher: Menschen sprechen sehr gerne über Geld – wenn sie keine Angst vor Vorurteilen und vorschnellen Urteilen haben müssen.

Mein Rat daher: Trau dich, auf andere zuzugehen und mit anderen Frauen über Finanzen zu sprechen! Nach jedem meiner Vorträge ermutige ich die Frauen, sich untereinander auszutauschen und ihr Wissen an andere Frauen weiterzugeben. Angesichts der ganzen Gaps, die wir geldmäßig haben, wie Gender Pay Gap, Gender Wealth Gap, Gender Investing Gap und Gender Pension Gap, müssen wir Frauen uns gegenseitig mit Rat und Tat unterstützen.

Als ich Vorständin bei ProSieben war, haben mich oft die MitarbeiterInnen angeschrieben, weil sie eine Anregung hatten, sich austauschen wollten oder einfach etwas teilen wollten oder mit mir in Kontakt kommen wollten. Ein Türöffner zum Netzwerken kann ein Artikel sein, den man gerade über die Person oder das Unternehmen gelesen hat, oder einfach auch nur ehrliches Interesse an einer Person. Auch Topmanager sind offen für Ansprache und Austausch – mehr, als man denkt. Wichtig ist dabei, auch nach oben zu

netzwerken. Denn dort sind die Menschen, die spannende Sachen erzählen und mir etwas beibringen können. Nur wenn ich mich mit Menschen außerhalb meiner Abteilung und meines Kosmos austausche, erhalte ich auch einen neuen, frischen Blick auf die Dinge.

Heidi Stopper

Sei anderen Frauen ein Vorbild

Fünf Jahre nachdem ich angefangen habe, online über meine eigenen – bis dahin oft negativen – Erfahrungen in der Finanzwelt zu berichten, kann ich sagen, dass sich die Welt mittlerweile verändert hat. Frauen sind auf Investitionsmessen und auf Finanzpanels keine Seltenheit mehr, und es gibt immer mehr Angebote speziell für Frauen.

Das Ziel sollte jedoch sein, dass es diese speziellen Angebote für Frauen gar nicht geben muss. Es sollte selbstverständlich sein, dass Finanzthemen auch Frauensache sind, dass Frauen als Kundin ernst genommen werden und dass sie nicht mehr das Gefühl haben, sich erklären zu müssen, wenn sie sich um ihre finanzielle Zukunft sorgen. Und mit *sorgen* meine ich nicht den aktuellen Zustand: die Sorgen vor der Rente und vor Altersarmut. Ich meine das Sorgen im Sinne der Altersvorsorge und des Vermögensaufbaus.

Eine meiner Teilnehmerinnen hat mir mal geschrieben: »Ich wünschte, ich hätte das Thema schon früher für mich entdeckt und hätte mich schon früher um mein Geld gekümmert. Aber ich war naiv und dachte, Geld ist doch nicht so wichtig. Erst wenn man merkt, dass es einem später vielleicht doch fehlt – dann wird es plötzlich sehr wichtig.«

Wenn wir finanzielle Gleichheit wollen, dürfen wir bei uns nicht aufhören. Wenn du bereits weißt, wie du investieren kannst und wie du dich finanziell schützen kannst, dann gib dieses Wissen weiter.

> **Geld ist die letzte Frontlinie der Gleichstellung.**
>
> Patrizia Laeri

Bei der Frage nach weiblichen Vorbildern denken viele an die großen historischen Frauen. Dabei werden wir am stärksten von unserem Umfeld beeinflusst und haben hier die Möglichkeit, am meisten etwas zu bewirken – jede von uns. Ich weiß, dass ich von meiner Mutter die Selbstverständlichkeit für finanzielle Unabhängigkeit übernommen habe. Dass Geld nie als etwas Negatives betrachtet wurde, sondern als Werkzeug für ein besseres Leben. Mir wurde vorgelebt, wie wichtig es als Frau ist, finanziell unabhängig zu sein, und dass man als Paar auch ein Team ist und gemeinsam an einer besseren Zukunft arbeiten kann. Schon als Kind habe ich erlebt, dass meine Eltern sich offen über ihre Finanzen ausgetauscht haben, dass größere Anschaffungen gemeinsam besprochen wurden und dass es keine Geldgeheimnisse voreinander gab. An meiner Schwester habe ich gesehen, wie man durch Bildung weiterkommt. Als meine Eltern sich für die Auswanderung nach Deutschland entschieden haben, war meine Schwester 10 Jahre alt. Plötzlich wurde sie von der Klassenbesten zu einer der Klassenschwächsten – erst einmal musste sie eine neue Sprache lernen. Mit viel Disziplin und Fleiß hat sie es geschafft, von einer Altenpflegerin eine Karriere zur Heimleitung eines der größten Pflegeheime Münchens zu machen. Aus einem Job mit schlechter Bezahlung hat sie den Schritt zu ihrer eigenen finanziellen Freiheit geschafft.

Und dann gibt es noch meine Tante Mia. Sie hat mir gezeigt, dass diejenigen, die haben, auch geben müssen und dass Spenden glücklich macht. An ihr habe ich gesehen, wie wichtig es ist, dass Frauen Geld haben – sie bewirken nämlich viel Positives damit. Ich weiß noch, wie sie immer in ihrem Keller saß und riesengroße Pakete an Gemeinden und arme Familien um den ganzen Globus verschickt hat. Sie hatte keine finanziellen Sorgen und hätte ihre Rente nur mit Reisen verbringen können. Aber ihr größtes Glück war es, wenn sie Karten und Fotos von den Familien, denen sie geholfen hatte, bekam. Sie hat mir gezeigt, dass Geld eben doch glücklich machen kann. Weil man damit etwas bewirken kann. Ich bin mir sicher, dass jede Frau einer anderen ein Vorbild ist. Bei jeder Frau, die du kennst, gibt es mindestens eine Sache, die du lernen kannst. Gute Vorbilder findest du nicht nur auf der großen Bühne oder im Fernsehen. Manchmal sitzen sie neben uns auf dem Sofa und wissen gar nicht, wie sehr sie unser Leben beeinflussen.

Und vielleicht sitzt auch genau jetzt neben dir jemand, für die du das größte Vorbild bist.

Investiere in deine Weiterbildung

Bereits zu Beginn, als ich anfing, mich mit dem Thema Geldanlage auseinanderzusetzen, habe ich Seminare und Messen besucht, um mir direkt Wissen von Profis anzueignen und mich austauschen zu können. Wie schon im Intro beschrieben, war das ein Reinfall. Nicht die Inhalte, aber die Art, wie sie vermittelt wurden. Deswegen war es mir später ein großes Anliegen, einen sicheren Raum für Frauen zu schaffen, wo sie sich austauschen und offen ihre Fragen stellen können. Ohne Angst davor zu haben, belächelt oder nicht ernst genommen zu werden. Mittlerweile haben über 500 Frauen am *Fortunalista Bootcamp* teilgenommen und sind nach einem mehrwöchigen Programm zu Anlegerinnen geworden. Mit einem konkreten Plan, unglaublich viel Wissen und einem großen Netzwerk an

Frauen, mit denen sie sich jederzeit besprechen und die sich gegenseitig unterstützen können.

Du kannst dich dafür entscheiden, dir die Inhalte selbst beizubringen und zu lernen, wie du sie umsetzt. Oder du sparst dir Zeit, indem du in deine Bildung investierst und die Abkürzung nimmst. Egal für welchen Weg du dich entscheidest, das Wichtigste ist, *dass* du dich entscheidest und dass du anfängst, dich selbst um dein Geld zu kümmern. Finanzielle Freiheit ist unbezahlbar, und es wird Zeit, dass sie für mehr Frauen auch möglich wird!

Interview mit Jennifer Phan

Jennifer Phan hat lange Zeit als Investment-Managerin gearbeitet, ist Business Angel und Anlegerin. Bevor sie 2017 nach Berlin zog, lebte und arbeitete sie in sechs verschiedenen Ländern. 2020 baute sie eine Community zum Thema Tech-Business für junge Menschen mit Migrationshintergrund auf. Zuletzt gründete sie das Unternehmen Passionfroot – *das Creator und Influencer in ihren Unternehmensprozessen unterstützt.*

Was ist der Unterschied zwischen dem Investment in klassische Aktien und dem Investment in Start-ups?
Im Venture-Capital-Bereich versucht man sogenannte Outlier zu finden und in diese zu investieren. Damit sind Ausreißer gemeint, also Unternehmen, die eine sehr hohe Rendite erzielen könnten. Das Geschäftsmodell ist hierbei sehr wichtig, und ich muss mich immer fragen: Hat dieses Unternehmen das Potenzial, sich am Markt zu etablieren und eine hohe Überrendite zu erzielen. Wenn ich als Anlegerin oder Business Angel investiere, brauche ich nicht solch hohe Renditen. Hier kann ich auch mal nach meinen eigenen Interessen investieren. Mir persönlich ist wichtig, dass ich mich mit meinen Investments auch identifizieren kann.

Wie sieht dein aktuelles Investment-Portfolio aus?
Dazu muss ich sagen: In meinem Elternhaus ging es vor allem ums Sparen, Investitionen waren kein Thema. Erst durch meine Arbeit habe ich überhaupt Zugang zum Thema bekommen und dort auch mit einer sehr risikobehafteten Assetklasse angefangen: dem Investment in Start-ups. Ich glaube, dass viele nicht investieren, weil ihnen der Zugang zu dem Thema fehlt, sie niemanden in ihrem Netzwerk haben, der oder die sich mit dem Thema befasst. Durch meine Umgebung habe ich zunächst mit Investments in Start-ups angefangen und mein Portfolio später

auch mit Aktien und ETFs ausgeweitet. Als Investorin versuche ich mein Portfolio möglichst breit zu diversifizieren.

Wie gehst du denn persönlich mit dem Thema Risiko um?

Ich gehe gerne kalkulierte Risiken ein. Grundsätzlich schaue ich mir auch immer Trends und Entwicklungen an: Wie entwickeln sich Märkte? Was verändert sich gerade? Welche Bewegungen gibt es auch in der Gesellschaft? Dabei versuche ich immer so viele Daten und Referenzen wie nur möglich einzuholen und gehe dann kalkulierte Risiken ein.

Wo können sich denn Privatanlegerinnen am besten über ein Unternehmen informieren?

Bei der Investition in Start-ups gibt es wenige vorhandene Daten. Hierbei ist zum Beispiel der Finanzplan wichtig und ebenso die Entwicklung der letzten Quartale. Aber auch allgemeine Daten zum Markt und seiner Entwicklung können mir helfen. Hierbei geht es also eher darum, wie kann man sich Referenzen über das Team einholen? Wie haben die sich in den letzten Quartalen entwickelt? Natürlich gibt es da auch einfach viele Daten oder Reports zu der Kategorie oder dem Markt, in dem sie sich bewegen. Zu Start-ups informiere ich mich in Medien wie TechCrunch, Sifted oder auch Gründerszene. Bei klassischen Anlageklassen wie Aktien oder ETFs kann ich mir die Geschäftsberichte oder auch Geschäftsversammlungsnotizen anschauen. Spannend ist dabei auch, was Medien dazu sagen und wie sie Unternehmen einordnen.

Wie viel Zeit sollte man sich da wirklich nehmen?

Ich denke, man sollte sich regelmäßig Zeit dafür blocken, um sich wirklich intensiv informieren zu können. Insbesondere wenn man am Anfang steht, ist ein höheres Zeitinvestment notwendig, damit ich alles verstehen und mir mein Portfolio aufbauen kann. Mir hilft es auch immer, mich mit anderen zu vernetzen und auszutauschen und zu erfahren, welche Anlagestrategie sie haben und worin sie investieren.

Du investierst als Business Angel auch in nachhaltige Unternehmen. Wie sehr achtest du beim Investieren auf das Thema Nachhaltigkeit?
Investieren ist auch eine Form von Aktivismus. Daher möchte ich auch in Unternehmen investieren, die zukunftsweisend sind. Dadurch achte ich bei Unternehmen darauf, dass sie nachhaltig sind, disruptiv und auch divers. Zum Beispiel investiere ich in ein frauengeführtes Unternehmen, das Nagellacke ohne Giftstoffe herstellt, oder ein anderes, in dem es um die Ernährung der Zukunft geht.

Was bedeutet für dich persönlich finanzielle Freiheit?
Finanzielle Freiheit hat für mich auch einen Zeitaspekt: Viele arbeiten, um ihre Zeit gegen Geld einzutauschen. Beim Investieren halte ich Anteile an anderen Unternehmen und partizipiere an deren Erfolg mit. Dadurch kann ich mir Wohlstand aufbauen und nach meinen eigenen Bedingungen leben und arbeiten.

Was ist der wertvollste Rat, den du jemals bekommen hast?
Ich glaube, viele scheuen sich vor dem Investieren, weil sie keinen Zugang zu dem Thema haben. Das kann der Karriereweg als professionelle Investorin sein oder das Investieren als Privatanlegerin. Oft fehlen auch Menschen in der Branche, die einem ähneln und mit denen man sich identifizieren kann. Heutzutage verbinden viele das Thema Finanzen noch mit weißen Männern. Daher sollte sich jede Person klarmachen: Auch ich kann das. Auch ich gehöre dorthin. «

Geld gehört in Frauenhände

Bei all den Gesprächen, Medienberichten und Veranstaltungen übers Geldverdienen und Geldanlegen vergessen wir oft, dass Geld eben auch eine andere Bedeutung hat, als den Kauf teurer Luxusgüter zu ermöglichen. Geld bedeutet eben auch Freiheit, Unabhängigkeit, Gleichberechtigung und Selbstbestimmtheit. Das sind Faktoren, die oft bei der Erzählung über Geld aus einer männlichen Perspektive untergehen. Männer müssen sich mit diesen Themen nicht mehr auseinandersetzen. Sie müssen dafür nicht mehr kämpfen. Wenn wir Frauen uns für eine gerechtere Welt einsetzen möchten, müssen wir auch das Finanzielle dabei mitdenken. Wir dürfen nicht nur darüber diskutieren, dass meistens die Mütter in Teilzeit arbeiten und damit armutsgefährdet sind, dass es weltweit Gesetze gibt, die Frauen benachteiligen, wie ein Abtreibungsverbot, oder dass Mädchen international weniger Bildungsmöglichkeiten haben. Ist es Zufall, dass man in den Medienberichten immer wieder von den millionenhohen Spenden von MacKenzie Scott liest, aber ihr Ex-Mann Jeff Bezos eher für seine Weltall-Abenteuer statt für seine humanitären Aktivitäten bekannt ist? Wir Frauen sind diejenigen, die die Welt zu einem besseren Ort machen können. Wir haben ja in den letzten Jahrtausenden gesehen, dass Männer es versucht haben, aber daran gescheitert sind. Doch wir brauchen die finanziellen Mittel, um dies auch aktiv ändern zu können. Was könnten wohl all die Frauen in der Welt bewirken, hätten sie keine finanziellen Sorgen und müssten ihre Energie nicht darauf verschwenden.

Hätte jemand meinem jüngeren Ich mal erzählt, dass ich eines Tages durch ganz Deutschland reise und in den größten Unternehmen Deutschlands Vorträge über Finanzen halte, dass ich sogar von Finanzdienstleistern gebucht werde, um Mitarbeiterinnen darin zu coachen, oder dass ich meine eigenen

Kurse zu dem Thema anbiete und darüber Bücher schreibe, hätte ich es niemals für möglich gehalten. Ich wollte doch nur einen Blog über meine eigenen Erfahrungen schreiben. So sehe und erlebe ich aber täglich, wie Geld nicht nur ein Umfeld verändert, sondern auch einen Menschen. Und nein, nicht, wie du jetzt denkst: Ich sehe, wie Frauen selbstbewusster werden und wie sie für sich und ihre Werte einstehen. Ich erlebe, wie Frauen sorgenfreier werden und hoffnungsvoll sind, weil sie wissen, dass sie nun die Mittel haben, selbst zu entscheiden, was sie wollen, und diesen Weg gehen.

In unserer Welt ist Geld ein wichtiger Faktor, der entscheidet, wer mitbestimmen darf. Geld ermöglicht dir deine ganz eigene finanzielle Freiheit. Und das bedeutet auch Gestaltungsfreiheit für dein Leben. Egal, ob in der Familie oder in der Gesellschaft: Geld gehört in Frauenhände. In deine.

Weitere Informationen zum Thema Geldanlage findest du hier:

Website: www.fortunalista.de

Fortunalista Bootcamp: 6-wöchiger Finanzkurs, um mit deiner Finanzplanung und deinen Investitionen zu starten.
www.fortunalista.de/bootcamp

Fortunalista auf Instagram: @Fortunalista

Anmerkungen

1 UBS Investor Watch: »Ihr Vermögen in Ihren Händen«, https://www.ubs.com/global/de/wealth-management/our-approach/investor-watch/2019/own-your-worth.html.
2 Ebenda.
3 Vgl. Bundesministerium für Familie, Senioren, Frauen und Jugend, https://www.bmfsfj.de/bmfsfj/themen/gleichstellung/frauen-vor-gewalt-schuetzen/haeusliche-gewalt.
4 ElitePartner: »Geld & Liebe«, Dossier, 2019, https://www.elitepartner.de/magazin/fuehren/geld-und-liebe/.
5 Deutsches Aktieninstitut: »Deutschland und die Aktie. Eine neue Liebesgeschichte?«, Februar 2021, https://www.dai.de/fileadmin/user_upload/210225_Aktionaerszahlen_2020.pdf.
6 Caterina Forti Grazzini, Chi Hyun Kim: »Die Geldpolitik kann das Investitionsverhalten von Frauen und Männern unterschiedlich beeinflussen«, *DIW Wochenbericht* 39/2019, S. 725–731, https://www.diw.de/de/diw_01.c.679352.de/publikationen/wochenberichte/2019_39_3/die_geldpolitik_kann_das_investitionsverhalten_von_frauen_und_maennern_unterschiedlich_beeinflussen.html#section2.
7 Vgl. Statistisches Bundesamt, https://www.destatis.de/DE/Presse/Pressemitteilungen/2022/03/PD22_088_621.html.
8 WeForum, https://www3.weforum.org/docs/WEF_GGGR_2021.pdf, S. 5.
9 Statista: »Durchschnittliches monatliches Taschengeld von Jungen und Mädchen«, https://de.statista.com/statistik/daten/studie/72816/umfrage/monatliches-taschengeld-von-jungen-und-maedchen.

10 T. Rowe Price: »2014 Parents, Kids & Money Survey Supplemental Data«, https://www.slideshare.net/TrowePrice/2014-parents-kids-money-survey-supplemental-data.

11 Jared Lindzon: »How parents talk about money differently to their sons and daughters«, in: *Fast Company*, 14. Januar 2019, https://www.fastcompany.com/90283344/how-parents-talk-about-money-differently-to-their-sons-and-daughters.

12 »Study finds brains of girls and boys are similar, producing equal math ability«, *EurekAlert!*, 8. November 2019, https://www.eurekalert.org/news-releases/535813.

13 Susana Rodríguez, Bibiana Regueiro, Isabel Piñeiro, Iris Estévez und Antonio Valle: »Gender Differences in Mathematics Motivation: Differential Effects on Performance in Primary Education«, in: *Frontiers in Psychology*, 29. Januar 2020, https://www.frontiersin.org/articles/10.3389/fpsyg.2019.03050/full.

14 Elke Holst, Katharina Wrohlich: »Frauen in Spitzengremien von Banken und Versicherungen: Dynamik kommt nun auch in Aufsichtsräten zum Erliegen«, *DIW Wochenbericht* 3/2019, S. 37–50, https://www.diw.de/de/diw_01.c.611762.de/publikationen/wochenberichte/2019_03_3/frauen_in_spitzengremien_von_banken_und_versicherungen__dynamik_kommt_nun_auch_in_aufsichtsraeten_zum_erliegen.html.

15 Vgl. Dr. Beate Guldenschuh-Feßler und Dr. Roman Feßler, *Jeden Tag glücklich: Positive Psychologie für mehr Glück und Lebensfreude!*, Verlag Mensch, 2020, S. 128.

16 Farell, Lisa; Fry, Tim R. L; Risse, Leonora (2016): »The significance of financial selfefficacy in explaining women's personal finance behaviour«, in: *Journal of Economic Psychology*, 54, S. 85–99.

17 Statista: »Anzahl der Ehescheidungen in Deutschland von 1990 bis 2020«, https://de.statista.com/statistik/daten/studie/228/umfrage/anzahl-der-ehescheidungen-seit-1990.

18 »Die wirtschaftlichen Folgen von Trennung und Scheidung«, Gutachten im Auftrag des Bundesministeriums für Familie, Senioren, Frauen und Jugend, 2000, https://www.bmfsfj.de/resource/blob/95002/e0112611b7584a890828ade459a900d6/prm-24445-sr-band-180-data.pdf.

19 »Wenn aus Liebe rote Zahlen werden – über die wirtschaftlichen Folgen von Trennung und Scheidung«, Flyer des Bundesministeriums für Familie, Senioren, Frauen und Jugend, November 2003, https://www.bmfsfj.de/resource/blob/93842/cb54a44f03b7d444783d6

578d58a6e20/flyer-wenn-aus-liebe-rote-zahlen-werden-data.pdf. Siehe dazu auch: Bertelsmann Stiftung, (Hrsg.)Anne Lenze, *Alleinerziehende weiter unter Druck*

Bedarfe, rechtliche Regelungen und Reformansätze, 2021, https://www.bertelsmann-stiftung.de/de/publikationen/publikation/did/alleinerziehende-weiter-unter-druck.

20 Simon Hehli: »Wenn Ärztinnen ihren Kittel an den Nagel hängen«, in: *NZZ*, 5. Februar 2015, https://www.nzz.ch/schweiz/wenn-aerztinnen-ihren-kittel-an-den-nagel-haengen-ld.741376.

21 Martin R. Textor: »Aktuelle statistische Daten zur Kindertagesbetreuung«, 2021, https://www.kindergartenpaedagogik.de/fachartikel/kita-politik/bildungspolitik/1650.

22 https://www.focus.de/familie/eltern/ein-leben-ohne-wecken-hetzen-und-groll-generation-selbstbetreuung-warum-wir-unsere-kinder-nicht-in-den-kindergarten-schicken_id_9493095.html.

23 »Gleicher Job, weniger Rente: Frauen erhalten 26 Prozent weniger gesetzliche Rente als Männer«, Pressemitteilung der Universität Mannheim, September 2019, https://www.uni-mannheim.de/newsroom/presse/pressemitteilungen/2019/september/gleicher-job-weniger-rente-frauen-erhalten-26-prozent-weniger-gesetzliche-rente-als-maenner.

24 »Mitten im Leben«, a. a. O.

25 »Gleicher Job, weniger Rente«, a. a. O.

26 »Mitten im Leben«, a. a. O.

27 Ebenda.

28 Oliver Baron: »Wie viel verdienen Daytrader?«, *Godmode-Trader*, 7. Oktober 2019, https://www.godmode-trader.de/know-how/wie-viel-verdienen-daytrader,7763728.

29 »Postbank Digitalstudie 2018: Bundesbürger bevorzugen Beratung in der Bankfiliale«, Pressemitteilung der Postbank, https://www.presseportal.de/pm/6586/4032980.

30 Laura de la Motte: »Viele Banken beraten schlechter als früher«, in: *Handelsblatt*, 14. November 2017, https://www.handelsblatt.com/finanzen/anlagestrategie/institutionelles-investment/studie-viele-banken-beraten-schlechter-als-frueher/20579484-all.html.

31 »Nur 3 von 23 Banken beraten ihre Kunden gut«, in: *Die Welt*, 19. Januar 2016, https://www.welt.de/finanzen/verbraucher/article151195248/Nur-3-von-23-Banken-beraten-ihre-Kunden-gut.html.

32 https://www.pwc.co.uk/services/economics/insights/women-in-work-index.html

33 https://makemymoneymatter.co.uk/21x/
34 https://www.diw.de/de/diw_01.c.741779.de/publikationen/wochenberichte/2020_10_2/gender_pay_gap_steigt_ab_dem_alter_von_30_jahren_stark_an.html
35 Ebenda.
36 Ebenda.
37 Anja Hünninghaus: »Darf ich mit Kollegen über mein Gehalt reden?«, in: *Handelsblatt*, 18. Dezember 2021, https://www.handelsblatt.com/karriere/verguetung-darf-ich-mit-kollegen-ueber-mein-gehalt-reden/27899964.html?ticket=ST-17177520-icUQboKnZS50XT1H2ORe-ap3.
38 Holger Dambeck: »Männer halten sich für schlauer als gleich schlaue Frauen«, in: *Der Spiegel*, 9. April 2018, https://www.spiegel.de/wissenschaft/mensch/intelligenz-maenner-ueberschaetzen-sich-frauen-unterschaetzen-sich-a-1201229.html.
39 »Männer überschätzen ihre Anziehungskraft«, in: *Süddeutsche Zeitung*, 17. Dezember 2011, https://www.sueddeutsche.de/leben/studie-ueber-das-flirten-maenner-ueberschaetzen-ihre-anziehungskraft-1.1237103.
40 https://www.presseportal.de/pm/6676/451748
41 »OECD/INFE-Studie zur finanziellen Bildung von Erwachsenen in Deutschland«, Deutsche Bundesbank, 2019, https://www.bundesbank.de/de/bundesbank/forschung/fdsz/forschungsdaten/oecd-infe-studie-zur-finanziellen-bildung-von-erwachsenen-in-deutschland-604686.
42 Chen, Zibei; Garand, James C. (2018): »On the Gender Gap in Financial Knowledge: Decomposing the Effects of Don't Know and Incorrect Responses«, in: *Social Science Quarterly*, 99 (5), S. 1551–1571.
43 »Frauen sind bei der Geldanlage zögerlicher«, in: *Der Standard*, 2. März 2021, https://www.derstandard.de/story/2000124608838/frauen-sind-bei-der-geldanlage-zoegerlicher.
44 »2021 Couples & Money Study«, Fidelity Investment, 2021.
45 »Studie: Geld in jeder Beziehung? So regeln deutsche Paare ihre Finanzen«, in: *Vivanty*, 15. April 2021, https://vivanty.de/wirtschaft/studie-geld-jeder-beziehung-so-regeln-deutsche-paare-ihre-finanzen.
46 Alice Mecke: »Geld und Liebe: Die meisten Deutschen wollen über Finanzen des Partners Bescheid wissen«, *RedaktionsNetzwerk Deutschland*, 16. Februar 2021, https://www.rnd.de/liebe-und-partnerschaft/geld-und-liebe-die-meisten-deutschen-wollen-uber-

finanzen-des-partners-bescheid-wissen-SNPBNQKZPJGFXDUNQRF3LUF6ZQ.html.

47 Ebenda.

48 Jeffrey Dew, Sonya Britt-Lutter und Sandra Huston: »Examining the Relationship Between Financial Issues and Divorce«, in: *Family Relations* 61, 2012, S. 615–628. https://onlinelibrary.wiley.com/doi/10.1111/j.1741-3729.2012.00715.x.

49 Emily N. Garbinsky, Joe J. Gladstone, Hristina Nikolova, Jenny G. Olson: »Love, Lies, and Money: Financial Infidelity in Romantic Relationships«, in: *Journal of Consumer Research*, Volume 47, Issue 1, Juni 2020, S. 1–24, https://doi.org/10.1093/jcr/ucz052.

50 National Endowment for Financial Education: »Celebrate Relationships, But Beware of Financial Infidelity«, 14. Februar 2018, https://www.nefe.org/Press-Room/News/Celebrate-Relationships-But-Beware-of-Financial-Infidelity.

51 UBS Investor Watch: »Ihr Vermögen in Ihren Händen«, a. a. O.

52 Anke Dembowski: »UBS Studie zeigt: Frauen kümmern sich zu wenig um Finanzfragen«, *Fondsfrauen*, 2019, https://fondsfrauen.de/ubs-studie-zeigt-verheiratete-frauen-uebernehmen-nur-selten-langfristige-finanzentscheidungen.

53 Lothar Gries: »Geschickter, aber in der Minderheit«, *tagesschau.de*, 8. März 2021, https://www.tagesschau.de/wirtschaft/finanzen/frauen-geldanlage-aktienanlage-101.html.

54 Studie »Mitten im Leben«, 2016, S. 4.

55 Allianz Research: »Allianz Global Wealth Report 2021«, https://www.allianz.com/content/dam/onemarketing/azcom/Allianz_com/economic-research/publications/specials/en/2021/october/2021_10_07_Global-Wealth-Report.pdf.

56 Klaus Morgenstern: »Warum Frauen besser mit Geld umgehen«, Deutsches Institut für Altersvorsorge, 15. Februar 2022, https://www.dia-vorsorge.de/einkommen-vermoegen/warum-frauen-besser-mit-geld-umgehen.

57 »Der ›kleine Unterschied‹ bei der Geldanlage«, JPMorgan Asset Management, 1. Oktober 2019, https://am.jpmorgan.com/de/de/asset-management/per/about-us/press/1-oktober-2019.

58 »Dax-Auswertung: Wer in 31 Jahren die besten 13 Tage verpasst hat, verlor die Hälfte der Rendite«, *Geld und Verbraucher*, GVI, 29. April 2019, https://www.geldundverbraucher.de/content/news-archiv/boerse/dax-auswertung-wer-in-31-jahren-die-besten-13-tage-verpasst-hat-verlor-die-haelfte-der-rendite.html.

59 »›Mir hören morgens 40.000 Menschen zu‹«, *Zeit Online*, 29. November 2020, https://www.zeit.de/arbeit/2020-11/radiomoderator-corona-krise-homeoffice-einkommen-kontoauszug.
60 »Macht Armut einsam?«, Interview mit Prof. Dr. Petra Böhnke und Sebastian Link, Universität Hamburg, 19. Dezember 2017, https://www.uni-hamburg.de/newsroom/forschung/2017-12-19-armutsstudie-boehnke.html.
61 Elizabeth W. Dunn, Daniel T. Gilbert, Timothy D. Wilson: »If Money Doesn't Make You Happy Then You Probably Aren't Spending It Right«, Harvard University, 2011. https://scholar.harvard.edu/files/danielgilbert/files/if-money-doesnt-make-you-happy.nov-12-20101.pdf.
62 Daniel Read, Barbara van Leeuwen: »Predicting Hunger: The Effects of Appetite and Delay on Choice«, in: *Organizational Behavior and Human Decision Processes*, Volume 76, Issue 2, November 1998, S. 189–205, https://www.sciencedirect.com/science/article/abs/pii/S0749597898928035.
63 Christopher K. Hsee: »Value seeking and prediction-decision inconsistency: Why don't people take what they predict they'll like the most?«, in: *Psychonomic Bulletin & Review*, 1999, 6 (4), S. 555–561, https://link.springer.com/content/pdf/10.3758/BF03212963.pdf.
64 Daniel Gilbert, Matthew Killingsworth, Rebecca Eyre, Timothy Wilson: »The Surprising Power of Neighborly Advice«, in: *Science* 323 (5921), April 2009, S. 1617–1619, https://www.researchgate.net/publication/24213492_The_Surprising_Power_of_Neighborly_Advice.
65 »Deutsche so reich wie nie: Geldvermögen steigt auf 7,7 Billionen Euro«, DZ Bank, 2022, https://www.dzbank.de/content/dzbank/de/home/die-dz-bank/presse/schwerpunktthemen/2022/deutsche-so-reichwieniegeldvermoegensteigtauf77billioneneuro.html.
66 Lothar Gries: »Sparer verlieren Milliardenvermögen«, *tagesschau.de*, 29. Oktober 2021, https://www.tagesschau.de/wirtschaft/finanzen/sparer-geldvermoegen-inflation-nullzins-103.html.
67 »Inflationsrate im Mai 2022 bei +7,9 %«, Statistisches Bundesamt, https://www.destatis.de/DE/Presse/Pressemitteilungen/2022/06/PD22_245_611.html.
68 »Sparer verlieren Milliardenvermögen«, a. a. O.
69 Axel Spilcker: »Shootingstar ist insolvent: Absturz von Wirecard: Wie ein Rentner fast 450.000 Euro durch den Betrug verlor«, *Focus Online*, 10. Juli 2020, https://www.focus.de/finanzen/boerse/

shootingstar-ist-insolvent-wirecard-skandal-wie-ein-rentner-fast-450-000-euro-verlor_id_12183598.html.

70 René Böheim, Christoph Freudenthaler, Mario Lackner: »IZA DP No. 10011: Gender Differences in Risk-Taking: Evidence from Professional Basketball«, *IZA Discussion Papers*, Juni 2016, https://www.iza.org/publications/dp/10011.

71 Alison L. Booth, Linda Cardona-Sosa, Patrick Nolen: »Gender differences in risk aversion: Do single-sex environments affect their development?«, in: *Journal of Economic Behavior and Organization*, 99: S. 126–154, https://www.academia.edu/13514288/Gender_differences_in_risk_aversion_Do_single_sex_environments_affect_their_development.

72 »Was ich aus Bärenmärkten gelernt habe …«, *e-fundresearch.com*, 20. Oktober 2008, https://e-fundresearch.com/markets/artikel/11433-was-ich-aus-baerenmaerkten-gelernt-habe.

73 https://www.interhyp.de/ueber-interhyp/presse/blick-durch-die-genderbrille-was-frauen-und-maenner-bei-immobilienkauf-und-finanzierung-unterscheidet.html

74 »Mitten im Leben«, a. a. O.